本庄古墳群猪塚《いのづか》とその出土品の行方

天明・寛政期薩摩藩の知のネットワーク

永山　修一 著

みやざき文庫 127

図１　日向国諸県郡本庄村古墳発掘品図解
（鹿児島県歴史資料センター黎明館蔵　玉里島津家資料）
（『宮崎県立西都原考古博物館研究紀要』第４号より転載）

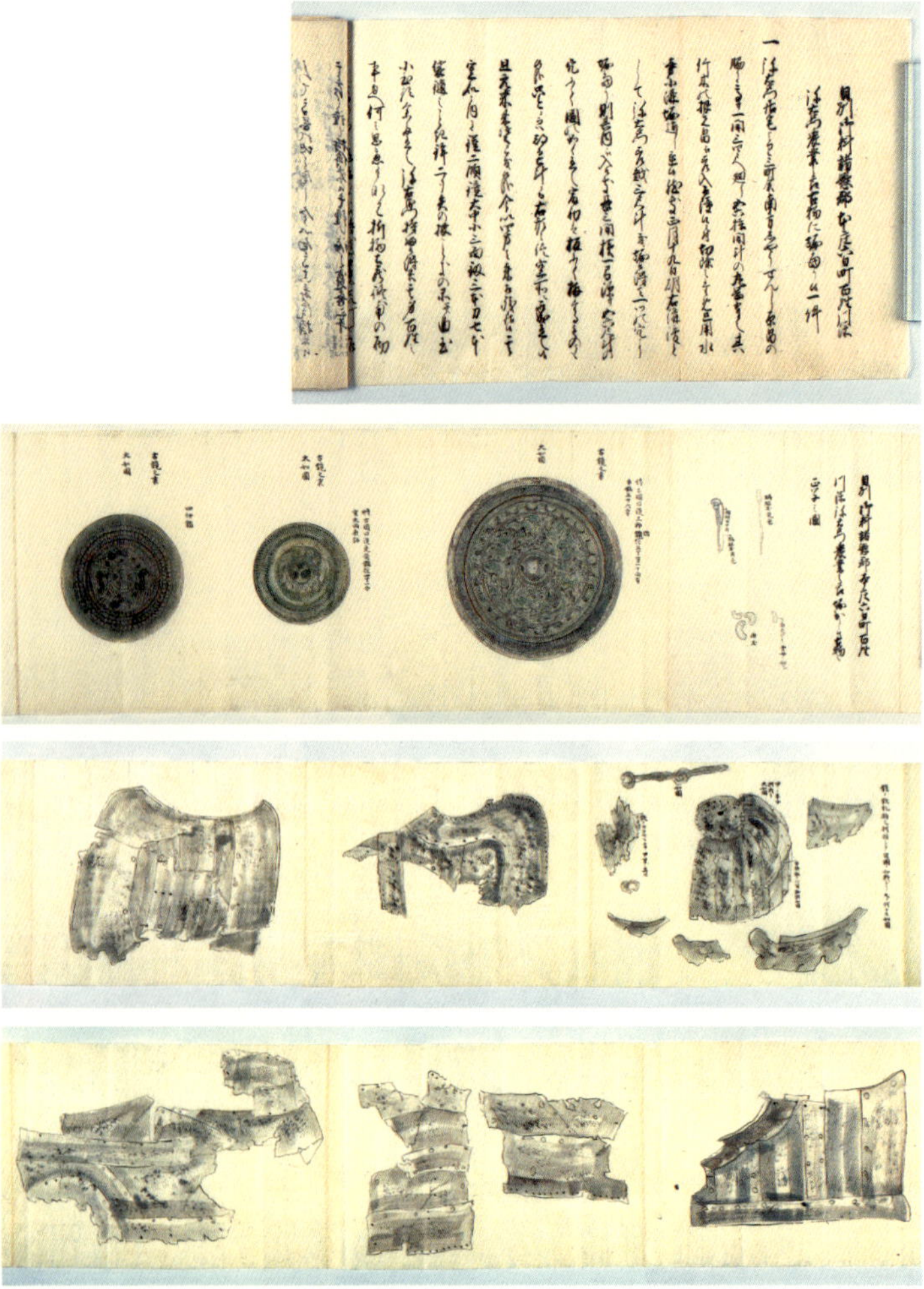

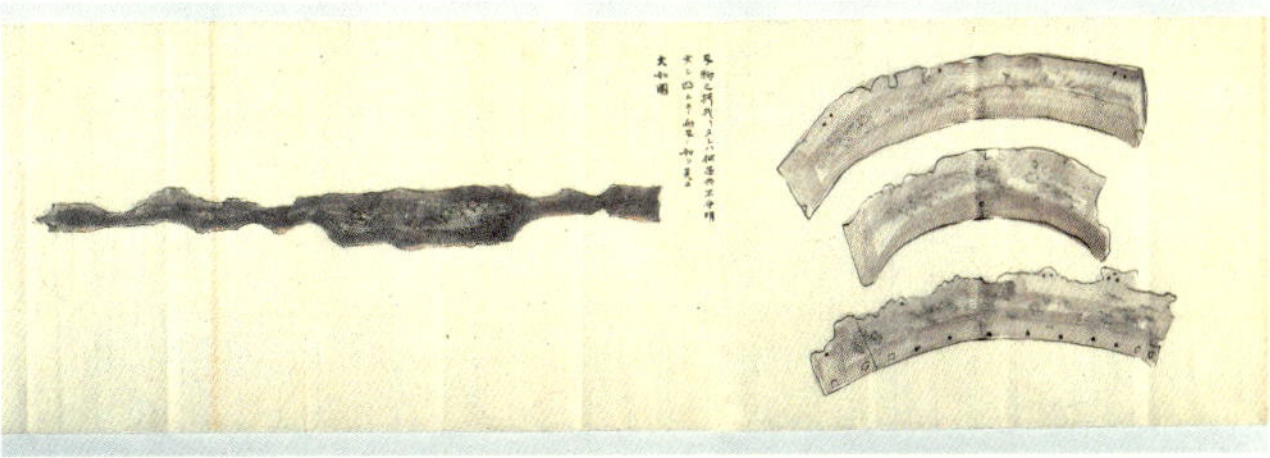

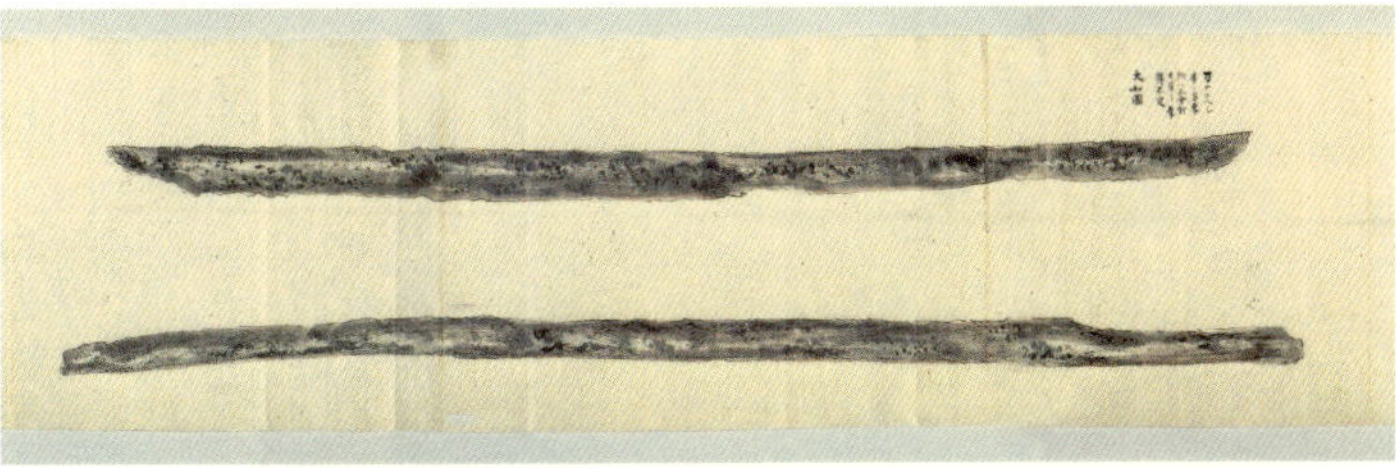

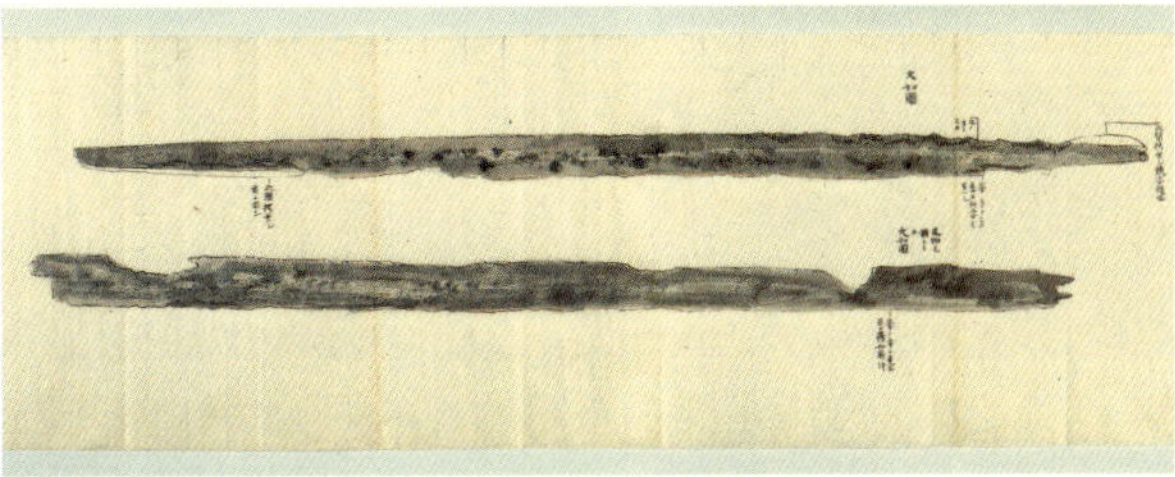

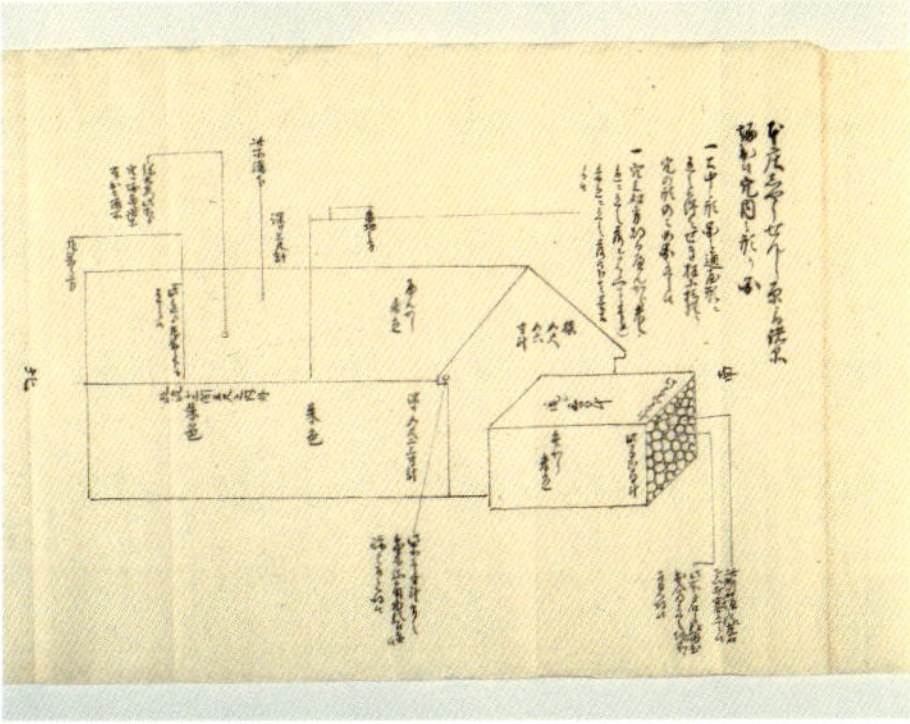

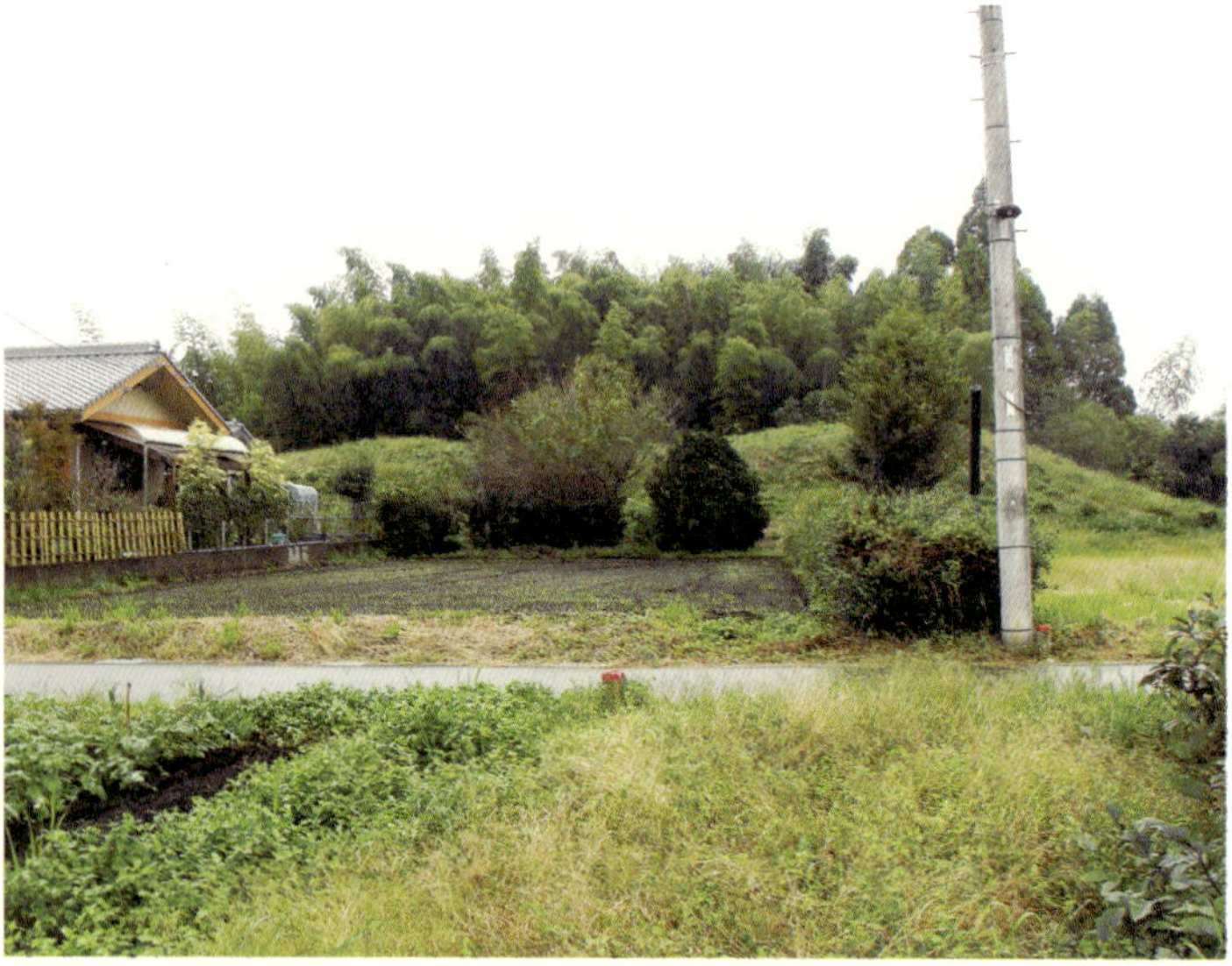

図２　猪塚遠景（南から撮影　国富町本庄古墳群 2016年）

目次

本庄古墳群猪塚とその出土品の行方

本庄古墳群猪塚と
その出土品の行方

天明・寛政期薩摩藩の知のネットワーク

プロローグ

寛政元年（一七八九）正月十九日の朝、日向国諸県郡本庄村の弥右衛門という百姓が、住まい近くの丸岡のそばにある畠へ農作業に出かけた。その朝の本庄の天候の記録は残っていないが、佐土原藩の公的な日記によるとこの日は晴れとされており、直線距離で十数キロメートルの本庄も晴れていたと思われる。正月十九日は、太陽暦に直すと二月十三日。放射冷却で寒さの厳しい朝だったのかもしれない。丸岡とは、宮崎県東諸県郡国富町大字本庄字宗仙寺に所在する本庄古墳群（国史跡）の二七号墳のことで、猪塚《いのづか》とも呼ばれる前方後円墳であった。

弥右衛門が、その丘の縁に掘られた溝を浚《さら》えていると、溝の底が抜けて、一つの穴に落ち込んだ。落ち込んだ穴は、家のような形をしており、周りは赤く塗られていた。そして弥右衛門は、穴の中で甲冑・鏡・刀・勾玉など豊富な副葬品を見つけることになる。これらの出土品は、薩州公（薩摩藩の殿様）に献上され、鹿児島に運ばれた。その後江戸にも運ばれ、多くの人々の関心を引くことになった。そのために、当時の人々はいろいろな形で、この古墳やその出土品についての記録を残している。

本書では、今に残るそれらの記録をたどりながら、その発見の経緯や、この発見が持つ意義とともに、江戸時代にこの古墳や出土品に関わった人々について考えていくことにしたい。

一八世紀中葉～一九世紀初頭は、経済的な発展を背景に、種々の学問が花開いた時代であった。儒学の世界では、朱子学が幕府や諸藩の正学とされていき、多くの藩が藩校を設立していった。その一方で、荻生徂徠《おぎゆうそらい》らによって始められた古学派が、漢詩文の隆盛をもたらし、各地に多くの詩社が形成されていった。また、両者の折衷をはかる折衷学も登場した。

医学の世界では、中国の医学書を実証的に研究する古医方《こいほう》が盛んになり、山脇東洋は人体を研究するために解剖を行い、『蔵志』を著した。一方、オランダ医学の影響のもとに、前野良沢・杉田玄白らも解剖を行って、『解体新書』を訳出し、蘭学も大いに開花していった。エレキテルを作ったことで有名な平賀源内は、戯作者としても知られる多芸多才の人物であったが、博物学の面でも大きな業績を残している。

さらに、日本の古典に関する実証的な研究も進み、本居宣長《もとおりのりなが》が『古事記』研究の成果を『古事記伝』にまとめ、国学を大成させた。古い時代への関心の高まりは、古墳やその出土品への関心も高めていき、「好古家」と呼ばれる人々が現れた。寛政の三奇人の一人蒲生君平《がもうくんぺい》が『山陵志《さんりようし》』を著して、前方後円墳の語を用いた。さらに、朝廷と幕府の関係に関しては、朱子学・国学の両面から尊王論が登場した。寛政の三奇人の一人高山彦九郎も、尊王論の立場で活発に活動した。
そして、経済の発展は、物や情報・人の動きを活発化し、地方に住む人々の中にも、このような進んだ学問を学ぶ人が数多く現れるようになる。平賀源内は、全国の同好の士に呼びかけて、宝暦十二年（一七六二）に江戸で「物産会（博覧会）」を開催した。また、本居宣長が伊勢松坂（三重県松阪市）に開いた私塾鈴屋《すずのや》では、遠隔地に住む門人たちへの教育に、今の通信添削と同じようなしくみが採用されている。情報の面でも、全国が緊密に結びつけられるようになる時期に、猪塚での発見があったのである。

さて、二〇〇〇年に完結した『宮崎県史』編纂事業の中心となった考古学者斎藤忠氏は、猪塚およびその出土品に関し今に残る記録について、一九八七年三月『宮崎県史研究』創刊号に「学史からみた宮崎県考古学の側面」という論文を発表し、いずれも江戸時代に著された、薩摩藩の国学者白尾国柱《しらおくにはしら》のD『日向古墳備考』、蘭学者で戯作者でもあった桂川《かつらがわ》（森島）中良《ちゅうりょう》のE『桂林《けいりん》漫録』、水戸藩の博物学者佐藤成裕《せいゆう》のI『中陵《ちゅうりょう》漫録』、そして明治時代に著された地元本庄の剣柄《けんのつか》稲荷の神職宮永真琴《まこと》のM『日向国諸県郡本荘村古陵墓見聞図説』、平部嶠南《きょうなん》のO『日向地誌』を紹介した。また翌一九八八年には、鹿児島県歴史資料センター黎明館の考古学担当（当時）の池畑耕一氏が、『黎明館研究紀要』第二号に「薩藩の国学者　白尾国柱」を発表して、同館に寄託されていた玉里島津家資料（現在は同館蔵）の中にⒸ『日向国諸県郡本庄村古墳発掘品図解』があることを紹介し、その著者が白尾国柱である可能性を示した。私も、一九九七年に『人類史研究』九号に「日向国諸県郡本庄村猪塚から出土した甲冑の行方」という論文を発表し、その時点での考えをまとめた。その後二〇〇六年、『沖縄県史』に関わる調査で皇居の中にある宮内庁書陵部を訪れた際、そこにⒶ『日向国諸県掘出剣鉾冑及鏡図』、Ⓑ『日向国掘出品々図』というそれまで紹介されたことのなかった二つの史料が存在することを知った。

二〇〇八年一月～三月に、宮崎県立西都原考古博物館で「絵画でみる考古資料」という企画展が開催された。その企画の中心として、本庄猪塚関係の諸史料やそこから出土した品々と同種の考古遺物が展示された。そして、同年三月に刊行された『宮崎県立西都原考古博物館研究紀要』第四号において、資料集的な内容も含めて、奈良県立橿原考古学研究所の吉村和昭氏が考古学の立場から「寛政元年発見『猪塚』地下式横穴墓とその評価」、私が文献史学の立場から、「江戸時代に古墳はどのように記録されたか～日向国諸県郡本庄猪塚にかかわった人々～」という論文を著し、それまでの研究の一応のまとめとした。さらに、『西都市史　通史編』（西都市　二〇一六年）の原稿を書くために、かつて『宮崎県史』に関わった際に用いた宮内庁が所蔵する宮崎県の神話・伝承関係資料を見直す中で、いくつかの猪塚に関わる史料に気がついた。本書は、こうした今までの研究の成果をベースにして成り立っている。

猪塚およびその出土品についてふれた史料を、発見の寛政元年から昭和初期の範囲であげてみると、私の目に触れただけでも十七点を数える。それぞれの史料について、その性格や成立の順番など説明しなければならないことも多いが、それらはおいおい述べることとして、まず結論的に史料名を成立した順番にあげておく（巻末附記参照のこと）。

Ⓐ『日向国諸県掘出剣鉾冑及鏡図』（巻子）宮内庁書陵部
Ⓑ『日向国掘出品々図』（冊子）宮内庁書陵部
Ⓒ『日向国諸県郡本庄村古墳発掘品図解』（巻子）鹿児島県歴史資料センター黎明館（玉里島津家資料）
Ⓓ白尾国柱『日向古墳備考』東京大学中央図書館　旧南葵《なんき》文庫
Ⓔ森島中良『桂林漫録』（一八〇〇年刊行）
Ⓕ松平定信『集古十種』（一八〇〇年刊行）
Ⓖ白尾国柱『麑藩《げいはん》名勝考』巻九（一七九五年に一応の完成、一八〇〇年以降に増補）
Ⓗ木村蒹葭堂《けんかどう》『蒹葭堂雑録』（〜一八〇二年の内容。刊行は一八五九年）
Ⓘ佐藤成裕『中陵漫録』（一八二六年に成立）
Ⓙ中村忠次『日向山陵図書』（一八三二年成立）
Ⓚ『古図類纂』（清野謙次『日本考古学・人類学史』下巻所引）
Ⓛ矢野一貞『筑後将士軍談』（一八五三年成立）

Ⓜ宮永真琴『日向国諸県郡本荘村古陵墓見聞図説』（一八七四年成立）
Ⓝ黒川真頼《まより》『日本古代甲冑説』（一八七八年成立、のち『黒川真頼全集　第三巻』所収）
Ⓞ平部嶠南《きようなん》『日向地誌』（諸県郡本庄郷本荘村　陵墓の項　一八八四年成立）
Ⓟ宮崎県『宮崎県史蹟調査　第五輯』（一九二六年）
Ⓠ喜田貞吉『日向国史』（一九二九年）

猪塚の出土品をめぐる物語は、江戸時代後期の人々の交友関係とも密接に関わり、意外な広がりを持っている。本書には、猪塚に直接的な関係を持たない人も含めてたくさんの人物が登場することになるが、一八世紀後期から一九世紀初めの薩摩藩の学問状況の一端を知ることのできる格好の素材でもある。

猪塚に関わる人びとをたて糸に、安永〜寛政期の薩摩藩の学問に関わった人びとをよこ糸に織りなされるこの物語にしばらくおつきあいいただきたい。

なお、引用史料に関しては、基本的に旧字は新字に改め、現代語に訳したものをあげることにする。その際、適宜（　）で意味を補った。また、人名については、名、通称、号などあるので、なるべく統一するよう努めたが、引用史料についてはそのままにしたところもある。

1の章

猪塚の発見と出土品の薩摩移送

第一節　猪塚と弥右衛門

発見の経緯

弥右衛門による古墳発見に至る経緯について、発見からほどなく著されたⒷ『日向国掘出品々図』とⒸ『日向国諸県郡本庄村古墳発掘品図解』には、若干の違いはあるものの、おおむね以下のような記述がある。

弥右衛門の家から三町（三二七メートル）余り南の惣泉寺原《そうせんじばる》の畠の脇に、高さ一間三、四尺（二・七〜三・〇メートル）、周囲五、六〇間（九〇〜一〇八メートル）ぐらいの丸い丘（塚）があった。そこに生えた竹や木の根が畠に入ってきて邪魔になったので、それを切り除くためとあわせて水を引くために、小さい溝を掘っておいた。正月十九日の朝、この溝を浚《さら》えるため、弥右衛門がそこに行き、三尺（九〇センチ）ほど掘ったところ、一つの穴に掘り当たった。その穴の中に入ったところ、長さ三間（四・八メートル）、横一間（一・八メートル）、高さ五、六尺（一・五〜一・八メートル）ほどの穴であった。

両史料では、このあとに墓室の形状や出土品の種類・数などが列挙されていくが、それらの出土品および出土品の持つ意味についてはのちほど見ていくことにしよう。

古墳発見のきっかけについて、Ⓘ佐藤成裕『中陵漫録』は「山野の道を通っている時、陥没して落ち入った」とし、またⓂ宮永真琴『日向国諸県郡本荘村古陵墓見聞図説』とⓄ平部嶠南『日向地誌』、Ⓟ宮崎県『宮崎県史蹟調査　第五輯』は、いずれも芋穴を掘っているときに発見したとするが、正月に芋穴を掘ったとするのは時期的に合わず、Ⓑ『日向国掘出品々図』とⓒ『日向国諸県郡本庄村古墳発掘品図解』が、Ⓐ『日向国諸県掘出剣鉾冑及鏡図』と並んで、この古墳発見後あまり時をおかずに書かれた史料であると考えられるので（これについては後述する）、竹や木の根を切り除きかつ溝浚えのために溝の底を掘り進めたために、玄室の天井が抜けて発見に至ったとするのが正しいようだ。

古墳は猪塚か

発掘された古墳について、すでにプロローグで国富町本庄古墳群（国史跡）の二七号墳、地元では猪塚と呼ばれる前方後円墳のことであると述べておいたが、まずこれについて見ていくことにしよう。というのは、出土古墳について、発掘当初の史料では、Ⓑ『日向国掘出品々図』に

「弥右衛門の居宅の近辺で『志ようぜんし原』という所の畠地のなかに高さが一間三四尺（二・七～三メートル）、廻りが五六十間（九〇～一〇八メートル）くらいの丸い塚がある。」、Ⓒ『日向国諸県郡本庄村古墳発掘品図解』に「弥右衛門の居宅から三町（三三〇メートル）余り南の方の『しやうせんし原』の畠の脇に高さが一間三四尺、廻りが五六拾間くらいの丸い岡がある」などとあるだけで、この記述だけからは出土古墳がどの古墳であったのか特定できないからである。

Ⓑ『日向国掘出品々図』、Ⓒ『日向国諸県郡本庄村古墳発掘品図解』はともに、この古墳が惣泉《そうせん》寺原《じばる》の丸塚・丸岡であったと記し、また後に詳しく見るように、この丸塚（丸岡）から出土した品々が薩摩藩に送られたことを記している。

この点に関連して、宮永真琴のⓂ『日向国諸県郡本荘村古陵墓見聞図説』に注目すべき記載がある。この史料は、本庄の剣柄《けんのつか》稲荷の神官であった宮永真琴が、本庄にある約四十の古墳を毛利卓次郎に測量させて、その側面図を画工の日高清平に着彩で描かせ、みずからはそれぞれに考証を加え、明治七年（一八七四）に完成させたものである。この史料に、惣泉寺原にある古墳としては、猪塚と前掘塚《まえぼりづか》の二つがあげられているが、猪塚には次のような興味深い記述がなされている。

下馬場村惣泉寺原の北
猪塚南面の図

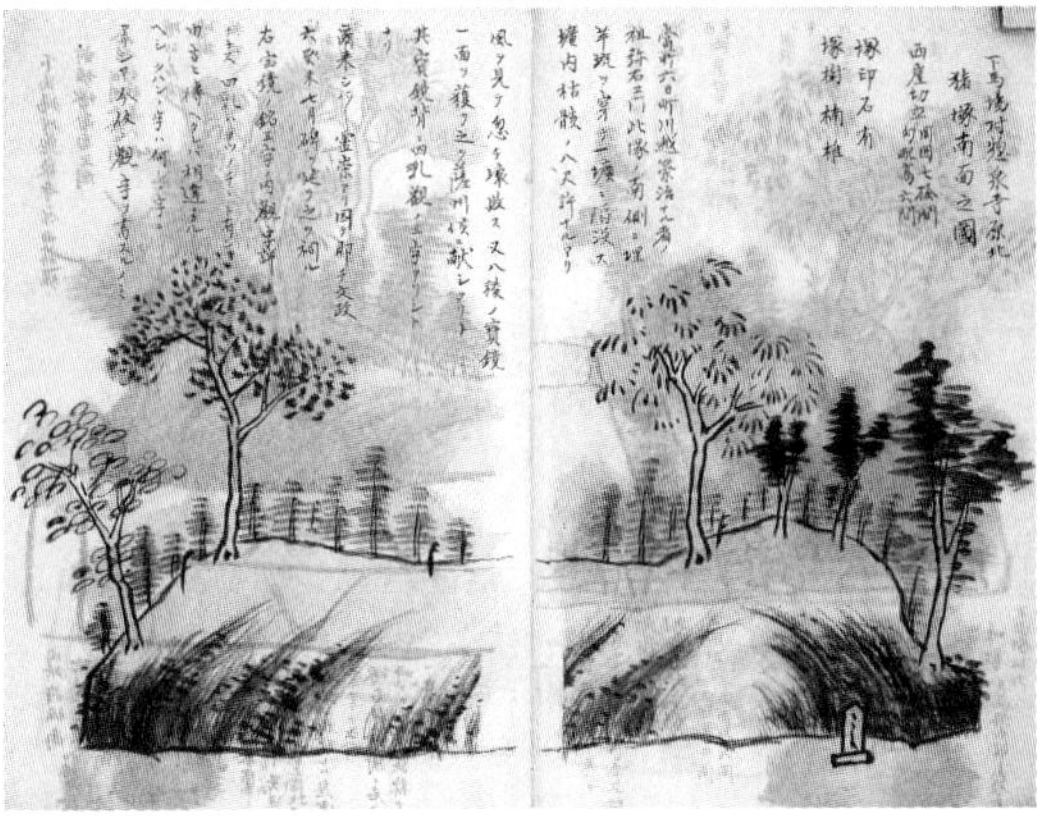

図３　「日向国諸県郡本荘村古陵墓見聞図説」
（宮崎県総合博物館蔵写本）

西崖は切り立つ　周囲は七十間（一二六メートル）
勾配は高さ六間（一〇・八メートル）
塚の印　石が有る
塚の樹　楠・椎

この場所は、六日町の川越栄治という者の祖先である弥右衛門が、この塚の南側に芋を埋める穴を掘って、一つの墓穴に落ち込んだ。墓穴の中には八尺（二・四メートル）ほどのぼろぼろの人骨があり、風が当たると忽然と形を無くしてしまった。また、立派な八稜鏡を得て、これを薩州侯（薩摩藩の殿様）に献上したということだ。八稜鏡の背面には「四・乳・観」の三文字があったということだ。それ以降、しばしばその祟りのようなものがあったので、文政六年（一八二三）癸未の年の七月、碑を建てて祭った。八稜鏡の三文字の銘のうち、「観」の字ははっきりしない。「四乳」は「よっちち」とあったという言い伝えがあるので、間違いないだろうが、「くわん」の字はどんな字だったか、今仮に「観」という字を書いておく。

図４　猪塚の南裾に残る石碑（2006年撮影）

これには、猪塚の南側に弥右衛門が芋穴を掘ろうとして陥没し、その出土品を薩州侯に献上したことが記されている。このⓂ『日向国諸県郡本荘村古陵墓見聞図説』に載せる惣泉寺原にあるもう一つの古墳の前堀塚（本庄二八号墳）や、その他の古墳には薩州侯への献上のことは書かれていない。また、この古墳を発掘したことによって、良からぬ事がたびたび起こったため、文政六年七月に碑を建てて祭ったことを記し、図には古墳の傍らに碑が描かれている。これは南面の図であるから古墳の南側に石碑が建てられている様子を図示したものであるが、他の古墳にはこのような碑は見られない。

さて、本庄古墳群二七号墳、いわゆる猪塚の墳丘の南裾に現在も石碑が建っている。もともと建てられた位置からは少し動いているということであるが、その正面には梵字《ぼんじ》の五大種子《しゅじ》、右の面に「文政六癸未七月佛日」、左の面に「川越氏建之」の文字が刻まれており、弥右衛門が発掘し、その後祟りに悩まされたという古墳が、この古墳であったことは間違いない。

弥右衛門とは何者か

この発見に関して、早い時期に最もまとまった形で著されたのは、白尾国柱のD「日向古墳備考」である。白尾国柱については、2の章で改めて述べるが、薩摩藩の著名な国学者であった。その分量は、九〇〇〇字余り、四〇〇〇字詰め原稿用紙にすれば二〇枚以上に及ぶ論考であった。現在『日向古墳備考』の写本は、東京大学中央図書館と宮内庁書陵部におさめられている。

D『日向古墳備考』は、「去年の寛政元年正月十九日に、日向国宮崎郡本荘村六日町に住む土民大田屋彌右衛門という者が、剣塚という一つの丘陵を発掘して玉・剣・鏡や鎧・矛などの古い物を手に入れた。」という文章で始まる。発掘された寛政元年を去歳というのだから、この史料が著されたのは寛政二年（一七九〇）のことになる。ここでは、発掘された古墳を剣塚としているが、実際にはすでに見たように猪塚であった。最も基本と言える情報を間違えていることから、白尾国柱

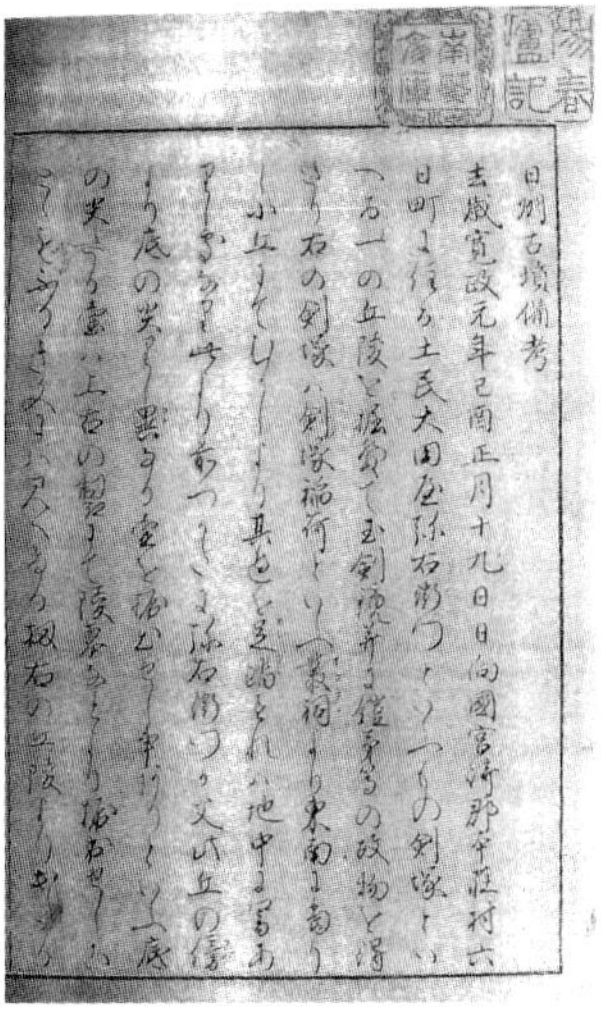

図５　「日向古墳備考」
（東京大学総合図書館所蔵資料）

は、現地には赴いておらず、手元にあった資料や伝聞をもとにこの著述をおこなったと考えられる。

一方、B『日向国掘出品々図』には「御料所（幕府直轄地・天領のこと）である日向国諸県郡本庄六日町の住人川添弥右衛門が古墳より品物を掘り出したことについての覚え書き」、C『日向国諸県郡本庄村古墳発掘品図解』には「日向国の幕府領諸県郡本庄六日町の百姓川添弥右衛門が農業をしている時、古い物を掘り当てた一件」とあって、百姓川添弥右衛門を発見者と記している。

まず、彼は、どのような人物であったのかという点から考えていきたい。結論から言えば、川添弥右衛門は誤りで、川越弥右衛門が正しい。そして、彼は一般的な農民ではなく、半農半商的な人物であったと思われる。

まず、なぜ川越弥右衛門かについて見ていくことにする。先に見た宮永真琴によるM『日向国諸県郡本荘村古陵墓見聞図説』の猪塚の項には、「六日町川越栄治ナル者ノ祖弥右衛門」とあって、弥右衛門の子孫の名字は「川越」であった。また、大正十五年（一九二六）に宮崎県が出したP『宮崎県史蹟調査　第五輯』の「本庄ノ四十八塚」の項には次のような記事がある。

寛政元年は、今より百三十七年前で、現に彌右衛門の玄孫にあたる、川越某と云ふ者があり、先祖より家に伝はつた語り草とて、其の云ふ所左の如しである。

今より百何十年前とかに、先祖彌右衛門と云ふ者が、ある年の秋の末、自作畠より収穫した甘薯を、貯へ置くべく掘つたカライモツボは、院の塚の南面墳脚部で、四、五尺（一・二〜一・五メートル）ほど掘り下げた時に、憂然と鍬の刃に響いた声がした。驚いて覗いて視ると、石棺らしいものがあって、その破壊されてゐる処から鏡や玉が転がり出て居た。それを拾ひ取つて蔵して居たが、薩摩侯に献上せよと勧められて、高岡の郷士に持ち去られたのである。

発掘した古墳の名は院の塚とされており、インノヅカのンが脱落するとイノヅカとなって、猪塚の用字に合う。イノヅカは院の塚とも猪塚とも表記されることがあったのだろう。またこの史料から、弥右衛門の玄孫の姓が「川越」であったことがわかる。さらに、出土品が高岡の郷士に持ち去られたという記述もきわめて興味深いものであり、これについては後に述べることにする。

以上の二つの史料は、明治以降のものであるから、これらだけでは、弥右衛門の子孫が明治以降に「川越」姓を名乗った可能性も考えられる。ところが前項で見ておいたように、猪塚墳丘南裾にある石碑（図4）には「文政六癸未七月仏日」「川越氏建之」とあって、発見から三十四年後の文政六年（一八二三）の時点で、弥右衛門の一族（子あるいは孫にあたると考えられる）が「川越氏」を名乗っていたことが確認できる。このように考えれば、B『日向国掘出品々図』C『日向国諸県郡本庄村古墳発掘品図解』に見える「川添弥右衛門」は誤りで「川越弥右衛門」が正しいということになる。

また、D『日向古墳備考』は、弥右衛門を「土民大田屋彌右衛門」と書いており、「川越」の苗字と「大田屋」の屋号を持っていることから普通の農民とは考えられない。そこで、少し寄り道することになるが、『国富町郷土史　上巻』（国富町　二〇〇一年　末永和孝氏執筆分）などに拠りながら、弥右衛門が住んでいた本庄村六日町について見てみよう。

本庄村と本庄六日町

本庄村の村高は、元禄十一年（一六九八）の郷帳によれば、二二五八石余、天保九年（一八三八）の郷帳によれば二二〇三石三升であった。慶応元年（一八六五）の段階で田一五七町八反余（一五六ヘクタール）、畑一二八町四反余（一二七ヘクタール）、五九八軒二一六〇人が住み、馬は四五九匹であったようだ。支配関係を見ると、一六〇三〜一三年は高橋氏（日向県《あがた》〈現在の延岡〉）領、一六一四〜四四年は有馬氏（延岡藩）領、その後幕府領となるが、一六八八年までは延岡藩への預け地であり、それ以降は幕府滅亡に至るまで幕府の代官支配を受けた。猪塚が発掘された寛政元年（一七八九）当時は、豊後国日田陣屋（大分県日田市）の管下にあり、日向国臼杵郡富高出張詰所（宮崎県日向市）の支配を受けていた。

猪塚の発見の三年後にあたる寛政四年（一七九二）六月二十八日に、尊王家として有名な高山彦九郎は、都於郡（宮崎県西都市）から法華岳《ほけだけ》（同東諸県郡国富町）に向かい、その後高岡（宮崎市高岡町）に向かう途中に本庄を通っている。高山彦九郎の『筑紫日記』の同日条に、本庄のことを次のように記している。

晴れ。桜の馬場より南東に原を下っていって須志田《すしだ》に、左手に一ノ瀬川を見て行った。一里（約三・九キロ）、これからは富高御領（富高出張詰所が支配する幕府領）である。田んぼの中を過ぎて坂を一町（一〇九メートル）余り上る。飯盛という所で人家がある。さらに南東に行って、新堀という所に出た。ここも本庄の内である。西は、一里（三・九キロ）で綾、三里（一〇・八キロ）で紙屋へ至る道である。本庄の十日町には家が一〇〇軒余り、五、六町（五四五〜六五四メートル）東に六日町という町場がある。大きな道である。法華岳より本庄までは、南東に二里（七・八キロ）、十日町より南一里（三・九キロ）に高岡がある。綾川の船の渡しは、田尻で渡るのだが、増水のため六、七町（六五四〜七六三メートル）下流の往還で渡った。そこは嵐田の渡しという。百間（一八〇メートル）ほど。この川は、五里（一九・五キロ）上流の須木から流れ、綾を経てここまで流れてきており、肥後国の球磨の方から流れ出ているという。渡ると嵐田村で、ここは高鍋藩の飛び地、秋月和三郎殿が知行する所である。坂を上ると境野で、これからは薩摩藩領である。鹿児島より二十七里二十五丁四十四間（一〇九キロ）とあった。坂を下って、十五、六町（一・六〜一・七キロ）で高岡となり、二、三百軒の家がある。ここも諸県郡である。

これによれば、本庄には十日町と六日町という町場があり、十日町には一〇〇軒余り、その東六〇〇メートルほどに弥右衛門の住む六日町があった。高山彦九郎は、嵐田の渡しで本庄川を渡っているが、その対岸は、秋月和三郎領であった。高鍋藩第四代藩主秋月種政は、元禄二年（一六八九）、弟の種封《たねくに》に諸県郡の木脇・嵐田など三〇〇〇石を分知した。その七代を安永五年（一七七六）に秋月和三郎が嗣いだが、この当時は、高鍋藩が分知領も含めて一体的に経営していたようだ。彦九郎はさらに南に向かい境野《さかいの》峠を越えて薩摩藩領に入り、高岡に至った。鹿児島藩領の日向口の固めである高岡麓までは十日町から約三・九キロメートルであった。

白尾国柱が著したⒹ『日向古墳備考』とⒼ『麑藩名勝考』巻九には、猪塚周辺の図（図6）が見えており、猪塚のすぐ右手を走る道に「高岡ヨリ八代ニ通路」と記されているから、高山彦九郎は、おそらくこの道を猪塚を右手に見ながら高岡に向かったものと考えられる。そして、この道沿いに、「彌右衛門宅」の記載があるから、彦九郎は弥右衛門の自宅横を通っていたことになる。

さて、日向国内の幕府領には、各郡に惣代庄屋がおかれていた。享和三年（一八〇三）の諸県郡惣代は、「本庄村庄屋　太郎兵衛」であり、翌文化元年（一八〇四）のそれは本庄十日町別当金兵衛となっていた。本庄村は、幕府領諸県郡の中心であったことがわかる。十日町には、毎月一日・十日・二十日に、六日町には毎月六日・十六日・二十六日に、両町あわせて計六回市が立っており、有馬領時代の寛永十八年（一六四二）段階で、両町には酒屋・糀《こうじ》屋・素麺《そうめん》屋・紺《こん》屋・鋳物屋・紙漉《かみすき》屋などがあり、一九世紀には和泉屋・桝《ます》屋・山桝《やまます》屋・木ノ下桝屋・玉利屋・紙屋・恵《え》比寿《びす》屋・まんぬき等の屋号をもつ商家があった。江戸時代後期、日向国内の幕府領の年貢は、米に代えて銀で納入することになり、銀を得るためにも経済活動を活発に行う必要があったようだ。本庄には、紙などの生産・販売で富を築くとともに、幕府の権威を背景に、延岡、佐土原や高岡などに安定した金融を行っている商人もいた。

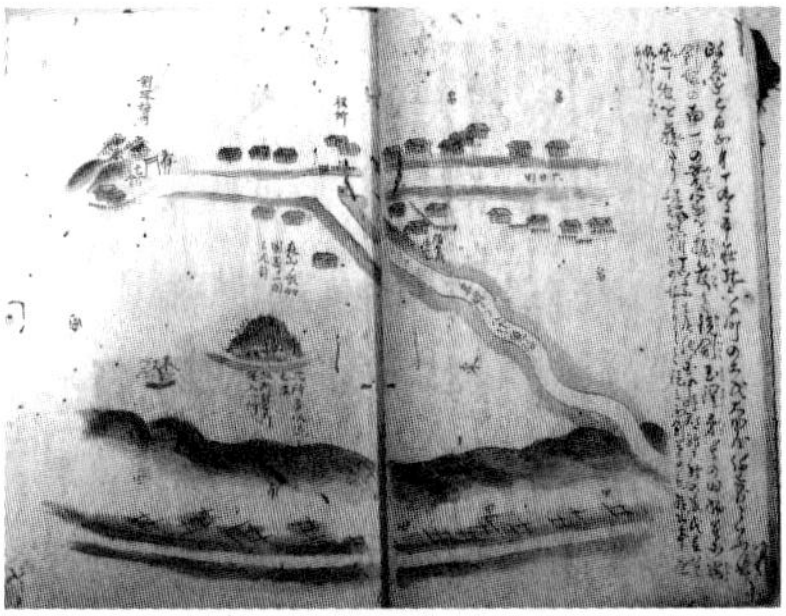

図６　『麑藩名勝考』巻九
（都城島津家本 都城島津邸蔵）

図７　猪塚周辺地図

寛政元年（一七八九）以前に本庄村は、北本庄村と南本庄村に別れ、それぞれに庄屋・年寄・百姓代などが置かれていたが、町場である十日町と六日町にはそれぞれ別に別当と年寄が置かれ、それぞれの町場を統括した。先に見たように文化元年（一八〇四）に諸県郡惣代に本庄十日町別当の金兵衛が就いていることは、町場が政治的にも力をつけてきたことを示している。

以上のような六日町の状況を考慮すれば、「大田屋」という屋号を持つ弥右衛門は、農業の専業者であったとは考えられず、何らかの商業活動を行っていた人物であった可能性が高い。一八八四年に成立した元飫肥藩家老である平部嶠南の○『日向地誌』の「諸県郡本庄郷本荘村陵墓」の項には、

猪ノ塚【テンノ塚ヨリ南ニ距ル四十五間（八二メートル）。下馬場総泉寺原ノ北ニアリ。高三丈六尺（一〇・八メートル）、周囲一町十間（一二七メートル）、其形長シテ中腹ハ稍々狭小ナリ。其制（造り）テンノ塚ト同揆（同じ形）ナリ。塚上ニ楠椎及ヒ雑木ヲ生ス。六日町市人川越栄治ト云者ノ祖彌右衛門、此塚ノ南址ヲ鑿テ蕃藷ヲ蓄フルノ所ヲ設ントセシニ、忽然トシテ一壙（一つの穴）ニ陥ル。（下略）】

とあって、弥右衛門の子孫にあたる川越栄治について「六日町市人川越栄治」と記しており、川越栄治が、明治初年の段階で市人＝商人であったことからも、商業活動を行っていた可能性は高いと考えられる。

以上から、弥右衛門は、半農半商とでもいう人物であったということができる。

第二節　発見はどのように記録されたか

最初の史料はどれか

ここで、やや細かい話になるが、発掘から間もなく著された史料について、その成立の順番を含めて見ておこう。すでに述べたように、Ⓓ白尾国柱『日向古墳備考』は、この古墳が発掘された寛政元年を「去歳」とするので、その成立は寛政二年（一七九〇）であった。Ⓐ『日向国諸県掘出剣鉾冑及鏡図』、Ⓑ『日向国掘出品々図』、Ⓒ『日向国諸県郡本庄村古墳発掘品図解』の三つの史料と、Ⓓ白尾国柱『日向古墳備考』の前後関係について見ていくことにしたい。

まず、Ⓐ『日向国諸県掘出剣鉾冑及鏡図』とⒷ『日向国掘出品々図』は一体のものとして成立したようだ。この両史料は、現在宮内庁書陵部に所蔵されており、Ⓐ『日向国諸県掘出剣鉾冑及鏡図』は巻子本（二八センチ×四一三センチ）で「寛政戊午」・「松岡文庫」・「帝室図書」の印が見える。一方のⒷ『日向国掘出品々図』は冊子本（一九センチ×二七センチ）で、「薩州家士吉田喜平次本より書写」の記載と「帝室図書之印」の印がある。両者の関係はこれだけからはわからないが、Ⓐ・Ⓑにはそれぞれ次のような注目すべき記載がある。

Ⓐ「右の玉は、知っている者がいなかったのだが、横山昌嫌《しょうげん》が八坂瓊《やさかに》の曲玉という物であると言ったので、そのように決まった。」

Ⓑ「右は、高岡郷士の横山昌嫌という者が見たところ、八坂瓊の曲玉という物だと言ったということである。」

これらはともに「曲玉」に関する注記であり、発掘当初、本庄では曲玉のことを知る者がいなかったなかで、横山昌嫌という人物が出土した玉を曲玉と同定したとする。この「横山昌嫌」は、次章で見るように高山彦九郎『筑紫日記』や本居宣長の門人中に確認でき、高岡の古文書にも登場する高岡郷士なのであるが、それらの史料には「横山尚謙」と記されている。

したがって、「横山尚謙」が正しく、「昌嫌」は誤記である。とすれば、同じ誤りを持つⒶ『日向国諸県掘出剣鉾冑及鏡図』とⒷ『日向国掘出品々図』は、密接な関係のもとに成立した史料ということができる。さらにいえば、両者はもともと一つの史料であった可能性もあると考えている。巻物（巻子本）であるⒶ『日向国諸県掘出剣鉾冑及鏡図』は、出土品の図を中心にそれぞれの出土品に関して若干の説明を載せているのに対し、冊子本であるⒷ『日向国掘出品々図』は、

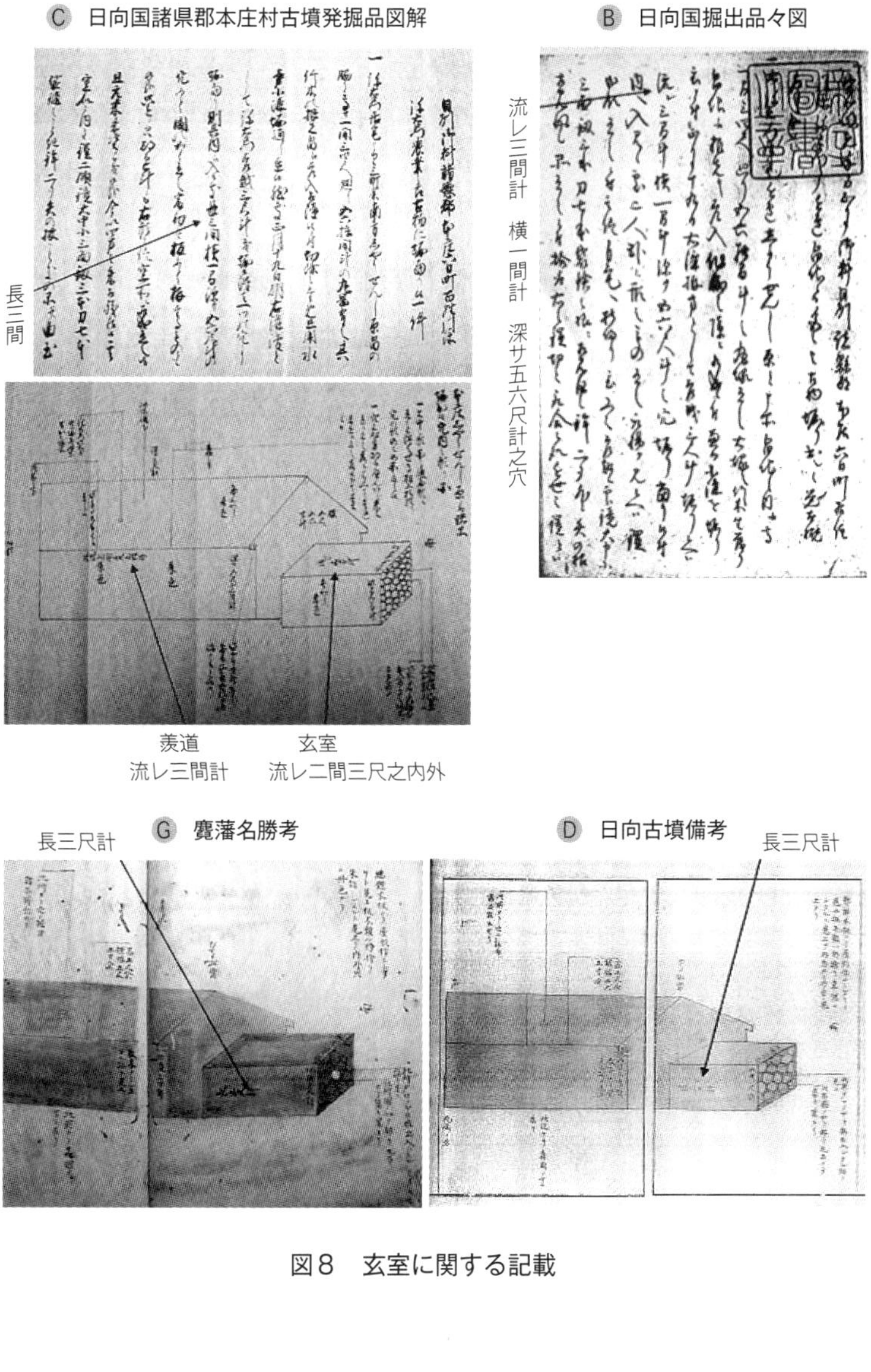
C 日向国諸県郡本庄村古墳発掘品図解
B 日向国掘出品々図
流レ三間計　横一間計　深サ五六尺計之穴
長二間
羨道
流レ三間計
玄室
流レ二間三尺之内外
長三尺計
G 麑藩名勝考
D 日向古墳備考
長三尺計

図８　玄室に関する記載

文章のみで図を一点も載せていない。図が一点も無いのに『日向国掘出品々図』という題がつけられているのは、別に付属する図があったからに相違なく、その図がⒶ『日向国諸県掘出剣鉾冑及鏡図』であった可能性が高いのではないかと考えている。以上から、Ⓐ『日向国諸県掘出剣鉾冑及鏡図』とⒷ『日向国掘出品々図』の成立は同時と考えたい。

さて、Ⓑ『日向国掘出品々図』、Ⓒ『日向国諸県郡本庄村古墳発掘品図解』、Ⓓ白尾国柱『日向古墳備考』の前後関係を知る上で、古墳の玄室（墓室）の大きさの表記（図8参照）が重要な手がかりを与えてくれる。ヒントになるのは「流レ」という表記である。Ⓑ『日向国掘出品々図』は「流レ三間計《ばかり》、横一間計、深サ五六尺計」としている。Ⓒ『日向国諸県郡本庄村古墳発掘品図解』は、本文では「長三間、横一間、深サ五六尺計」とあり、玄室の図では羨道部に「流レ三間計・此間（高さのこと）二間計・此間（幅のこと）二間計」、玄室部に「此流レ二間三尺之内外・深サ五尺二三寸計・横五尺五六寸計」との記載がある。Ⓓ『日向古墳備考』は、本文には記載が無く、玄室の図では羨道部に「長三尺計・此間二尺計（高さのこと）・此間二尺計（幅のこと）」、玄室部に「高五尺余横幅五尺五寸余」との記載がある。

ⒷとⒸの玄室の図に見える「流レ」は、明らかに奥行きの意味で用いられているのであるが、他では確認できない用例であり、ことによると本庄や高岡地方の方言ではないかとも考えられる。おそらく、地元で作成された「玄室の図」が、鹿児島に提出され、図はそのままⒸに収載され

て「流レ」の記載が残ったものの、本文では「流レ」を「長」に書き換え、Ⓓでは、図の注記を大幅に簡略化するとともに、「流レ」を「長」に書き換えたものと思われる。

以上から、このⒶ～Ⓓの史料の成立順は、Ⓐ『日向国諸県掘出剣鉾冑及鏡図』・Ⓑ『日向国掘出品々図』→Ⓒ『日向国諸県郡本庄村古墳発掘品図解』→Ⓓ『日向古墳備考』とすることができる。

発見直後の状況

古墳から出土した遺物について最初の史料であるⒷ『日向国掘出品々図』には、

剣二本（割注略）、刀五本（割注略）、鉾《ほこ》二本（割注略）、石突と見えるものが二つ、鎧《よろい》の破片、冑の破片、矢のように見えるもの、鏡の大中小三面、玉一つ

とあり、Ⓒ『日向国諸県郡本庄村古墳発掘品図解』には、鎧二領、鏡大中小三面、剣三本、刀七本、袋鑓《やり》のような鉾二つ、矢の根のような品、曲玉、小玉類多数とある。

奈良県立橿原考古学研究所の吉村和昭氏の分析によれば、出土品は、玉類（管玉・丸玉・勾玉）、鏡三面、鎧二領、甲《かぶと》一領、馬具（轡《くつわ》）、刀剣、鉄鏃《てつぞく》、鉾であり、刀剣、鉄鏃、鉾の鉄製武器についてはその数量が史料によって異なる（表2参照）。これらの出土品の持つ意味については、6の

章でみていくことにする。

天領にある猪塚から、以上のような珍しい品々が出土したという話は、間もなく近隣にも広がったようだ。すでに見たように、勾玉については、高岡郷士の横山尚謙が同定している。その際、横山尚謙が本庄まで出向いたものか、あるいは勾玉が高岡まで運ばれたものか、明らかではないが、おそらく横山尚謙ら高岡郷士が重要な役割を果たして、程なく出土品を薩摩藩の島津重豪に献上する手筈が整えられていったのだろう。

さて、出土品に接した弥右衛門の行動に関して、興味深い記述がある。Ⓑ『日向国掘出品々図』は、長さ二尺余りの刀に関して割注の中で、「掘り出した時、鍛冶屋に持って行き鉄かどうかを調べたので、刀は溶《と》けて無い」と記しており、Ⓒ『日向国諸県郡本庄村古墳発掘品図解』では、「弥右衛門が持ち帰ったが、その身は百姓であったから、何の思慮もなく、折から土蔵を修理しようとしていたときであり、右の品々を鍛冶の者の所へ持って行って、その鉄を使って釘を作りたいとの申し出のままに、槌《つち》に当たったところ、今の鍛冶の手には及ばないほど堅い鉄であったということで、釘作りは沙汰止《さたや》みになった」と記している。双方ともに、地元情報とでもいうべきものであるが、後者には、弥右衛門は百姓であるから思慮に欠けるという、いかにも武士身分の者が百姓身分の者を見下したような表現が見えるから、この表現は、薩摩藩側でⒸ『日向国諸県郡本庄村古墳発掘品図解』をまとめる際に付け加えられたと考えておきたい。

第三節　薩州侯への献上

薩州侯への献上

明治七年（一八七四）に完成された宮永真琴のⓂ『日向国諸県郡本荘村古陵墓見聞図説』には、「立派な八稜鏡を得て、これを薩摩藩の殿様に献上したということだ」とある。さらに、こうした経緯は、弥右衛門の子孫に言い伝えられていたようで、先述したように一九二六年のⓅ『宮崎県史蹟調査　第五輯』では、弥右衛門の玄孫川越某が、「薩摩侯に献上せよと勧められて、高岡の郷士に持ち去られた」と述べていた。

Ⓙ『日向山陵図書』は、京都の国学者中村忠次が天保三年（一八三二）に日向を訪れ、本庄の日高盛富の案内で本庄四十八塚を見学した際の情報を、次のように記録している。

日高盛富が陳《の》べて言うには、町の南の後ろの塚（これも四十八塚のひとつである）で、四十余年前、その塚の際《きわ》の畑の持ち主が、塚の際から石の柩《ひつぎ》を掘り出した。その中に、太刀・鉾の類が多かった。鏡が三面あった。兵器は皆朽ちて砕けていたが、ただ鏡だけは完全であった。薩摩侯がこれを聞かれて、ご所望によって三面とも献上した。謝礼として銀子《ぎんす》一貫目を賜ったことがあった。（下略）

ここには、発見から四三年後の、地元本庄の情報が記されている。弥右衛門が鏡三面などを薩州侯に献上した際に、銀一貫目の謝礼が支払われていたとする。当時の貨幣を現在の価値に換算するのは難しいのだが、一橋大学の渡辺尚志氏によれば、米価を基準にすると銀一匁＝六六〇円、賃金水準をもとに考えると銀一匁＝四〇〇〇円くらいとなるようであり（『百姓の力』柏書房　二〇〇八年）、一貫目＝一〇〇〇匁であるから、銀一貫目は六六万～四〇〇万円になるようだ。

薩州公とは誰か

薩州公といえば、基本的には薩摩藩主であるが、これについては少し検討を要する。結論から言えば、猪塚の出土遺物の献上先となった薩州公とは、猪塚発掘時点ではすでに藩主の座を子息斉宣《なりのぶ》に譲っていた島津重豪《しげひで》であった。

島津重豪は、宝暦五年（一七五五）に十一歳で藩主となった。蘭学や実学を重んじ、安永二年（一七七三）に造士館・演武館、翌年に医学院、安永八年に薬草園・明時館（天文館とも呼ばれる。鹿

島津重豪
（鹿児島県歴史資料センター黎明館蔵
玉里島津家資料）

児島市の繁華街天文館の地名はこれに由来する）などを創設している。その三女茂姫《しげひめ》は、いったん近衛家の養女となる形で一橋家（八代将軍の子孫から始まる御三卿のひとつ）世子《せいし》（跡継ぎ）豊千代《とよちよ》への輿《こし》入れが決まった。豊千代は、天明元年（一七八一）跡継ぎの無かった一〇代将軍家治《いえはる》の世子とされ、天明六年（一七八六）家治が亡くなると家督を継ぎ、翌年正式に一一代将軍家斉《いえなり》となった。茂姫は、将軍の正室となったが、現役の大名が将軍の岳父となることに憚《はばか》りがあったようで、重豪は、天明七年（一七八七）一月に家督を斉宣に譲った。しかしその後も藩政の実権を握り、将軍の岳父としてその権勢は大きなものがあった。

さて、藩主となった斉宣は、寛政元年（一七八九）一月江戸を発って、六月初めてのお国入りを果たし、翌年二月まで鹿児島に滞在した。タイミングとしては、新藩主のお国入りにあわせて、猪塚からの出土品が献上されたとも言えそうであるが、重豪の文化事業に対する熱意や、次章で述べるように、出土した鎧の補修を命じられたのが、重豪と関わりの深い増田直治という人物であったらしいことを考え合わせれば、重豪に対する献上であったと考えて良いだろう。

第四節　白尾国柱の著作

『日向国諸県郡本庄村古墳発掘品図解』は白尾国柱の著作か

Ⓒ『日向国諸県郡本庄村古墳発掘品図解』は、鹿児島県歴史資料センター黎明館に所蔵されている玉里島津家史料の一つであり、長さ八メートルを超す長大な巻物（巻頭図1）である。巻首に発掘の経緯等を記す文章が置かれ、次いで出土品の精巧な彩色図が載せられ、巻末に玄室の見取り図が置かれている。特に、鏡の図は写真と見紛うばかりの精緻さで描かれている（図47参照）。

さてこの史料の存在は、プロローグで述べておいたように一九八八年に池畑耕一氏が著した「薩藩の国学者　白尾国柱」で初めて広く紹介されることになった。池畑氏は、この史料について「書いた年、人のみならず、古墳発見の年なども書かれていない」が、「これに描かれた地下式横穴の図と、Ⓓ『日向国古墳備考』に描かれた図とがほとんどいっしょであること、鏡の調査に『宣和博古図』を使っていること、さらには島津家史料の中にあったこと等」から、この著者は白尾国柱に間違いなかろうとの結論を導いている。この点について検討しておこう。

表1・2は、諸史料に見える発見者・出土地点・出土位置・出土遺物などの記載の異同をまとめたものである。これを手がかりに、Ⓒ『日向国諸県郡本庄村古墳発掘品図解』と白尾国柱の著作であることが明らかなⒹ『日向古墳備考』・Ⓖ『麑藩名勝考』巻九の関係について考えてみる。表1・2によれば、Ⓓ『日向古墳備考』・Ⓖ『麑藩名勝考』巻九の記載はほぼ同じである。同一人物の著作であるから当たり前と言えば、当たり前なのであるが、本文の対照表を作って両者を比較してみると、基本的にはⒹ『日向古墳備考』をベースにして、執筆後に入手した新たな情報を追加してⒼ『麑藩名勝考』巻九の猪塚関連部分を作っており、『麑藩名勝考』巻九は『日向古墳備考』の増補版と言ってもよいものである。

なお、6の章で示すように、出土遺物の「蟬羽状のもの」の記述は、Ⓑ『日向国掘出品々図』・Ⓓ『日向古墳備考』・Ⓖ『麑藩名勝考』に見えており、白尾国柱は、猪塚に関する記述をなすに当たって、Ⓐ『日向国諸県掘出剣鉾冑及鏡図』（巻子）・Ⓑ『日向国掘出品々図』の内容を参照していると考えられる。

出土地点の記載について見ると、Ⓒ『日向国諸県郡本庄村古墳発掘品図解』は「弥右衛門宅より三町余南でしやうせんし原畠の脇」と記し、現地の状況と見比べても正確な記述となっているにもかかわらず、Ⓓ『日向古墳備考』は、その正確な位置関係を示した周辺地図を載せる一方で、剣塚から出土したとし、またその場所も剣柄稲荷の東南という漠然とした記載になっている。また、出土品の点数についても、記載内容に違いがある。

こうした点から、C『日向国諸県郡本庄村古墳発掘品図解』と白尾国柱の著作であるD『日向古墳備考』・G『麑藩名勝考』巻九とを比較してみると、その記載内容にはかなり距離があるように感じられるのであり、C『日向国諸県郡本庄村古墳発掘品図解』を白尾国柱の著作とすることは難しいと考える。

画像は何回描かれたか

猪塚からの出土品は、発掘の経緯等を記した文章に、出土地点の地図や出土した玄室の見取り図、出土品の図も副《そ》えて献上されたものと思われる。諸史料は、薩州公への献上という面で見る

出土位置
居宅近辺志ようぜんし原
弥右衛門宅より３町余南 しやうせんし原畠の脇
剣塚稲荷の東南
剣塚の南、稲荷の東南
水を引くための溝
山野を往く道を践跋く

矛先	古壺	その他
2	○	蟬羽状のもの
1		
数竿		蟬羽状のもの
数竿		蟬羽状のもの
	1	魚鱗状のもの

馬具	鉄鏃	鏡	玉類	蟬羽様
		○	○	○
○	○	○	○	○
		○	○	○
		○		
		○		

表１　発見者・出土地点・出土位置に関する諸書の異同

史料名	発見年	発見者	出土地点名
B『掘出品々図』	寛政元	川添弥右衛門	
C『図解』	寛政元	百姓川添弥右衛門	なし
D『備考』	寛政元	土民大田家弥右衛門	剣塚
G『名勝考』	寛政元	土民大田家弥右衛門	なし
E『桂林漫録』	寛政元	農夫　弥右衛門	なし
I『中陵漫筆』	寛政五	土人	なし

表２　諸書に見える出土遺物

史料名	曲玉	管玉等	鏡（有銘）	冑	鎧	矢	刀剣（剣）
B『掘出品々図』	1		3	○	○	○	7（2）
C『図解』	3	41	3（1）	○	2		5（1）
D『備考』	数　課		3		○		○
G『名勝考』	数　課		3		○		○
E『桂林漫録』	数　課		3		1		5
I『中陵漫筆』	壺中に多数		3（2）		2		10（2）

表３　諸史料に描かれた出土品の図

史料名	周辺地図	玄室図	刀	剣	鉾	甲	冑
A『掘出剣鉾冑及鏡図』			○	○	○	○	
C『図解』		○	○	○	○	○	○
D『備考』	○	○					
G『名勝考』	○	○	○	○	○	○	○
E『桂林漫録』						○	○
F『集古十種』							
J『古図類纂』		○					
N『日本古代甲冑説』							○

とどのように位置付けられるだろうか。諸史料に描かれた出土品の図についてまとめた表3を手がかりに考えてみよう。

まず、描かれた出土品の種類の多さ、鏡の図に見られるような描画の精密さ、すでに指摘したように弥右衛門について「その身は百姓であったから何の思慮もなく」という農民を見下したような書きぶり、さらには歴史好きで知られる島津久光（一八一七～八七　第一一代藩主斉彬の異母弟、第一二代藩主忠義の実父）が興した玉里島津家の資料に含まれていることから、Ⓒ『日向国諸県郡本庄村古墳発掘品図解』は、薩州公に提出された資料そのもの、あるいはその精巧な写しであると言うことができる。描画は、専門家が描いたような印象を受けるので、おそらくは鹿児島に持ち込まれたあと、薩摩藩の絵師などに命じて描かせたものであろう。

これに関連して、二〇〇七年二月鹿児島県歴史資料センター黎明館において会議室の机の上に少しずつ広げながらⒸ『日向国諸県郡本庄村古墳発掘品図解』を撮影させていただいた折、甲冑の描き方について、縦向きと横向きの画像が混じっていることに違和感を覚えていたが、二〇〇八年一～三月に西都原考古博物館で開催された特別展に際して、八《メートル》以上ある本史料の全体が展覧されており、これについて検討する機会があった。それによれば、刀・剣はそれぞれ三枚の紙を貼り接いで描いているが、甲冑については一枚の紙をいっぱいに使って描いている。したがって、縦長の甲冑を描く際に、用紙を縦置きにして画面いっぱいに描き、その後短辺を貼り接いで巻物に仕上げたため、縦向きと横向きの画像が混じったものと思われる。

一方、玄室の図は現状を知らなければ描けないものである。本庄あるいは高岡あたりで作成された出土状況を説明する文章や玄室の図（あるいはその浄書）と新たに鹿児島で描かせた出土品の図をまとめて、Ⓒ『日向国諸県郡本庄村古墳発掘品図解』が成立したと言えそうである。

すでに見たように、Ⓐ『日向国諸県掘出剣鉾冑及鏡図』・Ⓑ『日向国掘出品々図』→Ⓒ『日向国諸県郡本庄村古墳発掘品図解』→Ⓓ『日向古墳備考』の順で成立したと考えられるが、甲の図はⒶ『日向国諸県掘出剣鉾冑及鏡図』とⒸ『日向国諸県郡本庄村古墳発掘品図解』ではかなり異なっており、別系統の史料であるとしなければならない。

さらに、Ⓓ『日向古墳備考』は、別に周辺地図を付け加えているが、出土品の図が無いことをどのように理解すればよいかわからない。しかし、Ⓖ『麑藩名勝考』巻九に見える甲の図は、Ⓒ『日向国諸県郡本庄村古墳発掘品図解』ではなくⒶ『日向国諸県掘出剣鉾冑及鏡図』のものに近いから、白尾国柱は、寛政七年（一七九五）にⒼ『麑藩名勝考』巻九を完成させるまでに、Ⓐ『日向国諸県掘出剣鉾冑及鏡図』の系統の資料も参照することができたと考えられる。

以上ながながと述べてきたが、Ⓐ『日向国諸県掘出剣鉾冑及鏡図』とⒸ『日向国諸県郡本庄村古墳発掘品図解』は別系統の資料を基にしてまとめられたものであると考えられる。白尾国柱は、これらに載せられていない周辺地図を加えてⒹ『日向古墳備考』を作成し、さらにⒶ『日向国諸県掘出剣鉾冑及鏡図』の系統の資料も参照してG『麑藩名勝考』巻九をまとめたとすることができる。

『麑藩名勝考』巻九について

D『日向古墳備考』には、発掘の位置について曖昧な記述があるため、白尾国柱自身は発掘の現場に足を運んではいなかったと考えられる。しかし一方で「今この遺器を面あたり観ることを得て」とあるから、このD『日向古墳備考』を執筆する段階、すなわち寛政二年（一七九〇）までに、猪塚からの出土品を実見していることは明らかである。G『麑藩名勝考』巻九に見える出土品の図は鹿児島で描かれた可能性が高いと考えておく。

前にも述べたように、この両者の対照表を作ってその本文の比較を行ってみると、D『日向古墳備考』をベースに、増補をおこなってG『麑藩名勝考』巻九の「本庄村」の項を著したことは明らかである。

『麑藩名勝考』巻一の序文に寛政七年乙卯秋八月五日、巻十の序文に寛政七年九月十八日と記されており、『麑藩名勝考』の成立年代を寛政七年（一七九五）とするのが通説となっている。『白尾氏家譜抄』（東京大学史料編纂所蔵）によれば、寛政九年（一七九七）九月二十八日に『麑藩名勝考』の著述により、藩主斉宣から白銀四枚を拝領しているので、それ以前に完成していたことは間違いないものと考えられる。しかし、巻九では鹿児島大学玉里文庫本・都城島津家本ともに、寛政十二年（一八〇〇）に刊行された森島中良のⒺ『桂林漫録』や同年のⒻ『集古十種』（『麑藩名勝考』では『集古十帖』とする）を引用しているので、両本ともに寛政十二年以降に増補されたものとすることができる。白尾国柱は、寛政十一年（一七九九）に江戸に上って、『成形図説』の編纂に携わっており、当時としては最新の著作に触れる機会があり、そうした資料も参考にしながら増補を行ったのであろう。

Ⓖ『麑藩名勝考』巻九を、鹿児島大学玉里文庫本と都城島津家本で比較すると、少なからぬ異同がある。鹿児島大学玉里文庫本では、甲冑の図の横に「追考、銕甲神思図叢の序に曰く（下略）」と書かれた文章が、都城島津家本では割注として本文中に取り込まれている。したがって、寛政十二年以降のある時点の『麑藩名勝考』巻九に「追考」を書き入れていた本を写して鹿児島大学玉里文庫本が成立し、さらに「追考」を本文に取り込んだ時点のものをもとに都城島津家本が成立したと考えられる。白尾国柱は、『麑藩名勝考』を寛政七年にいったん完成させた後も、折に触れて手を加えていったため、その筆写の時期によって、異なる写本が出来たものと思われる。

『麑藩名勝考』巻九の梗概

Ⓓ『日向古墳備考』は、増補された上でⒼ『麑藩名勝考』巻九のなかの「同郡（諸県郡）本荘

村」の項に組み込まれた形になっている。ここでは『麑藩名勝考』巻九の本庄村に関する部分の概略を示しておく。

まず、剣柄稲荷《けんのつかいなり》、天真名井《あまのまない》、さらに俗に「本荘の百人塚」と呼ばれた本庄古墳群について述べ、「鬼の岩屋」を紹介する。その後、寛政元年正月十九日に本荘村六日町の土民大田屋弥右衛門が発掘し鏡・剣・玉・鎧・矛等が出土した古墳について述べ、これを安徳天皇の陵とする説を批判する。剣壟《ケンノツカ》と稲荷との関係について考察し、神武東征に随《したが》った天皇の兄の稲飯命《イナヒノミコト》が宮崎に引き返し、死後その剣を納めたのが剣塚であり、稲荷は稲飯が訛ったものとする。

また『古事記』に見える景行天皇の子孫である日向国造などの墓墳の可能性もある。この古墳の外槨は、家のような形であって、石灰を使って突き固め、内側には丹砂を詰めて満たし、入口には石垣のような所があるのは、畿内などで発掘された上古の帝の陵の姿と少しも異なったところがない。青銅の鏡は、朽ち果てることはない。遺体に甲が副えられているが、孝徳以後はその副葬を禁止されたので、それ以前の物である。いずれにしても稲飯命・豊国別王《トヨクニワケノキミ》などの他には被葬者としてふさわしい人は思い当たらないとする。

こうした考察を、『日向風土記』・『日本書紀』・『先皇山陵図』（『前皇山陵記並図』のことか、鹿児島大学玉里文庫のみに写本あり）・『古事記』・「小野毛人墓誌」（慶長十八年〈一六一三〉今の京都市左京区上高野で発見された物、小野毛人は小野妹子の子）などを使って行っている。

上古において、鉄製の甲冑が使用されていたことについては、『周礼』・『管子』・『本朝事始』（藤原信西、院政期）・『日本書紀』・『銕甲神思図叢』・『延喜式』・『三代実録』・『太平記』・『明徳紀』・『東鑑（吾妻鏡）』・『内侍所聞記』・『高館草子』（幸若舞）・『下学集』（辞書）・『軍器考』・『湧幢小品』・『綿襖甲冑考』・『隋書』・『続日本紀』・『度製畧考』（荷田在満『本朝度制略考』のこと。一七四一年成立）・『古事記』・『日本書紀』・『新撰姓氏録』・『建武記』・『武器図説』（伊勢貞春が幕命により一七九六年に編纂）・『軍器考表疑』（一七七四年の自序がある伊勢貞丈『本朝軍器考標疑』のことか）などの書物によって考察している。

また、出土した大小三面の鏡についても、『宣和博古図』（中国宋の徽宗〈在位一一〇〇～二五〉の勅命により編集された古器物図録）・『垣根艸《かきねぐさ》』（類書。草官散人（都賀庭鐘）著。一七七〇年刊）・『日本書紀』・『令義解』・『古語拾遺』・『集古十帖』（松平定信『集古十種』）などにより考察を加え、中国製ではなく国産の鏡としている。なお、寛政元年（一七八九）己酉閏六月十六日に尾張国中島郡神戸村の農民甚八が鏡三面と剣・矛の類一二本を掘り出した際の報告書を引用している（ちなみに、その剣の図は松平定信が作らせた『集古十種』に載せられている）。さらに、『古事記』・『雲根志《うんこんし》』（木内重暁（石亭）著の類書。一七七三～一八〇三年刊）・『勾玉考』（横井千秋（一七三八～一八〇一）著『八尺勾瓊考』のことか）などによって、勾玉について考察している。

その後、『近代剣鎗愚考』・『和名鈔』（和名類聚抄）・『日本書紀』・『令義解』・『延喜式』・『三代実

録』・『後三年合戦記』・『源平盛衰記』・『太平記』・『瓊矛道記』などによって、剣と槍について考察し、蟬羽《セミハ》のようなものについては、『十種神宝図』・『古事記伝』・『釈日本紀』（卜部兼方。鎌倉時代）などにより、上古のいわゆる比礼《ひれ》とする。

そして最後に、この塚より甲冑剣鎗の属が多く掘り出されたことをもって、これは上世の武将もしくは武臣の墓穴であるとする説に対し、上古は文と武に分かれていなかったと批判し、朝廷の政治は、天智朝ころから中国を手本とするようになり、また文武が分かれ、天皇の権威が低下してきたとし、学者が古を慕って道を学ぶことは当然であるが、古を慕うことによって、遂に中国の習わしを慕い、いろいろなことを中国に真似ようとすることは、国の基本を失うものであり、自らを顧みて戒めなければならないとする。

最後のあたりは、白尾国柱の国学者としての面目躍如と言ったところである。

2の章

薩摩移送には高岡郷士が関わっていた

第一節　高岡郷士　横山尚謙

橘南谿《なんけい》の弟子　横山尚謙

諸県郡本庄六日町の川越弥右衛門によって発掘された数々の出土品に関する噂は、まもなく薩摩藩領の高岡郷の人々の耳にも届いたようだ。前章で述べておいたように、出土品の中には、本庄の人々ではその名称すらわからないものが含まれていた。その一つ、勾玉を同定したのは、高岡郷の横山尚謙であった。

横山尚謙については、寛政四年（一七九二）六月二十八日に高岡を訪れた高山彦九郎の『筑紫日記』同日条に見える。高岡郷および横山尚謙については、前章第一節「本庄村と本庄六日町」の項であげた記事に続けて、次のように記している。

坂を下り一五、六丁（一六三五〜一七四四メートル）で高岡町、二、三百軒あって、ここも諸県郡である。高城へは坤《ひつじさる》（南西）八里（約三一キロメートル）、都城へは一一里（約四三キロメートル）という。酒屋を訪ねて飲もうとすると、隣の家でと乞われたので、水間《みずま》次右衛門という所で飲んでいると、次右衛門は私を見て只の人ではないということで、長沼流の門下後藤満蔵に知らせた。満蔵がやって来て、その家に連れて行き、泊まってくださいと乞うたので、ここに宿泊した。油屋と号する家である。満蔵の案内で川を南に舟で渡った。二丁（二一八メートル）ほどの渡りである。赤江川の上流である。町より巳《み》（東南東）の方角へ八丁（八七二メートル）ほどの梅樹山勾積寺《こうしやくじ》禅院の中庭に月知梅という名木がある。本木は枯れて跡だけが中央にある。枝は撓《たわ》んでおり、根の東側に四株、西に二株ある。太い物は、おおよそ六尺で、枝葉がまるくはびこって、おおよそ一〇間（約一八メートル）の広さに六株の枝が撓んで根をはやすものも多い。うつほのつか（中空の塚）を造ると、内に入って根を生やすという。不思議なことである。薩摩の太守は初め知月梅と名付けたのだが、枯れてしまった後、改めて月知梅としたので、枝葉が盛んになったということだ。高浜村の内にある。住持が茶を煎じてもてなした。梅と花を出してくれた。山田司の詩作を掛けた。ここに載せる。

百年遺愛一梅株　　百年遺愛す　一梅の株、
梅根老枝蟠封碧苔　　梅根老枝　蟠《わだかま》って碧苔《へきたい》を封ず、
莫道花開君不見　　道《い》ふ莫《な》かれ。花開き君見ざるを。
暗香疎影月明来　　暗香疎影、月明るく来る。

（百年前に亡くなった故人が愛した一株の梅は、根や老いた枝が緑色の苔の上に覆いかぶさっている。言わないで欲しい。花が開いても、君が見ることは無いことを。梅の香りがやみをただよい、枝のまばらな影を、月が明るく照らし始めた。）

右、月知梅を題す　天明丁未（七年、一七八七年）の歳　山田明遠謹んで題す

（月知梅は、高岡を訪れた藩主島津光久（一六一六〜九五）が延宝元年（一六七三）に命名し、明和四年（一七六七）ここを訪れた藩主島津重豪も「月知梅」を揮毫している。なお、この漢詩は、七言絶句の体を成していない。）

とあった。また北に舟で渡って、粟野《あわの》大明神へ参った。鳥居・拝殿・宮殿、午未《うまひつじ》（南南西）の間に向かう。月知梅より艮《うしとら》（北東）五丁（約五五〇メートル）ばかり。別当へ粟野寺へ寄って、何という神様を祀っているのかと尋ねたが、知らなかった。昨日、神輿が川舟に乗って宮崎郡上ノ町へ神幸されたということだ。毎年の例祭である。小山の絶壁が川に面している所を経て、おおよそ八丁（約八七〇メートル）ほど乾《いぬい》（北西）の方角に高岡町がある。今日日中一時雨が降った。満蔵の父は喜兵衛という。清ヨ《きよ》水《みず》久左衛門もやって来て、皆と知り合いになった。夕暮になって橘春暉《はるあきら》（南谿）の弟子である横山尚謙が来た。夜に入って大迫弥次右衛門《やじえもん》、横山尚謙、有馬直《なお》右衛門《えもん》、柚木崎周右衛門《ゆきざきしゆうえもん》らが、酒・魚・菓子を持ってきて語り合った。大迫氏の子源治も清ヨ水久左衛門も後れてやって来た。皆礼服であった。大迫氏は、その子源治元昧のために何か書いてくださいと乞うた。断ったけれど、聞き入れない。詠んで与えたものは、

言書　元昧のぬしのために詠んで残します
古《いにしえ》も　今もかわらぬ　道とては　親を思ふて　君に事《つか》ふること
と詠んだ。夜半まで飲んだ。諸客が帰った後に、満蔵左衛門の求めに応じて書いて与えたもの
言書　留別の歌として
今日逢ふて　明日は別るゝと　斗《ばかり》に思へは　〳〵名残惜しけれ
と詠んだ。酔って寝た。満蔵は、四国宇多津天野筒蔵という人と昵懇ということで、必ず尋ねてくださいとの伝言を託した。高岡郷士は六百人程。
二十九日　晴れ。赤江川を舟で下る。満蔵は、袴を着けて船戸まで送る。父の喜兵衛も見送りに来る。満蔵は、橘石見介（南谿）への書を託した。

ここに横山尚謙は、橘春暉の弟子として登場する。『高岡郷士系図』（これについては後述）によれば、横山尚謙は、伊集院から移住した横山甚右衛門（神左衛門）の七代目に当たる横山伊右衛門の弟であって、別家を立てた。宝暦十二年（一七六二）に生まれ、初名は伊覚。医師で、文化六年（一八〇九）三月十六日に亡くなった。「安永八年（一七七九年）高岡衆中高帳」（高岡町教育委員会『天ケ城歴史民俗資料館研究紀要』第二号「高岡衆中高帳・高岡郷士高帳」一九九九年）には、「高四拾九石壱斗六合四勺七才　横山甚右衛門　嫡子　横山伊右衛門　甚右衛門二男　横山伊覚」とあり、

この横山伊覚が尚謙である。文政十三年（一八三〇）「高岡郷士高帳」（高岡町教育委員会　同）に「無屋敷横山尚謙跡」とある。

なお、高岡郷士は六組に区分され、軍事六隊に編成され、組頭がこれを率いて出陣することになっていた。横山尚謙は、二組に所属していた。

橘春暉（一七五三～一八〇六）は、南谿《なんけい》の号を持つ。伊勢国の津で生まれ、京都で医者として活躍した。天明二～三年（一七八二～八三）に西国を巡って『西遊記《せいゆうき》』を著し、これは後に刊行されて当時のベストセラーとなった。鹿児島地方に五カ月以上滞在し、なかでも加治木に長期滞在しているが、宗政五十緒氏は「南谿は思うに加治木の島津兵庫とは文雅のちなみがあったので、彼に呼ばれた、というかたちで西遊したのではなかろうか。」（「橘南谿『西遊記』と江戸後期の紀行文学」新日本文学大系『東路記・己巳紀行・西遊記』岩波書店　一九九一年）と述べており、橘南谿と加治木島津家の当主久徴《ひさなる》とは前々からの知り合いであったようだ。高山彦九郎の『寛政京都日記』によれば、彦九郎は、前年の寛政三年（一七九一）一月の踏歌節会《とうかのせちえ》に際して、橘南谿と初めて会い、「大いに懇意」になった。そして、このあとたびたび南谿と会い、『東西遊記』を借り受けて筆写したりしている。このようなことから見ると、京都から遠く離れた日向高岡に南谿の弟子横山尚謙がいることを知っていた可能性も皆無ではない。彦九郎は横山尚謙に親近感を抱いたと思われる。『西遊記』によれば、橘南谿は、霧島山・加久藤（えびの市）を訪れているものの、高岡訪問は確認できない。ただ、橘南谿の随筆『北窻瑣談』（文政十二年刊行）に「薩摩領日向国高岡の郷に、牛糞姓の人あり。（下略）」、「日向高岡という所は薩摩藩領であり、郷士の七八百軒も集まって住んでいる都城（外城のことか）であって、大変繁華な土地であるが、謳《うたい》というものがなくて、婚礼などの宴席で興に乗れば、鹿児島の侍躍《さむらいおどり》の唄をうたうのである。」という高岡に関する記述が存在することは、横山尚謙からの情報に基づくか、あるいは橘南谿自身が高岡を訪問したかのどちらかであると考えられる。これに関連して、先に見たように高岡の後藤満蔵が、彦九郎に橘南谿宛ての手紙を託している記事があるので、橘南谿が高岡を訪れていた可能性は高いと考えておく。

医師としての橘南谿は、天明二年鹿児島行の途中で、長崎の吉雄耕牛を訪ね、オランダの医学について話を聞いている。橘南谿の『薩州孝子伝』（これについては後述する）には「小子今年医業のため諸国に遊び、薩摩の国にしばし逗留のおりふし」とあって、西遊の旅は、医学の見聞を広めるためのものであったらしい。また、西遊の旅から帰って間もない天明三年六月、伏見奉行の特別な計らいのもと、同志と計り、人体解剖の経験を持つ小石元俊《げんしゅん》や画家吉村蘭洲の協力を得て、平二郎という刑死者（斬首刑）の遺体を解剖し、その結果は『平二郎臓図』としてまとめられた（山本四郎『（人物叢書）小石元俊』吉川弘文館　一九六七年）。

橘南谿は、この後の天明六年に内膳司史生《ないぜんししじょう》に任じられ、翌年には正七位下石見介に叙任され、寛政八年病気のため辞官するまで、医家として朝廷に仕えた（佐久間正圓『橘南谿』橘南谿伝記刊行

会　一九七一年）。

横山尚謙の医学修業

横山尚謙が、京都で医学の修業をしたことについては、今見たように京都で活躍する橘南谿の弟子になっていたということのほかに、もう一つ、Ⓑ『日向国掘出品々図』に次のような記述があることから明らかである。

　右の物は、高岡の郷士である横山昌嫌（尚謙が正しい）という者が見たところ、八坂瓊之曲玉《ヤサカニノマカタマ》という物であると言ったということである。この昌嫌は、先年医学修行のために上京した折、近郷の藩の薬石・毒石・変石や、そのほか諸国の珍しい石を収集していた人物であるので、研修のために薬石・変石・毒石などを見に出かけた際に、いろいろな石を見たなかに、曲玉というものがあり、右の玉は、そうした時に見た八坂瓊之曲玉に間違いないと、昌嫌が言ったとのこと。

このころ、地方の医師は、地元である程度医師としての修業を積んだあと、京都などに遊学してしかるべき師に付き研鑽を積み重ね、その成果を携えて帰郷し医業を営んだとされる（海原亮

『江戸時代の医者修業』吉川弘文館　二〇一四年）。一八世紀後半以降、京都は、朝廷に出入りする典医を頂点に全国レベルで名高い医師が数多く活躍しており、医学研究の最先端をいく都市であり、横山尚謙も、医学修業の場として京都を選んだのであろう。

横山尚謙の医学修業については、地元にもう一つ別な話が伝わっている。高岡出身で東京帝国大学で国史を修めた本吉直二（一八八〇〜一九六二）が、帰郷後に地元の歴史についてまとめた『高岡人物誌』（私家版、一九六七年）には、春田喜太郎の談として「高岡漢学関屋塾の由来」の記事がある。その一部をあげると次のようになる。

大坂表に上り、医学修業して郷地に帰り開業している横山尚見（尚謙が正しい）が倉岡村からの往診の帰るさ、《ママ》今しも人影絶えにし粟野の水流の道筋を急ぐ途中、西の方より学者風の旅人とすれ違いに行過ぎた。（中略）此時振向ひに旅人は初めて声をかけた。「ヤア君は横山氏ではないか？」医師は此時ハタと膝を右手で丁と打って、「君は関屋敬造君ぢゃないか！」「然り……然り……」二人は走り寄って手に手をとりかわした。

横山氏は、壮にして医学を志し、遠く大坂に上りて修学したのであるが、当時関屋氏とは同窓で勉学したのであるが、深く関屋氏が一派の学風を起し、学識才幹非凡なるより、兄弟の如き交わりをなして居たので、後年業を了へ、訣別して帰国する際、君も一度は薩州に下らぬかと固く約束してあったので、ものの四、五年を経て関屋氏は薩州下りを思立ち、(中略)はからず天運茲《ここ》にゆくりなく遭遇するを得たのである。(中略)両人は、行く行く往時を追懐し、当時の事共談じ合ひ、高岡の横山氏方へ滞在することになったのである。

そこで横山氏は大いに感ずる所あり、関屋を時の地頭、年寄、組頭等に紹介し、客座(今の営林署の所)にてツマリ関屋塾と命名すべき講座を設け、青年を教授する事となった。(中略)斯《か》くて滞在まる三年、もう自身の弟子も修得したというので、再び大坂に発足せらるる事となった。(下略)

この史料によれば、横山尚謙は、大坂で医者の修行を積んだとする。そこで学友であった関屋敬造がのちに高岡に来て、三年にわたって関屋塾を開いたというのであるが、関屋敬造は「一派の学風」を起こしたというのであるから、これは儒学を共に学んだということになる。当時、医と儒は切っても切れぬ間柄にあり、中国医学の文献を読むためにも漢学の素養は不可欠であったから、医学を学ぶ前提として、儒学を学んでいた可能性は高い。

尚謙――洪道――道琢

横山尚謙の医者修業がいつ始まったかについて考える上で重要な史料が三つある。まず、宮崎市天ケ城歴史民俗資料館が所蔵する黒江絅介《けいすけ》関係資料の中に、横山尚謙の名が見えることが、今城正広氏の「黒江絅介の蘭学について」（『天ケ城歴史民俗資料館研究紀要第3号　高岡町古文書史料集2　蘭学者黒江絅介関係書簡集』高岡町教委　二〇〇四年）で紹介されている。この史料は、表題を欠いており、病類別に種々の病を取り上げ、その病理と治療方法とを述べた中国の古典医学書『金匱要略《きんきようりゃく》』（後漢末の張仲景の著書といわれ、現存するテキストは宋代に林億らにより校訂されたもの）という医学書の抄録と考えられるが、その奥書の部分に、

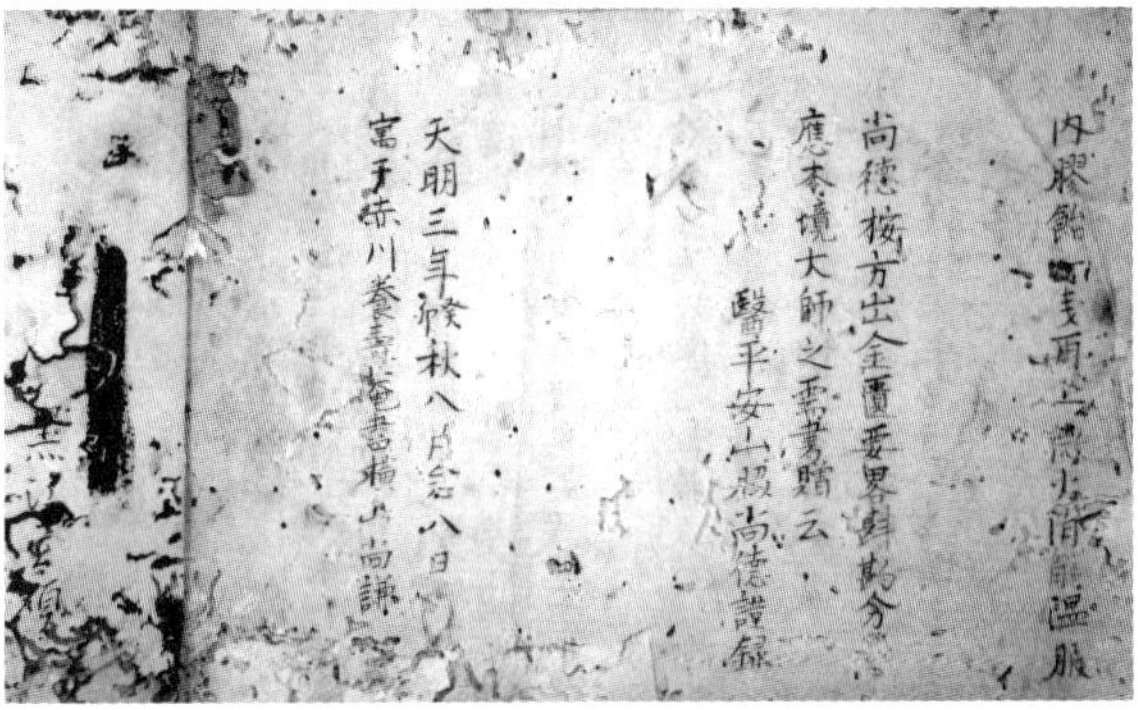

図9　山脇東洋の講義録（宮崎市天ケ城歴史民俗資料館）

尚徳按方出金匱要略斟酌分□
応本境大師之需書贈云
　医平安山脇尚徳勤録
天明三年癸卯秋八月念八日
寓于赤川養寿庵書横山尚謙
　　　　黒江洪道

と記されている。これは、医平安山脇尚徳＝山脇東洋が、『金匱要略』についてまとめたもの（講義録）を、天明三年（一七八三）八月二十五日に横山尚謙が「赤川養寿庵」において筆写し、それを黒江洪道が書写したものである。山脇東洋（一七〇六～六二）は、古医方の医者であり、宝暦四年（一七五四）に、日本初の観臓《かんぞう》（解剖実見）を行い、その内容を『蔵志』にまとめた人物である。

黒江洪道は、黒江絅介の父に当たる。黒江絅介（一八二〇～五四）は、高岡で生まれ、鹿児島の造士館、ついで江戸の蘭学者箕作阮甫《みつくりげんぽ》の門で学び、嘉永二年（一八四九）には大坂の緒方洪庵の適塾に入門した。ペリー来航時には、浦賀に出張し、その情報を薩摩藩主島津斉彬に伝えたが、その翌年には病没している（本吉直二『高岡人物誌』私家版　一九六七年）。

なお、本吉直二は、『高岡人物誌』「神崎良賢」の項で、黒江洪道が宮崎の福島某という医者と『傷寒論』について論議した話を載せ、洪道について「当時高岡一番のハヤリ医者、長崎に医を学びしも未だ漢方医の域を脱せず」としている。急性熱性病の症状とそれへの対処を述べた『傷寒論』は、『金匱要略』と並ぶ、東洋医学書の古典であったから、黒江洪道は、古方医としての基本文献である『金匱要略』の講義録を筆写したのであろう。

ここに見える宮崎の福島某とは、福島道琢の可能性がある。京都の儒者皆川淇園《きえん》の門人録「有斐斎受業門人帳」には、天明六年十一月四日に、「日向赤江川　福島道琢《どうたく》　明　字道琢　年二十二歳」（宗政五十緒他編『上方藝文叢刊5　名家門人録集』八木書店　一九八一年）の記載がある。また、橘南谿の『黄華堂医話』（『続日本随筆大成』第一〇巻　吉川弘文館　一九八〇年）には、日向宮崎の中村の福島道琢が二カ所に登場している。一カ所では、京都で道琢から聞いた話として「宮崎では風邪の病人は、冷水に浴して、急に衣服を厚く覆い、汗を取って治癒する者が多い」、もう一カ所では天明八年（一七八八）に道琢から来た書状の内容を紹介し、道琢が前年に髪瘤を二人治療したという情報を載せている。横山尚謙と福島道琢は、同門であった、あるいは橘南谿を介して面識があった可能性が高いと思う。

明治初期に大淀川に橘橋を架橋したことで有名な中村町（宮崎市）の福島邦成（一八一九〜九八）も医者の家系であり、先の福島某はこの家系かとも考えられるが、宮崎県総合博物館の籾木郁朗氏のご教示や田代学氏の『福島邦成の生涯』（江南書房　一九九七年）によっても、この家系に道琢の名を確認することはできない。

山脇東洋の講義録写しであるこの史料から、横山尚謙の医者修業が、天明三年八月には開始されていたことが分かる。これは、尚謙の師となる橘南谿が、天明三年の六月までには帰京していることと整合している。

『高岡郷士系図』と『賀川門籍』の中の尚謙

二番目の史料は、大迫弥次右衛門のまとめた『高岡郷士系図』の中で、横山尚謙について書き込まれた情報である。横山尚謙は、別に家を立てることが認められたため、横山甚右衛門の二男としての箇所（四八丁表）と、独立して横山尚謙のみを書き出した箇所（一五三丁表）の二カ所に記載がある。生年は、前の箇所では宝暦十二年（一七六二）、後の箇所では同十一年とあって、一年のずれがある。その他の情報として、母は石神与右衛門の女、初名は伊覚、天明三年に有髪の願い、医師、文化六年（一八〇九）三月十六日に死去、戒名が「璞玉亭恭然杏徳居士」であること、同十二年に「死ニ払」という何らかの死後に関わるできごと（横山尚謙には、子がなかったため絶家となったが、あるいはこの絶家に関わる何らかの儀式であろうか）があったことなどが記されている。

ここで注目したいのは、天明三年の有髪《うはつ》の願いである。江戸時代に、武士は一般に月代《さかやき》を剃っていたが、神官や学者・医者などは月代を剃らず総髪という髪型をしていた。こう考えると、天明三年に横山尚謙が「有髪」を願い出たということは、医師としての生活に踏み出したことを意味していると考えられる。横山尚謙は、初め伊覚と名乗ったが、のち尚謙に改名した。改名の理由は不明とせざるを得ないが、山脇東洋の名は尚徳であったから、あるいは山脇尚徳の名にちなんだ可能性もある。

なお、志賀登竜《しがとうりゆう》（一六八三～一七五二）は、高岡に生まれ十八歳で鹿児島に遊学、のちに江戸に出て室鳩巣の門に学び、城下士となり、多くの弟子を育てた。また入田元中《にゆうたげんちゆう》親長（一七二四～九七）は、高岡で生まれ、京都に出て山脇東洋の門に入り、京都で法橋に上り、その後鹿児島に帰

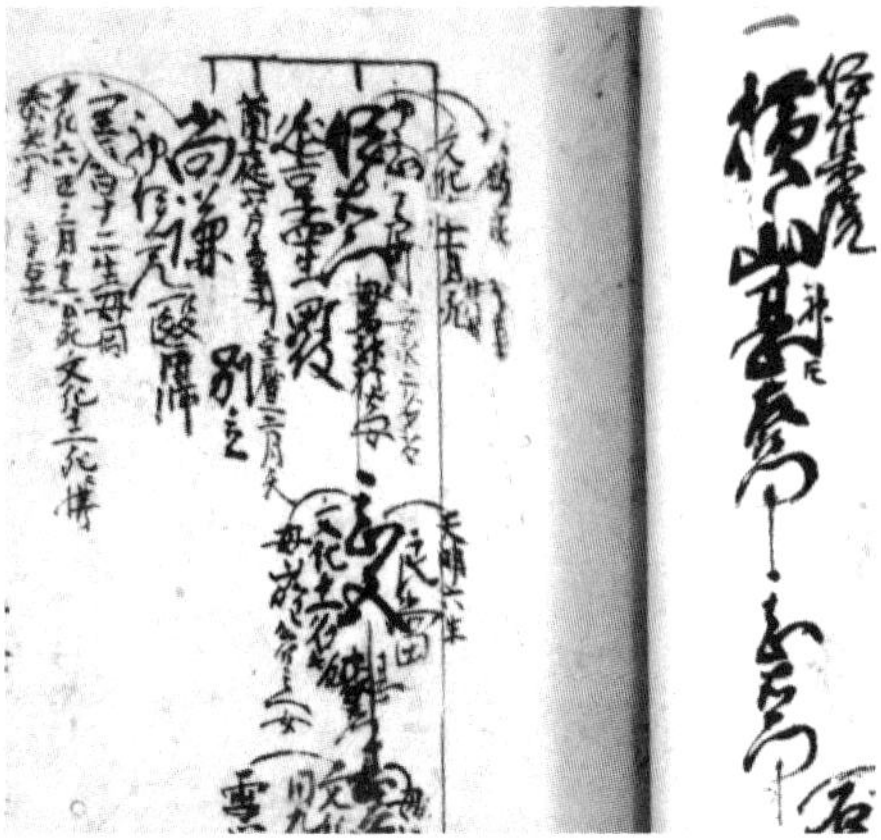

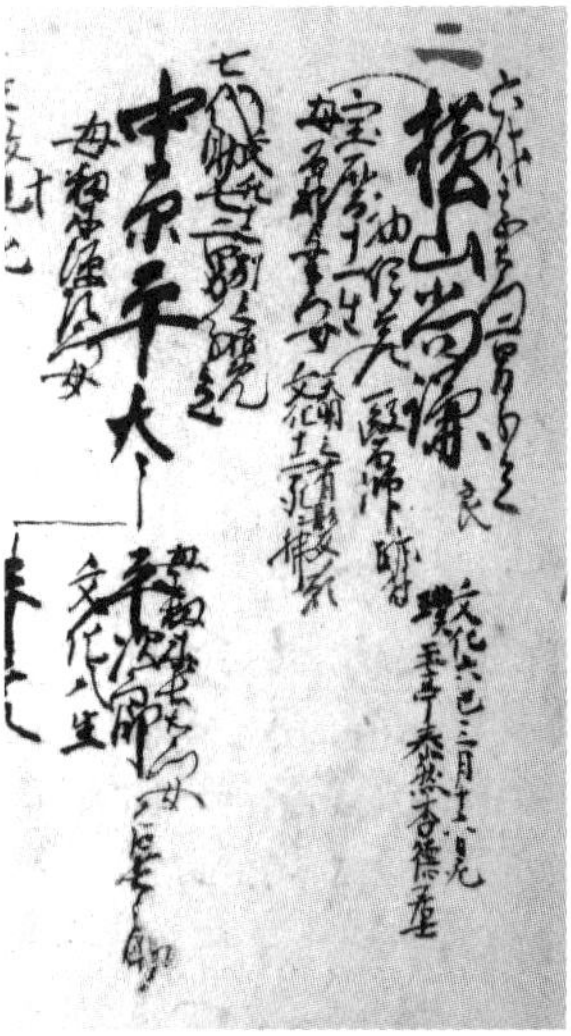

右：図10　『高岡郷士系図』（48丁表）
左：図11　『高岡郷士系図』（153丁表）
（いずれも宮崎市天ケ城歴史民俗資料館）

って死去した。「山脇門人帳」（『京都の医学史　資料編』思文閣出版　一九八〇年）によれば天明七年（一七八七）に「入田元仲継目《つぎめ》（跡継ぎ）」の入田雲庵親好が、山脇東門に入門している。高岡には、学問的伝統があったということができそうである。

三番目の史料は、「賀川門籍《かがわもんせき》」（『京都の医学史資料編』思文閣出版　一九八〇年）である。これは、賀川玄悦《げんえつ》（一七〇〇〜七七）の長男有斎《ゆうさい》（玄吾《げんご》・満《みつ》郷《さと》、一七三四〜九三）の系統（嫡系賀川家あるいは京都賀川家）の門人帳であって、明和六年（一七六九）から明治八年（一八七五）の間に入門した、北は松前から南は薩摩まで九五〇人の門人の出身国と名前が載せられており、その天明四年（一七八四）の所に「横山尚謙　日向」という記載がある。これによれば、横山尚謙は、天明四年に京都油小路丸太町下ルで産科を開業していた賀川満郷に入門した。この賀川流産科は、江戸中期以降「本邦産科の主流となって、その発展に大きく貢献した」という（『京都の医学史』思文閣出版　一九八〇年）。なお、賀川玄悦には『子玄子産論』（単に『産論』とも。一七六五年刊行）があるが、これは皆川淇園《きえん》が文章化したものである。皆川淇園は著名な儒学者であるが、その著作の中には医学用語に関する『医案類語』、漢文の習得のための『習文録』があり、医学を学ぼうとする者が多く入門した（三木恵理子「医学初学者の遊学環境」青木歳幸『佐賀藩・中津藩・長州藩を軸とする西南諸藩の医学教育の研究』科研報告書　二〇一五年）。

以上のような諸史料から見ると、横山尚謙の医学修業の開始については天明三年（一七八三）とすることは確定できるが、場所として大坂が先なのか京都が先なのか、すなわち漢学塾が前なのか医学塾が最初なのか、あるいは師事したのは橘南谿が先なのか賀川満郷が先なのかなどなど、明らかでない点が浮かび上がってくる。ただし、橘南谿は、賀川玄悦の門にも出入りしたというから（杉立義一『京都の医史跡探訪』思文閣出版　一九八四年）、どちらの可能性もあり得る。天明三年八月二十五日時点で寓居していた赤川養寿庵を特定することができれば、かなり限定できるはずではあるが、現時点では、その場所は不詳とせざるを得ない。ただし、上方で赤川というと、淀川沿いに赤川（大阪市旭区赤川）があり、大坂と京都を結ぶ舟運の要衝であったとされている。

横山尚謙の具体的な修業の内容は明らかでない点が多いが、高名な橘南谿・賀川満郷の下で学ぶことになった。入門との前後関係は不明であるが、山脇東洋の講義録を写し、当時最先端の医学を修めていったと思われる。そして横山尚謙は、医学修業の一環として京都近辺で薬石・毒石・変石を見る中で勾玉を観察する機会を得たのであった。こうしたことがきっかけになったものか、以後も古器物や日本の古いものごとに関する関心を持ち続けたようである。そして、横山尚謙のまわりにも儒学や国学に関心を持つ者が姿を現すことになった。

第二節　横山尚謙と周囲の人々

大迫弥次右衛門と『高岡郷士系図』

横山尚謙とともに高山彦九郎と会った大迫弥次右衛門元苗は、寛延元年（一七四八）生まれで、高岡郷の横目、与頭《くみがしら》、郷士年寄、年寄相談役などの要職を歴任し、文化九年（一八一二）には、郷士七八七人の系図研究をまとめた『高岡郷士系図』を編んでいる。安永八年（一七七九）の「高岡衆中高帳」によれば高は一〇九石余と見え、寛政十二年（一八〇〇）の「高岡浦之名村宗門改帳」には、郷士年寄六人の一人として大迫弥次右衛門の名を確認できる。

『高岡郷士系図』の序によれば、不本意ながら嫡庶をめぐる争いの調停に関わることがあり、また古い記録や言い伝えを覚えていたため、七十歳に近くなって、勧める人もいたので、文化六年（一八〇九）の春より始めて同九年の冬に草稿をつくり終えたが、誤りもあるので、今後も調べ続け、書き改めるべきとしている。

これは、上級郷士として否応なく諸家の問題に関わらざるを得なかったという事情もあるのであろうが、「後年になっても、少しの誤りでもはっきりしたならば、すぐに書き改めていかなければならない。これは私の本望である。」「いまだに落着していない事柄があるので、おいおい書き入れていかなければならないと思う。」との書きぶりは、事実探求への並々ならぬ意気込みを感じさせるものである。

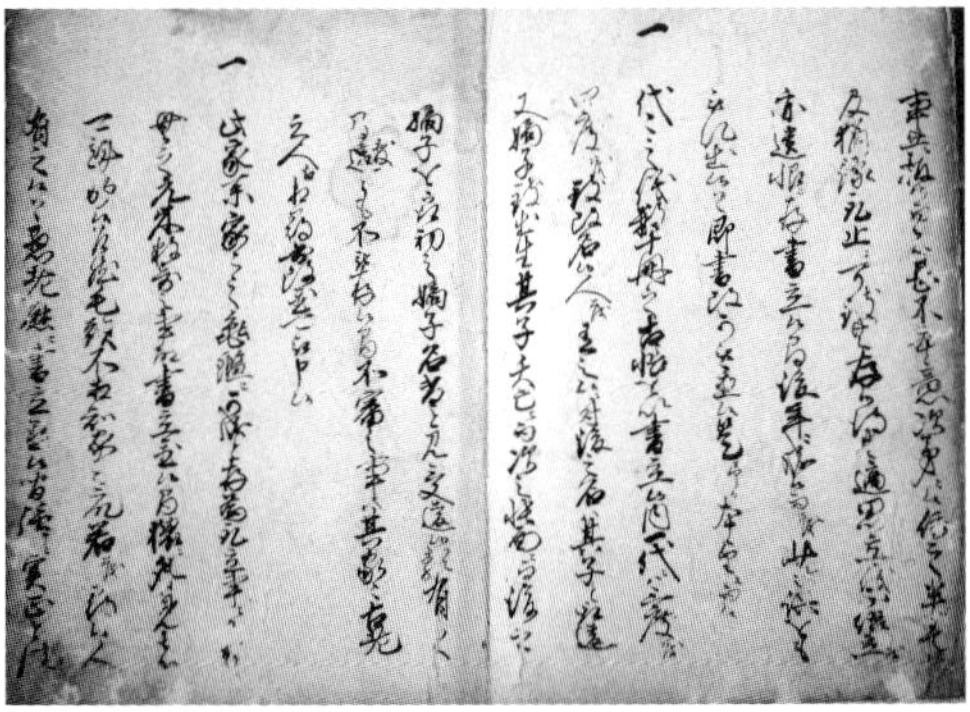

図12　『高岡郷士系図』序

全国的に見れば、幕府による『寛政重修諸家譜』の編纂、薩摩藩では山本正誼の『島津家正統系図』や伊地知季安の『諸家系図』などの編纂があるが、これらは命令や要請によってつくられたものであり、自発性の賜物とも言える『高岡郷士系図』とは大きく異なっていると考えられる。

高岡町龍福寺墓地にある子の元龍・孫の元儔の撰になる大迫元苗墓誌銘（釈文は首藤光幸『高岡町龍福寺調査』二〇〇九年）によれば、元苗は、性行は純篤で学は益々進み、礼に通じ、武芸にも達しており、二五〇人余の弟子がいた。また五十年以上にわたって公事に精励し、藩から褒賞を受け、五度にわたって稿を改め、十年かかって『高岡惣家系』（『高岡郷士系図』のこと）をまとめたとされる。高岡郷士の多くは龍福寺に葬られたようであるが、『高岡町龍福寺調査』により悉皆《しっかい》的な調査が行われた中で、文政以前の墓石で、墓誌を刻んだものは大迫弥次右衛門元苗の墓しか知られていない。大迫弥次右衛門が、高岡郷でも著名な存在であったことが分かる。そして、高岡郷の多くの武士は、大迫弥次右衛門に学問の手ほどきを受けていたと考えられる。

高山彦九郎と会った他の人々

高山彦九郎と会った他の人々についても見ておきたい。まず、水間次右衛門である。『高岡郷士系図』には郷士としての水間氏が見えるものの、町人にも水間氏がいる。「祇園祭関係史料」(『高岡町史　上巻』所収)には宝暦七年(一七五七)に水間源左衛門、天保十年(一八三九)と嘉永二年(一八四九)に水間次左衛門が見えている。また、水間次左衛門は、安政二年(一八五五)には「順宝丸船主　高岡町　水間次左衛門」と見えており、幕末には廻船業に関わっていたことがわかる。『高岡町史　上巻』に載せる「高岡の麓(明治初期)見取図」(図13)によれば、本庄からの道が高岡麓に入り、久津良橋を渡ると、左手に町方の下八日町があり、ここに水間氏とある。高山彦九郎は、高岡麓に入ると、まず酒を求めて酒屋に入り、その隣の水間次右衛門と会うことになった。次右衛門は、これを後藤満蔵に知らせることになる。

父喜兵衛と住んでいる後藤満蔵は、長沼流門人とあるが、長沼流とは一七世紀に成立した兵法・軍学の流派であり、これから見ると、満蔵は武士であった可能性も考えられる。しかし、後藤氏は『高岡郷士系図』には見えないので、高岡郷の武士ではない。これに関して満蔵は、宇多津（現在の香川県宇多津町）の天野筒蔵と昵懇《じっこん》であるといい、また橘南谿とも文通する関係にあったので、このように考えれば、薩摩藩外から移り住んでいる可能性も考えなければならなくなる。

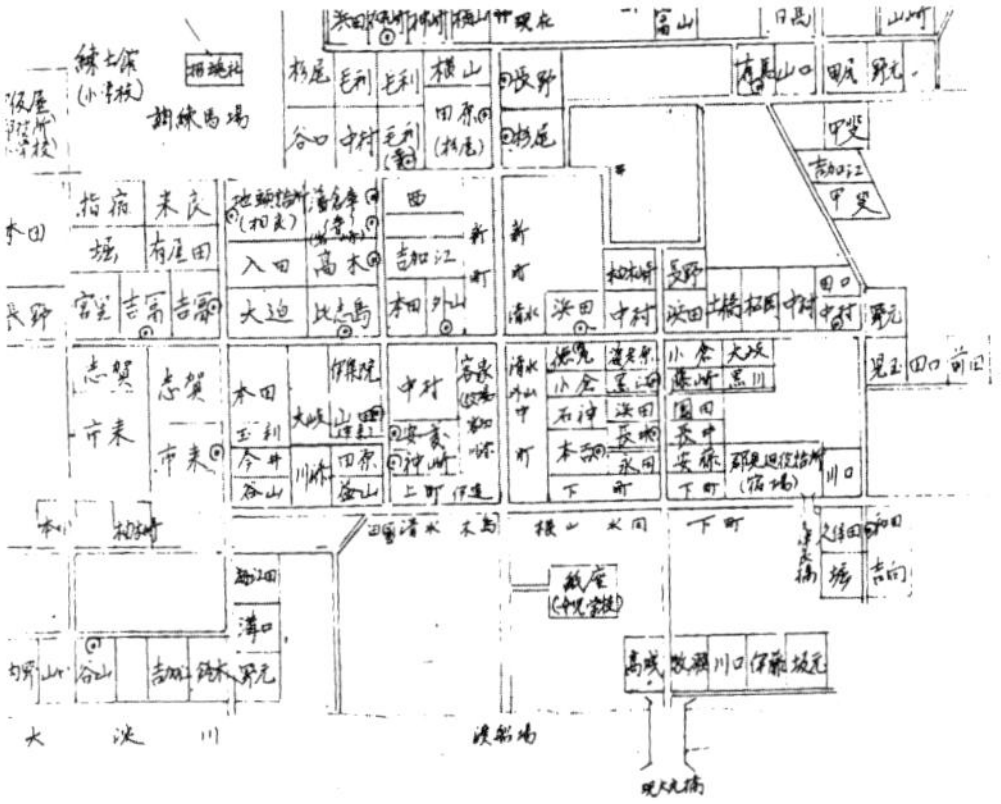

図13　「高岡の麓（明治初期）見取図」（『高岡町史』より）

しかし彦九郎の日記には、後藤満蔵の屋号が「油屋」であったことを記しており、商人であれば、宇多津や京の人との関係も、自然に理解できる。なお、高城（都城市）の有力商人に後藤家があり、一九世紀初頭に観音瀬が開削されるまで、高城の物資は、陸路薩摩街道を高岡まで運ばれ、ここから舟に積んで大淀川（赤江川）河口まで運び、さらに大坂・江戸方面に回漕されたことから、後藤家の関係者が、高岡に常駐していた可能性も否定できない。さらに、次に登場する清ヨ水久左衛門も町方の人であるから、彦九郎来訪の情報は、まず町方の中に広がったと考えれば、後藤満蔵は武士というより、町方の商人と考えた方が良い。

図14　清ョ水久左衛門らが寄進した手水鉢
（国富町法華岳）

図15　「蔵元 綾 酒泉の杜」に移築
されている清水家住宅

　次に清ョ水久左衛門は、天明元年（一七八一）の稲荷宮宝殿・舞殿の棟札に「施主　清水九左衛門」（『高岡名勝志』宮崎県地方史研究会　一九七二年）、同八年（一七八八）に法華嶽寺（国富町）に寄進された手水鉢に「一　奉寄進　手水鉢　高岡町　施主　清水九左衛門」（『高岡町史　下巻』）と見える清水九左衛門のことと考えられる。清水家は、高岡郷成立時に日向国児湯郡清水《きよみず》村（西都市）から移ってきた町人で、四代八郎左衛門栄親は、享保九年（一七二四）江戸藩邸の普請用材を回漕する途中に暴風雨に遭い、八丈島に漂着した経緯を「流蘇皈来物語《りゅうそはんらいものがたり》」に著している。宝暦八年（一七五八）の「御祇園規帳」には、年行司として清水新左衛門、年行司組として清水休兵衛、清水長兵衛、清水利右衛門が見えているので、清ョ水久左衛門は、このような清水一族の一人と言うことができる。

　なお、安政五年（一八五八）に八十歳で没したという清水家八代目が建てた住宅は、国道の拡幅工事に伴い、「蔵元 綾 酒泉の杜」に移築され、綾町の文化財に指定されている。

大迫源治（安永三年〈一七四四〉～嘉永六年〈一八五三〉）は、弥次右衛門の長男で、初め源次、元昧、弥右衛門、後に組頭・郷士年寄役を歴任したという。

有馬直右衛門は、『高岡郷士系図』によれば、薩摩・伊集院から移住してきた有馬関介から数えて七代目に当たり、宝暦六年（一七五六）生まれ、名は純彦、初め善助と名乗り、安永六年（一七七七）に直右衛門と改名、文化十年（一八一三）に隠居している。没年は不明である。

柚木崎周右衛門は、宝暦十二年（一七六二）生まれで、初めの名は午助、天明三年（一七八三）に周右衛門に改名、牛馬役・郡見廻を務め、文政十三年（一八三〇）四月に亡くなっている。

高山彦九郎と会った六人は皆礼服を着ていたというのであるから、彦九郎は言わば高岡郷の賓客として遇されたと考えられる。この時、大迫弥次右衛門四十五歳、横山尚謙が三十一歳あるいは三十二歳、有馬直右衛門が三十七歳、柚木崎周右衛門が三十一歳であり、大迫元龍は十九歳、清ョ水久左衛門・水間次右衛門・後藤満蔵・後藤喜兵衛の年齢は不詳であるが、大迫弥次右衛門は、高岡郷を代表する立場で応接していると思われる。

鈴屋門人横山尚謙

横山尚謙は、寛政十年（一七九八）に同郷の二人とともに、当時国学の最高権威とされていた本居宣長に入門することになった。本居宣長の門人の一覧とも言える「授業門人姓名録」追加本（『本居宣長全集』第二〇巻　筑摩書房　一九七五年）には、

寛政十年戊午
八月
日向　諸県郡高岡　毛利勝作　元介
同
同　同所医　横山尚謙　〈古章〉
同
同　同所　有馬直右ヱ門　純正

とある。有馬直右ヱ門は、この六年前に高山彦九郎が高岡を訪れた際、一緒に酒を飲んだ人々の中の一人である。毛利勝作は、「安永七年（一七七八）高岡衆中高帳」には、「高四拾三石四斗四升七合四勺八才　毛利勝右衛門　嫡子　毛利勝作」とみえ、『高岡郷士系図』によれば、安永五年生まれ、後に新助、匡紀と名乗った。地頭横目を務め、文政十二年（一八二九）七月に亡くなっている。

宣長の鈴屋に入門した門弟の人数は全部で五二一人、地理的に見て、現在の三重県が二二〇人、愛知県が九九人、九州は全体で二八人を数える（岡中正行「鈴門の階層」鈴木淳他『本居宣長と鈴屋社中』錦正社　一九八四年）。「授業門人姓名録」追加本によれば、寛政十年には二一人が入門したが、地域別に見ると、越後一人、遠江四人、三河一人、伊勢五人、志摩一人、阿波一人、伊予一人、土佐一人、安芸一人、石見一人、筑前一人、日向三人となっている。

「諸国文通贈答並認物扣《ひかえ》」（『本居宣長全集』第二〇巻　筑摩書房　一九七五年）には、

○午九月二十一日改

一、名古屋類　　一、宇治類

一、竹村　　一、津類

一、日向　　一、石塚　求馬帰リノ便リニ遣ス

（下略）

とあるから、日向の三人が入門した翌月、宣長からこの三人に宛てて何らかの便りが送られたと考えられる。

宣長は、門弟からの授業料等の納入状況をきちんと記録しており、その「金銀入帳」（『本居宣

長全集』第一九巻 筑摩書房 一九七三年）によれば、戊午秋（寛政十年、一七九八年）十一月十三日に「一、銀 日向人三人」、己未春（寛政十一年、一七九九年）六月に、「一、銀 日向人三人」とあるが、翌寛政十二年以降の入金は確認できない。日向の門弟三人が、正式に鈴屋門人となっていたのは、二年間ほどでしかなかった。なぜ、鈴屋門人を辞めたのか、その理由は現時点では全く不明とせざるを得ないが、あえて想像をたくましくすれば次のような可能性も考えられるのではないだろうか。

寛政十一年九月、本居大平（宣長の養子で家督を継ぐ）の書簡によれば、肥後・筑前・長崎・甲州・越中あたりで、本居門人を名乗る怪しげな神道者や軍書読みの風体をした者が、俗人を集めてとんでもないことを語っているとの状況が生じていた。そこで、門人たちはお互いに姓名を知っておく必要があるとして、この前後の時期に、すでに門人になっていた者も含め、改めて名簿《なつぎ》代《しろ》（鈴屋が準備した短冊形の名簿）と誓詞の提出を義務づけ、門人改めを実施した（鈴木淳「『受業門人姓名録』の論」『本居宣長と鈴屋社中』）。日向の三人のうち、一番早くに亡くなった横山尚謙でも文化六年（一八〇九）没であるから、この門人改めにうまく対応しなかった、あるいはできなかったことが鈴屋を離れる契機となった可能性を考えておきたい。

日向門人三人と『古事記頌題歌集』

さて、三人が入門する直前の寛政十年（一七九八）六月、本居宣長は、草稿に着手して以来三十二年を費やしてきた『古事記』の注釈書である『古事記伝』四四巻の浄書を終えた。同年九月十三日、門弟たちとともに終稿祝賀歌会を開き、程なく『古事記』に登場する三一四の神の名・人の名を、三一四人の門弟らに割り振って、一首ずつ詠ませ、合計三一四首を載せる歌集『古事記頒題《はんだい》歌集』を作る計画を立てた（『本居宣長全集　別巻二』解題　筑摩書房　一九七七年）。誰がどの神・人を詠ずるかは、宣長が振りくじで決め、九月末には依頼文を送り始めた。その中には、村田春海・塙保己一・橘千蔭・屋代弘賢など当代一流の国学者が含まれている。日向の三人はちょうどこのタイミングで門弟になっていたため、この三人にも神々が割り振られることになった。歌集編集のための一種の計画書である「古事記神名人名頒題覚」（『本居宣長全集　別巻二』）には、

一、三枚　　日向
　　事代主　　サクヤヒメ　　少彦

とあって、日向の三人の門弟に、コトシロヌシ神・コノハナサクヤヒメ・スクナヒコ神を割り当てるとされている。

宣長は、二年後の寛政十二年（一八〇〇）十月にも鳥取の門人宛に依頼の手紙を出しており、

歌の蒐集《しゅうしゅう》は順調に進んだわけではなかったようである。『古事記頌題歌集』の完成には曲折があるが、まだ二二六首しか集まっていなかった段階の本居宣長の自筆本には、次のような三人の歌が、八四首目からこの順番で三首並べて収められることになった。

少ひこなの神 日向国諸県郡高岡　横山尚謙　尚謙
も〻やその　国らこと〳〵　行たらし　つくりかためし　神は此神
（満ち足りている　国々をすべて、行って満たし、造りかためた　神はこのすくなひこなの神である）

木花さくやひめ 日向国諸県郡高岡　毛利勝作　元介
くもりなき　こ〻ろなれこそ　さくや姫　御おやも御子も　火にもやかえね
（曇りのない、心であればこそ、木花開耶媛は、親も子も、火に焼かれることはない）

事代主神 日向国諸県郡高岡　有馬直右衛門　純正
神ろきの　命かしこみ　国さりし　事代主の　神のたふとさ
（神のご命令に従って、国を去って行かれた　事代主の神の尊いことよ）

スクナヒコナは、オホナムチ（オホクニヌシ）の弟神で、オホナムチとともに国作りを行い、のちに常世国に渡ったとされる神である。コノハナサクヤヒメは、オホヤマヅミの娘で、天照大神の孫ホノニニギと結婚し、一夜で身ごもったため、ニニギの子でなければ火に焼かれて死ぬであろうとのうけい（誓約）をおこない、無事に海幸彦・山幸彦らを火中出産した。コトシロヌシは、オホクニヌシの子で、天照大神の使者に対し、オホクニヌシに代わって、国譲りすることを伝え、自らは姿を隠したという。

先ほど見たように、日向の三人の寛政十二年分の授業料納入は確認できないから、三人は寛政十一年中には、歌を宣長のもとへ送っていたと考えられそうである。

なお、『古事記頌題歌集』は、宣長没後に八八首を追加し、体裁を統一して完成されることになった。何種類かの写本が知られるが、昭和十一年（一九三六）になって版行された（植松茂彦編、本居清造序、松陰社）。これによれば、三人の歌は、それぞれ一二五首目、一三二首目、一五二首目に、

神ろきの　命［御言］かしこみ　国さりし　事代主［ことしろぬし］の　神［かみ］のたふとさ
源純彦

百八十の　国らこと〱　行［ゆき］たらし　つくりかためし　神はこの神［かみ］
横山尚謙

木花之佐久夜毘売命　大江元介

曇［くもり］なき　心［こゝろ］なれこそ　さくや姫　御おやも御子も　火にもやかえね

となっている。なお、［　］は、静岡県立図書館葵文庫蔵写本の用字である。

鈴屋に入門したときの年齢は、毛利勝作が二十三歳、横山尚謙が三十七歳あるいは三十八歳、有馬直右衛門が四十三歳であった。

「来訪諸子姓名住国並聞名諸子」（『本居宣長全集』第二〇巻　筑摩書房　一九七五年）によれば、京都の著名な儒学者皆川淇園《きえん》のもとに留学中の日向延岡の儒学者・医師白瀬秀治が、寛政九年（一七九七）二月二十三日に本居宣長を訪問している。淇園の門人帳「有斐斎受業門人帳」（宗政五十緒他編『上方藝文叢刊5　名家門人録集』八木書店　一九八一年）によれば、寛政八年九月二十四日に「日向延岡　白瀬秀治　永年　字　徳卿　二十二才」とある。白瀬秀治（一七七五～一八〇三）は、享和二年（一八〇二）延岡藩主内藤政韶《まさつぐ》の侍医に抜擢されたが、翌年藩主の後を追うように病死した。史家として著名であり『延陵世鑑』を著している（『宮崎県医史』宮崎県医師会　一九七八年）。

鈴屋に入門を果たした日向国出身者は横山尚謙・毛利勝作・有馬直右衛門の三人だけであり、薩摩・大隅国出身者に対象を広げても、この三人しか確認できない。次節で述べる薩摩藩でもっとも著名な国学者である白尾国柱ですら鈴屋に正式に入門してはいなかった。高岡郷の三人がどのような伝手《つて》で鈴屋へ入門したのか不明とせざるを得ないが、上方で医学を修めた横山尚謙が、遊学中に築いていた人脈が大きな役割を果たしたことは間違いないと思う。

第三節　薩摩の人　白尾国柱

白尾国柱の略歴

Ⓓ『日向古墳備考』Ⓖ『麑藩名勝考』巻九を著した白尾国柱について、その曽孫白尾国芳が記した『白尾氏家譜抄書』（東京大学史料編纂所所蔵）などを参考にして、まずその略歴を記しておく。


宝暦十二年（一七六二）八月五日　鹿児島岩崎の宅で本田休左衛門親昌の第二子として誕生。

寛政二年（一七九〇）二月十三日　白尾国倫の義子となる。

寛政四年（一七九二）　『神代山陵考』を著す。

寛政九年（一七九七）九月二十八日　『麑藩名勝考』の著述により藩主斉宣より白銀四枚拝領。

寛政十一年（一七九九）九月三日　江戸の芝藩邸で重豪より『成形図説』撰修を命ぜらる。

享和二年（一八〇二）九月九日　江戸を発し、十月十四日鹿児島帰着。途中、伊勢神宮参拝。松坂の本居宣長を訪問。

享和三年（一八〇三）四月二十二日　書記・画工を伴い江戸に着く。『成形図説』撰修を掌す。塙保己一・村田春海・本居宣長の高弟と行き来し、国学を論ず。

文化二年（一八〇五）五月　『成形図説』一〇〇巻完成。

文化五年（一八〇八）八月朔日　江戸を発ち、九月十五日鹿児島に帰着。

文化十一年（一八一四）八月　重豪、神代三陵の図状、由来記の撰進を命ず。（翌年奉呈）

文政二年（一八一九）　記録奉行に就任。

文政三年（一八二〇）　物頭就任。

文政四年（一八二一）二月十五日　没。南林寺に葬られる。法号は千秋亭鼓泉瑞楓大居士。

白尾国柱の学問と『神代山陵考』

白尾国柱は、薩摩藩の最も著名な国学者であった。白尾国柱の学問は、あとで述べる長瀬真幸の著した墓碑銘の中では「皇国学」とされている。「皇国学」は「みくにまなび」と訓《よ》み、若干の意味合いの違いはあるものの、ほぼ国学と同じ内容をさすようである。

国学とは江戸時代中期に始まった学問で、日本古代の言葉や文化、あるいは日本固有の精神を研究する学問である。高校の日本史教科書的な理解で言えば、荷田春満《かだのあずままろ》（一六六九〜一七三六）から賀茂真淵《かものまぶち》（一六九七〜一七六九）を経て『古事記伝』を著した本居宣長（一七三〇〜一八〇一）によって大成されるのであるが、本居宣長の学問の大きな柱は三つあるとされている。吉川弘文館の『国史大辞典』によれば、一つは「文学説」で「物のあはれ」を知ること、日本的な素直な心の持ち方で、儒教や仏教という外来思想は排除しようという考え方。二番目は「語学説」。これは古語の実証的な研究であり、古典の正確な読解には古語についての正確な知識が必要だとするものである。三番目は「古道説」で、儒教・仏教に代わる日本固有の「道」を探そうとするもの。この三番目については、宣長没後の門人平田篤胤《あつたね》によって、復古神道（平田神道）として確立され、天皇中心の世の中が一番重要だという、幕末の尊王論の理論的柱になっていく。

さて、『国学者伝記集成』（大川茂雄・南茂樹、大日本図書、一九〇四年）などによれば、国柱の著作には、『日向古墳備考』『麑藩名勝考』の他に、島津重豪の命で曾槃《そうはん》・堀愛静《あいせい》（門十郎）とともに編纂した『成形図説』、『神代《じんだい》山陵考』、『倭文麻環《しずのおだまき》（賤の苧環）』、『神代三陵図状及由来記』、『楠子《なんし》伝弁疑《でんべんぎ》』、『西遊紀聞庭作伝』、『栗野磨欲踊』、『出水児請図説』、『家集』、『坊津紀行』などがあったが、明治十年（一八七七）の西南戦争の兵火によって『神代三陵図状及由来記』以下の多くの著作は焼失したという。

このうち『神代山陵考』は、国柱の著作の中で最も名の知られたものである。『国書総目録』

によれば、その写本は、国立国会図書館・国立公文書館内閣文庫・静嘉堂《せいがどう》文庫・宮内庁書陵部・慶応大学幸田文庫・早稲田大学・東京大学史料編纂所・鹿児島県立図書館・金沢市立図書館稼堂《かどう》文庫・お茶の水図書館成簣堂《せいきどう》文庫・無窮会神習《むきゅうかいしんしゅう》文庫・旧彰考館《しょうこうかん》文庫（戦災により焼失）などが知られており、その他に高野和人氏蔵本（旧魚住《うおずみ》文庫、青潮社より複製本刊行）がある。

『神代山陵考』と『古事記伝』――白尾国柱・高山彦九郎・長瀬真幸

現在でも『古事記』注釈書の最高峰とされる『古事記伝』の巻一七には次のような記述がある。

　どうにかして大隅・薩摩で古いことを調べている人に会ってみたい。そして詳しく尋ねてみれば、必ず語り伝えられているものがあるはずだと願っていたのであるが、最近、白尾斎蔵国柱という薩摩の鹿児島の人が書いた『神代山陵考』という書物を入手して、読んでみると、やはり（三山陵は）皆その二国（大隅・薩摩のこと）にあった。今、これらの御陵に関する注の中で、「薩摩の国の人が言っている」と記しているのは、すべて彼（白尾国柱）の説である。

本居宣長は、白尾国柱の説を高く評価し、白尾説に依拠していると言っても良い。

『神代山陵考』が『古事記伝』巻一七に引用されるにあたっては、高山彦九郎と熊本藩の長瀬《ながせ》真幸《まさき》という人物が深く関わっている。長瀬真幸（一七六五〜一八三五）は、熊本藩の藩校時習館の国学教授高本紫溟《しめい》（一七三八〜一八一四）の弟子であり、本居宣長に入門し、その高弟となった。学問的には『万葉集』の研究で知られ、歌集には「田廬集《たぶせ》」がある。また、塙保己一《はなわほきいち》の『群書類従』の編纂にも助力している。先に見た『古事記頌題歌集』（『本居宣長全集』別巻二）の宣長直筆本には、一一首目に、

曙立王　　肥後　長瀬七郎平　真幸
ほむつわけ　ことゝはしゝは　豊あさくら　あけたつのみねの　うけひにそよる
（ホムツワケ皇子が、（声を出して）お尋ねになったのは、豊朝倉曙立王が、峰で行ったうけいによるのである）

という歌が載せられている。この歌が踏まえている『古事記』の内容は次のようなものである。
ある時、垂仁天皇の夢に出雲大神が現れ、ホムツワケ皇子が物言えぬのは、出雲大神の祟りであることが分かったので、皇子の介添え役として曙立王《あけたつのみこ》を選ぼうとしたが、その際天皇は、曙立王に「うけい（誓詞）」をさせ、「うけい」の通りに鷺巣《さぎす》池の樹に住む鷺を殺したり、生き返らせたり、また甘樫岡《あまかしのおか》の樫の木を枯れさせ、また生き返らせたりしたため、曙立王に倭者師木登美豊《やまとのしきのとみのとよ》朝倉曙立王《あさくらのあけたつのみこ》の名を与え、ホムツワケ皇子とともに出雲に送ると、ホムツワケは物が言えるよう

になったという。

白尾国柱・高山彦九郎・長瀬真幸の関わりについて、岩切信一郎氏の研究（「本居宣長と白尾国柱――『古事記伝』引用の書『神代山陵考』をめぐって――」『国学院大学神道研究集録』二号　一九七六年）によって見ておこう。

図16　白尾国柱旧宅跡（鹿児島市鼓川町）

高山彦九郎の『筑紫日記』によれば、寛政四年（一七九二）四月十一日に、山下龍蔵ら六人が投宿先の増田幸兵衛宅を訪ね、山下は『神代山陵考』を出して、「これは、白尾国柱から先生（高山彦九郎）へ贈られたものです」と言って手渡した。鹿児島を離れる直前の五月二十二日、高山彦九郎は、日が暮れて韃靼鼕《たんたど》の白尾才蔵国柱の家へ行き、富小路良直卿《とみのこうじよしなお》（一七四五～一八〇二、非参議）の「春夜宴桃李園序」を贈呈した。現存する『神代山陵考』諸写本の跋文には「寛政四年壬子夏五月二十三日藤原国柱が鼓川亭で書いた。」とあり、『筑紫日記』の五月二十四日には、「白尾才蔵より書簡と歌・文章・山陵考・坊津紀行・唐扇一本が送られてきた。」とあるので、現存する『神代山陵考』は、白尾国柱が、高山彦九郎への返礼として浄書したものから写されたものであることがわかる。ちなみに、文政四年（一八二一）の「鹿児島御城下明細図」には、白尾才蔵の屋敷が記されており、現在の住居表示によれば鹿児島市鼓川町一八番（図16）にあたる。

鹿児島を離れた高山彦九郎は、日向を経て熊本へ入った。『筑紫日記』八月七日には、「長瀬真幸が万葉集の東歌の所を持ってやって来て読んだ。夜更けまで語り合った。」、さらに八月十日には、「長瀬真幸が来て、楠子弁疑を借り、今夜また来て語り合いましょうと言って、帰った。」とある。楠子弁疑は、白尾国柱の『楠子伝弁疑』のことで、高山彦九郎は、白尾国柱の著作を携行していたようだ。高山彦九郎と長瀬真幸は、彦九郎が薩摩へ向かう前の一～二月に熊本に滞在していた段階ですでに知り合いとなっていた。

さて、宮内庁書陵部蔵の『神代山陵考』の奥書には、「この一篇は、上野《こうずけ》国の高山彦九郎平正が薩摩を訪れ、その後再び本藩（熊本藩）を訪れた時、所持していたものを借り受け、松田直之に書写させたものである　寛政四年八月　長瀬直幸」とあって、長瀬真幸が『神代山陵考』を写して自らの蔵本としたことがわかる。書陵部本の奥書では、長瀬真幸の名を「直幸」と間違えているので、書陵部本は、長瀬真幸の蔵本からさらに書写を重ねたもののひとつと考えられる。

翌寛政五年、真幸は、藩主参勤に随伴する父とともに江戸遊学を果たすことになるが、その途次の三月一日、伊勢松坂で本居宣長への面会を果たした。真幸は、すでに寛政三年（一七九一）以来書状により宣長に学問的な質問を行っていたが、この時正式な門人となった。真幸は、前もって記しておいた宣長への疑問点三五項目を示すとともに、若干の書物を宣長に預け、あわただしく江戸へと出立したらしい。その若干の書物の中に『神代山陵考』が含まれていた。この後、宣長は、『古事記伝』巻一五～一七の刊行を遅らせ、白尾説を盛り込んで大幅な改訂を行うことになる。白石良夫氏（「鈴屋入門以前の長瀬真幸」『江戸時代学芸史論考』三弥井書店　二〇〇〇年）によれば、真幸は、熊本への帰国途中に松坂に寄って預けた本を受け取る予定だったらしいが、江戸滞在を翌寛政四年春まで延ばすことにしたようで、宣長は預かっていた書物を七月七日付の書簡とともに江戸の長瀬真幸宛てに送り返した。その書簡の中で宣長は、「先だってお見せくださった品々を、この度お返しいたしますのでお受け取りください。どれも面白いものでした。とりわけ山陵考はたいへん有益でありました。神代の陵墓の事について年来はっきりしないと思っていたところが、右の山陵考によってわかったことも有り、よろこびはひととおりではありませんでした。」と書いている。

白尾国柱は、『成形図説』の中で、本居宣長を師として言及する部分がある。『白尾氏家譜抄書』には、享和二年（一八〇二）江戸からの帰国途中に伊勢を訪れたが、前年宣長は没しており、直接会うことはできなかったと記されている。それに続けて「また私淑す。」と書いてあるので、書状で教えを受けていたのだろうとされている（大川茂雄・南茂樹共編『国学者伝記集成』大日本図書一九〇四年）。しかし、寛政五年（一七九三）段階で国柱が宣長より書状で教えを受ける関係であれば、『神代山陵考』は国柱から直接宣長に提出されるはずである。実際には、肥後の長瀬真幸を介して、宣長が『神代山陵考』の存在を知るのであるから、国柱が宣長より書状で教えを受ける関係は早く見ても寛政五年以降のことと考えられる。

ちなみに金沢市立図書館稼堂《かどう》文庫に収められている『神代山陵考』は、横田氏敦《うじあつ》による写本である。永青《えいせい》文庫史料（熊本大学附属図書館蔵）の「古城考」は、森本一瑞輯、横田氏敦校正になるもので、奥書によれば天明八年（一七八八）十二月中旬に熊本藩に献納されたものである。横田氏敦がどのような人物か、今ひとつ明らかではないが、安永十年（一七八一）～享和二年（一八〇二）に肥後藩の藩校時習館の軍学師役であった横田吉右衛門ではないかと考えられる。この『神代山陵考』は、あるいは長瀬真幸の周辺で書写されていったもののひとつかもしれない。また、高野和人蔵本（高野和人氏が社長を務める青潮社により複製本が作成されている）は、奥書によれば、幕末維新期に活躍した肥後勤王党の魚住良之（一八一七～八〇）が、長瀬武室《たけむろ》所蔵本を借り受け、中尾平太に頼んで写させたものである。長瀬武室は、長瀬真幸の子であり、この写本もまた長瀬真幸の周辺で成立したもののひとつとすることができる。

国柱と真幸の交流

白尾国柱と長瀬真幸はその後、江戸などでかなり密な交流を行ったようである。それは何よりも、白尾国柱の墓誌を長瀬真幸が記していることからうかがえる。白尾国柱は、文政四年（一八二二）二月十五日に亡くなり、南林寺に葬られた。松原山南林寺は、現在の鹿児島市の松原神社・松原小学校・南洲寺にかけての一帯（鹿児島市松原町・南林寺町）にあった巨刹であった。弘治三年（一五五七）に島津貴久によって創建された曹洞宗の寺院で、藩主の菩提寺福昌寺《ふくしょうじ》の末寺であり、明治二年（一八六九）の廃仏毀釈により廃寺となった。南林寺の墓地には十三万五千余基の墓があったといい、鹿児島市の市街地拡大にともなって、大正十一年（一九二二）までに、多くの墓石は、草牟田《そうむた》・興国寺《こうこくじ》・郡元《こおりもと》の各墓地に移されたが、この時点で無縁となっていたもののうち著名人の墓四十数基が現在南林寺由緒墓として残されている。一方、白尾国柱の墓石は、福昌寺跡にある由緒墓に移されている（図17）。「文政五年正月末つかた」の日付を持つこの墓誌銘は、万葉仮名で書かれており、『万葉集』の研究者として著名であった長瀬真幸の面目を施しているところである。

その中で、国柱は「皇国学《みくにまなび》」に精励し、国柱の説が通説となっているものが多いといい、神代三山陵に関する考究とそれに基づく著作ならびに薩摩藩による聖蹟の整備を、国柱の功績として

図17　白尾国柱の墓
（鹿児島市福昌寺由緒墓）

あげている。また、真幸と国柱が初めて江戸で会った時に、国柱から墓誌銘の作成を依頼されていたことを述べている。長瀬真幸と白尾国柱の江戸滞在期間が重なるのは、寛政十一年（一七九九）九月〜翌十二年五月と享和元年（一八〇一）三月〜翌二年六月となるが（岡中正行「長瀬真幸――和歌贈答と江戸情報の提供者――」『国文学　解釈と鑑賞』六七巻九号　二〇〇二年）、二人とも塙保己一や村田春海など江戸在住の国学者と積極的な交際を行っているから、両者が江戸に居れば早い段階で面会が実現したと思われる。そして墓誌銘の最後に、「牟加斯伎美《むかしきみ》　登古波能毛美知《とこはのもみち》　登古登波爾《とことはに》　知《ち》良奴古古呂乃《らぬこころの》　多禰也宇恵計武《たねやうゑけむ》（昔君　常葉の紅葉　常永遠に　散らぬ心の　種や植ゑけむ）（昔、君は、いつまでも枯れない紅葉と同じように、永遠に散ることのない心の種を植えたのだなあ）」の和歌を記し、国柱の業績を偲んでいる。

3の章

出土品は薩摩から江戸に送られた

――薩摩の「市人」増田直治

第一節　「町田直治」と増田直治

佐藤成裕『中陵漫録』と「町田直治」

猪塚からの出土品は、薩摩に送られたあと、どうなったであろうか。プロローグにあげた史料の❶佐藤成裕『中陵漫録』を手がかりにその間の事情を追ってみたい。

佐藤成裕は、号は中陵あるいは青我堂、通称を平三郎といった。宝暦十二年（一七六二）に江戸で生まれ、独力で本草学を究め、天明元年（一七八二）に島津重豪《しげひで》に招かれて薩摩藩領内の採薬にあたり、天明三年母の病のため辞職して、江戸に戻った。佐藤成裕は、かなり早い段階で薩摩藩との関係を持っている（上野益三『薩摩博物学史』一九八二年）。この後、佐藤成裕は米沢藩・会津藩・備中松山藩などに招かれ、寛政十二年（一八〇〇）に水戸藩の禄を得、嘉永元年（一八四八）に八十七歳で水戸で没した。

その著書❶『中陵漫録』巻之十一「塚中の人物」は、以下のように本庄でのできごとを記している。

寛政の丑歳（＝五年、一七九三年）、日向国の本庄という所で、地元の人が、山野の道を通っている時、陥没して落ち入った。その内部は、部屋の中のようだった。四方は皆赤かった。暗い中で目をこらすと物があった。しばらくして外に出て家に帰ってこのことを人に語った。人が皆やって来て、この内に入ってその物を取り出して見ると、鎧《よろい》二領、剣二腰、太刀《たち》八腰、古鏡三面、小壺一個、その他、鎗《やり》の石突のような物が数品あった。この場所は、幕府直轄領（いわゆる天領）であったが、薩摩藩の殿様が興味を持ったので献上したということだ。その鎧は中国製である。剣および太刀は皆折れて使い物にならない。古鏡も皆中国製で、二面には銘文がある。一面は無銘であった。壺の中には曲玉、管玉数品、その他に鯉魚の鱗のような物があった。これを手のひらの上に置く時、下に反って上に飛び上がって落ちたという。またこれを伏せて置いた時は、また反って右のように飛び上がったということだ。考えてみると、雲母の類であって、手のひらの熱を得て飛んだものと思われる。魚の鱗であったら、千年の時は経過できない。薩摩藩の町田直治《まちだなおはる》という人物が、殿様が興味を持ったためその鎧を修理することを命じられた。長崎にいた時、この町田氏は仲の良い友達であった。

『中陵漫録』のこの記事は、発見年を寛政丑年＝寛政五年（一七九三）とし、また出土地点を

「山野を往く道」、さらに刀剣数を一〇とするなど、他の史料と異なった記載がある。したがって、まず『中陵漫録』の記載が、本庄古墳群の猪塚に関わるものであるかどうかを確認しておく必要がある。

これについては、この古墳が「日向国本庄」にあり、その出土品は、本庄が幕府の直轄地であるにもかかわらず、遺物が薩州侯に献上されたことを明記していること、一八六七～七一年と一八七四年の調査に基づき一八七四年に成立した宮永真琴らによるⓂ『日向国諸県郡本荘村古陵墓図説』では、出土遺物が薩州侯に献上されたとの記載のある古墳は猪塚のみであることからみて、Ⓘ『中陵漫録』の当該部分は、本庄猪塚に関する記述であったと考えてよい。したがって、Ⓘ『中陵漫録』に見える他の史料と異なった記載は誤りであるとすることができる。

では、なぜこのような誤りが起こったのだろうか。この「塚中の人物」の項は、佐藤成裕が、長崎滞在中に「熟友」である「町田直治」から聞いたことに基づくと書いているが、『中陵漫録』の記載より、佐藤成裕が長崎に滞在し、この話を聞いた可能性のある時期は寛政九年（一七九七）四～十月であり、一方『中陵漫録』が成立するのはほぼ三〇年後の文政九年（一八二六）のことである。三〇年に近い月日が、記憶を誤らせたのではないかと考えておく。

町人学者・増田直治

佐藤成裕の「熟友」であったとする「町田直治」は、この記事によれば、長崎と関係を持つ人物で、なおかつ薩州侯とも関係があり、さらに鎧を修復する技術を持った人物であったことがわかるが、管見の限りでは、この条件に合う「町田直治」なる人物を特定することはできなかった。ただし、この条件を満たす増《ます》田《だ》直治《なおはる》という人物がいる。一九九七年に「日向国諸県郡本庄村猪塚から出土した甲冑の行方」という文章を書いた際、いくつかの限られた史料からこうした考えを述べたのだが、その後、増田直治の墓誌や関連する資料の存在を知り、これらを考え合わせると、ますます増田直治で間違いないと考えるに至っている。

増田直治は、当時全国的にも名の知れた多芸・多才の町人学者でありながら、従来の薩摩藩に関する歴史研究の中では、ほとんど評価されたことがない、忘れ去られた人物と言える。そこで、すこし細かい話になるが、以下この増田直治なる人物について見ていくことにする。

第二節　増田直治の生涯

「増田迂直墓誌銘」

増田直治の経歴は、『称名墓志』（巻二まの部）に、以下のように簡潔にまとめられている。

増田直治温（温は諱。墓は南林寺）源舜庵の後ろにある。招魂墓である。鹿児島城下の市人（商人）であって、幼い時から学問を好み、また書道を嗜んだ。幼名は熊助《ゆうすけ》、字は迂直《うちょく》である。文化三年（一八〇六）丙寅三月十四日に肥前長崎の旅の宿で病死した。（長崎の）海雲山皓台寺《こうたいじ》に葬った。享年五十四歳。同五年戊辰の三月、友人の柁城藤世粛《だじょうとうせいしゅく》が墓碑をその側に建てた。

『称名墓志』は、正編三巻、備考一巻から成り、薩摩藩の名士の墓を探訪し、イロハ順にその略歴をまとめたもので、本田親孚《ちかざね》（一七六三〜一八一六）の著作である。『称名墓志』正篇には、四八七名の略歴が載せられているが、市人として載せられているのは、表4のように増田直治を含

表4　『称名墓志』正篇に見える市人

氏　名	没年等	住　所	事　由
池田生右衛門	寛永四年（1627）土地拝領	上向筑地の市人	孝行
波江野次衛門通元	明和三年（1766）死去	下町の市人	俳歌
二宮直右衛門平清以	享保元年（1716）死去	下町の市人	和歌
荻田三要	寛政二年（1790）死去	下町の市人	医業・茶湯
丹下仙左衛門	元文二年（1737）死去	下町の市人	和歌
増田直治温	文化三年（1806）死去	城下の市人	学問・書
江口休右衛門	享保十二年（1727）死去	上町の市人	書
相良窓巴	文化四年（1807）死去	上町の市人	俳歌
瀬戸山琴蜂	明和八年（1771）死去	上町の市人	俳歌

めてわずかに九人であり、増田直治が薩摩藩でも有名な市人であったことがわかる。

またこの記事から、友人柁城藤世粛（伊藤世粛・瓊山《けいざん》）によって撰述された増田直治の墓誌の刻まれた墓碑が、南林寺源舜庵の後ろの墓の側に建っていたことがわかる（図28参照）。『薩藩名勝志』によれば、源舜庵は、南林寺の塔頭《たっちゅう》で、初めは日置郡郡山郷東俣村（鹿児島市東俣町）にあって、東光山珊隆寺と呼ばれており、慈眼公（初代薩摩藩主島津家久）がここに移して、家老比志島国貞の菩提寺とし、源舜庵の寺号に改めたという。

先に述べたように、松原山南林寺の墓地にあった十三万五千余基の大部分は、大正十一年（一九二二）までに、草牟田・興国寺・郡元の各墓地に移された。増田直治の墓碑の移転先を永らく探していたのだが、二〇一三年二月、「高山彦九郎　薩摩下りの謎」展を開催していた鹿児島市立西郷南洲顕彰館を訪れた際、当時同館館長であ

左：図18　増田直治墓碑の第４面
上：図19　増田直治墓碑
（いずれも鹿児島市草牟田墓地）

った高柳毅氏の御教示により、草牟田墓地の増田家の墓所に移されていることがわかった。早速墓碑を実見したが、残念ながら碑面の一部が損耗しており判読できない部分があって全文を知ることはできなかった。

一方、その墓誌は、伊藤瓊山（世粛）の漢文集である『瓊山文稿』に収められている。『瓊山文稿』は、鹿児島大学附属図書館蔵の加治木新納家文書に収められたものが、すでに二〇〇三年に鹿児島大学の丹羽謙治・高津孝氏によって翻刻されている（科研基盤研究成果報告書『近世薩摩における大名文化の総合的研究』（研究代表者　中山右尚））。

両者を比べてみると、『瓊山文稿』の「増田迂直墓誌銘」では、冒頭に近い部分で「父は某と曰ひ、兄弟は三人。伯は周明と曰ひ、仲は某と曰ふ。」、終末で「文化四年丁卯秋九月」とある部分が、増田家墓所に立つ墓碑にはそれぞれ「父は満矩と曰ひ、兄弟は三人。

伯は周明と曰ひ、仲は盛矩と曰ふ。」、「文化五年戊辰春三月庚戌」となっていて、父や次兄の名が記されている。『瓊山文稿』所収の墓碑銘は増田直治の死後一半年にして作られた草稿段階、現存する墓碑はさらに半年を経た決定稿によるものとすることができる。

なお、碑文の「庚戌」はわずかな残画から類推したものであるが（図18）、文化五年三月庚戌は、三月十四日に当たっており、直治の三回忌の命日となるので、庚戌で間違いないものと思われる。増田直治の墓誌銘を調べていく上で、当然決定稿によるべきではあるが、先に述べたように、碑文には判読できない部分があるので、そこについては『瓊山文稿』所収の草稿を用いていくことにする。

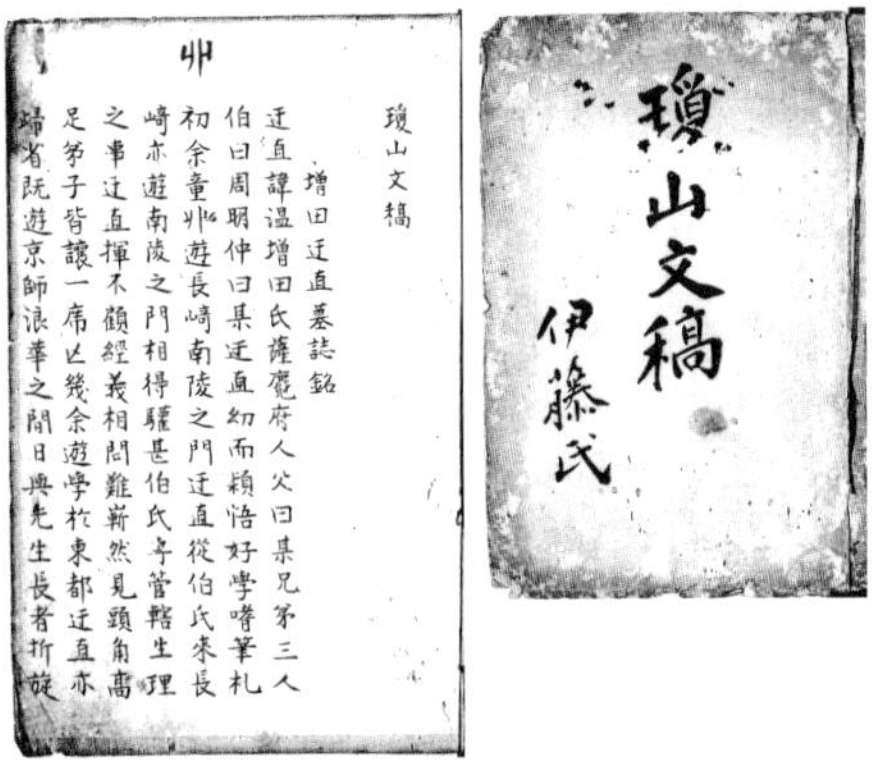
瓊山文稿
増田迂直墓誌銘
迂直諱温増田氏薩麑府人父曰某兄弟三人
伯曰周明仲曰某迂直幼而穎悟好學嗜筆札
初余童丱遊長崎南陵之門迂直從伯氏來長
崎亦遊南陵之門相得驩甚伯氏今管轄生理
之事迂直揮不顧經義相問難嶄然見頭角嵩
足弟子皆譲一席已幾余遊學於東都迂直亦
歸省既遊京師浪華之間日與先生長者折旋

図20　『瓊山文稿』（鹿児島大学附属図書館所蔵）

「墓誌銘」の作者伊藤瓊山

「増田迂直墓誌銘」を記した伊藤瓊山に関しては、鹿児島県始良市加治木町東楽寺墓地に墓があり、その横に墓碑がたっている。その墓碑銘は重《しげ》野《の》安繹《やすつぐ》（一八二七〜一九一〇）が書いたもので

図21　伊藤瓊山の墓碑と墓
（鹿児島県始良市加治木町東楽寺墓地）

あるが、摩耗が激しく判読できない。しかし、『郷黌沿革及先賢事蹟』（郷黌創立百五十年記念会　一九三三年）によって、昭和八年段階での釈文が知られている。また重野には「伊藤瓊山先生墓表」という文章も知られている（『成斎文初集』冨山房　一八九八年）。ちなみに、重野安繹は、薩摩藩出身の武士で、幕府の官学昌平黌に学び、藩主に仕える儒学者となり、薩英戦争の和平交渉や各地での情報収集活動に当たった。明治時代に入ると、太政官修史館で明治政府の歴史編纂事業に携わり、のちに帝国大学文科大学国史学（現在の東京大学文学部日本史学科）の教授、帝国大学史料編纂掛（現在の東京大学史料編纂所）のトップに立った人物であり、厳密な史料解釈から「抹殺博士」との異名を得た人物である。

瓊山の墓誌には、さらに村橋峻の撰になる「瓊山藤叟墓誌銘」（鹿児島県立図書館蔵『薩藩碑銘文』所収）もある。そこで、まず増田直治ときわめて深い関係を有する伊藤瓊山の経歴をそれらによって見ておくことにする。

伊藤瓊山（一七五二～一八二三）は、伊藤隆景と母吉田氏の間に長崎で生まれ、幼くして父母を亡くした。高階暘谷《たかしなようこく》・高松南陵に学び、十六歳で遊学し、京都の江村北海（一七一三～八八、詩社賜杖堂《しじょうどう》を結ぶ）、伏見の龍草廬《りゅうそうろ》（一七一四～九二、詩社幽蘭社《ゆうらんしゃ》を結ぶ）、大坂の中井竹山《ちくざん》（一七三〇～一八〇四、懐徳堂）らと交遊した。また関東の岡野子玄《しげん》・熊坂台州《たいしゅう》（一七三九～一八〇三）、福岡の亀井道《どう》載《さい》（南冥《なんめい》、一七四三～一八一四）、熊本の藪《やぶ》孤山《こざん》（士厚《しこう》、一七三五～一八〇二）などとの交遊もあった。二十六歳の時に、柁城《だじょう》公子（加治木島津家の六代当主久徴《ひさなる》、一七五二～一八〇九）に仕え、久徴が天明四年（一七八四）に鹿児島の藩校造士館に倣って興した郷黌毓英館《いくえいかん》の教授になった。

また瓊山は、篆刻《てんこく》でも優れた才能を持っており、方一寸六、七分（四・八～五・二センチメートル）の小石に赤壁賦を刻み、その遊印は大名たちにも高い評価を得た。寛政二年（一七九〇）には、橘南谿の仲介により伊勢の人保公馮《ほきみより》の『擬古堂印譜』に序を寄せている。

文化六年（一八〇九）の久徴の死後、病を機に本府（鹿児島城下）に住まいを移し、私塾を開いた。十年ほど後、病が重くなり再び柁城（加治木）に帰る際、蔵書数部を重野安繹《やすつぐ》の父に譲り、安繹は幼少期にこれらの書物で学んだという縁があった。瓊山の死後、島津久徴の子村橋氏が墓誌を作ったものの、瓊山の子孫や門弟は満足せず、墓誌を改めようとしたが果たせず、門弟たちも相次いで亡くなった。瓊山の孫庄助が、重野安繹に学んでいたこともあり、瓊山死後四十余年にして、重野安繹が墓誌を著したという。

なお、高階暘谷から高松南陵に師事した長崎の人で三羽烏というべき人物は、松村君紀（元綱・

安之丞）、吉村迂斎、伊藤瓊山とされており（吉村栄吉『マリンフード株式会社社史第二篇』一九七七年）、松村君紀・吉村迂斎については後述する。

伊藤瓊山が記した「増田迂直墓誌銘」（以下、特に断らない限り「墓誌銘」と記す）は、一二〇〇字余の難解な漢文で、意味のとりにくいところもあるが、以下、主にこれと高山彦九郎『筑紫日記』、亀井南冥の「南游紀行」などによりながら増田直治について見ていくことにしよう。

増田直治の家族と家業

先に述べておいたように、「墓誌銘」には、「父は満矩と曰ひ、兄弟は三人。伯は周明と曰ひ、仲は盛矩と曰ふ。」とある。増田直治の父は満矩、三人兄弟で長兄は周明、次兄は盛矩、直治は末弟であったことがわかる。これに関連して、高山彦九郎『筑紫日記』寛政四年三月二十五日には、次のように記されている。

> 千石馬場を経て鹿児島城下の下町の増田幸兵衛の所へ到着した。時に正午であった。横井からが鹿児島郡である。伊集院より四里半（一七・七キロ）の所である。西田町は八丁（八七二メートル）、千石馬場は八丁。下町まではおおよそ（城下の）入口より半里（一・八キロメートル）余りである。幸兵衛は急ぎ対応した。弟の直治、子の永治、その他門生と知り合いになった。

増田直治の長兄は周明で、子直とも号し、通称は幸兵衛（孝兵衛）。鹿児島城下の下町《しもまち》に幸兵衛の家があった。中世段階で、島津氏の城下は上町《かんまち》地区にあったが、一六〇一年より鹿児島城の築城が始まると、その城下は城の東南方向に設定され、海岸の埋め立てによって拡大していった。これを下町と呼ぶ。下町は一般に、下町十二町と呼ばれ、六日町・中町・呉服町・大黒町・木屋《きや》町（のち金生《きんせい》町）・築《つき》町・新町・今町・堀江町・船津町・納屋町・泉町から成っていた。のちに掲げる『孝義録』の記載から幸兵衛の屋敷は、下町の船津町にあったことがわかるが、その正確な場所は不明である。

高山彦九郎『筑紫日記』寛政四年三月二十九日には、「永治が語るに、右衛門長盛の後裔であるという。」とあって、増田氏は、右衛門長盛＝増田《ました》長盛（豊臣秀吉の五奉行のひとり）の子孫と自称していたことがわかる。

「墓誌銘」には、「寛政五年六年（一七九三・四）から、長兄が世事にくたびれてしまったため、代って長崎に行き、経営を担当し、利益は一番になった。」とあって、増田家の家業の中心が、長崎における商取引であったことがわかる。その具体的な関わり方は明らかでないが、高山彦九郎『筑紫日記』の五月一日に「島原の前山が崩れて、人が多く死んだ次第について、島原聞役から長崎奉行所へ届いた書の写しが、増田氏へ届く。」とあり、おそらく薩摩藩の長崎蔵屋敷から伝えられた情報が、増田氏へも届けられていることは、増田氏の事業が藩とのつながりの上で展開されていたことを示している。

増田家は、かなりの資産家であったようだ。高山彦九郎『筑紫日記』寛政四年四月朔日には、「太閤秀吉の朝鮮侵攻の時に手に入れた朝鮮板（版）の詩経・書経・朱子実紀・唐音遺響などを実見した。増田家は蔵書として珍しい書物を多く貯えている。」とある。この記事については、のちに「増田直治の学問」の所でもう一度取り上げることにするが、高山彦九郎は、当時一流の文化人であったから、彼の目から見ても珍しい蔵書を持っている増田家は、その購入を可能とする充分な経済力を備えていたと考えられる。

直治の兄幸兵衛

幕府が享和元年（一八〇一）に官版として刊行した『孝義録』は、各藩などから提出させた江戸時代の孝子・節婦・忠僕および奇特者などを記録したもので五〇巻からなる。この中の第五〇巻薩摩の部分に「奇特者」として「鹿児島城下船津町　町人　増田孝兵衛　四十二歳　天明六年褒美」という記事がある。これに関連して『島津家歴代制度』（巻四六　『鹿児島県史料　薩摩藩法令史料集四』二〇〇七年）の三五〇八番「寛政御答書　孝行者」には、城下町人増田幸兵衛に関して「右、町家熱病流行、薬用成し難き者トモへ医師相頼みくれ、其の上時々米銭相アタへ候」とあって、町方で熱病が流行した際、薬を入手できない者たちへ医師の世話をするばかりでなく、しばしば米や銭までも与えたという行為が奇特であるとされた。こうしたことからも、増田家の資産の大きさを知ることができる。また、この『孝義録』の記事から、増田幸兵衛が、天明六年（一七八六）時点で四十二歳であったこと、逆算すると延享二年（一七四五）生まれであったことが分かる。このあと見るように宝暦三年（一七五三年）生まれの直治より八歳年長であった。

亀井南冥の『南游紀行』には直治の兄子直（幸兵衛）についての記事が多く記されている。亀井南冥は、福岡藩で活躍した儒学者・医者・教育者・漢詩人である。南冥は安永四年（一七七五）、弟子を伴い二カ月に及ぶ薩摩旅行を行い、その旅日記を漢文で『南游紀行』にまとめた。

安永四年九月一日、鹿児島に到着した南冥は、熊本藩の藩校時習館の教授藪孤山（士厚）から託された書を中原治右衛門に届け、その案内で宿舎に入ったが、まもなく増田熊介《ゆうすけ》（直治）が訪ねてきた。熊介は「昔、長崎で面識を得ております」と言い、熊介が帰ると、今度は熊介の兄子直（幸兵衛）がやって来た。南冥は、この兄について「人となりは、文に優れ詩を好み、京洛の儒雅の風貌を持った人である。」、「麑府《げいふ》の一市人（鹿児島城下の商人）」と書いており、翌二日の夜から鹿児島を離れる二十八日まで、増田幸兵衛の家を宿舎とすることになった。この後、増田宅には多くの人々が訪れ、幸兵衛を含めて漢詩のやりとりが行われている。幸兵衛が京都の儒学者のような風格を持ち、高い教養をそなえ、鹿児島城下でも指折りの商人であったことがわかる。

なお、南冥が九月十三日に詠じた以下の七言絶句「鹿児島城下の作」は、後に広瀬淡窓によって、伊形霊雨の「赤間関を過ぐ」、釈宝月の「姫島」と並ぶ「九州三絶（九州を詠んだ三首の佳作）」とされている。

誰家糸竹散空明。　誰が家の糸竹ぞ　空明に散ずる。
孤客憑楼夢後情。　孤客　楼に憑《よ》る　夢後の情。
皓月南溟波不該。　皓月《こうげつ》　南溟《なんめい》　波　該《おどろ》かず。
秋高一百二都城。　秋は高し　一百二の都城。

（どこの家で奏でているのか、琴や笛の音が月の輝く明るい夜空に広がっていく。夢から覚め、孤独の旅人である私は、宿の欄干に凭《もた》れて、旅愁を掻き立てられる。月は皎々と照り、南方の大海は波もなく穏やかである。百二の都城（外城、麓のこと）を持つ鹿児島の秋空は高く澄んでいる。）

増田直治の長崎からの帰鹿

「墓誌銘」には、「迂直（直治）は宝暦三年癸酉五月三日を以て生る。」とあって、直治は、宝暦三年（一七五三）生まれであった。また、「幼い時から才知が優れて賢く、学問を好み書を嗜《たしな》んだ。初め私（伊藤瓊山）は、子どものころ、長崎の儒学者高松南陵《なんりょう》に入門して学んだ。また迂直（直治）は、長兄に従って長崎に来て、南陵の所に入門して学んだ。」とあって、増田直治は、幼少時に長崎の高松南陵のもとで教育を受けており、のちに直治の墓誌を書くことになる伊藤瓊山《けいざん》とはここで友人関係を築いたようだ。

伊藤瓊山は、はじめ吉村迂斎《うさい》・松村君紀《くんき》（安之丞《やすのじょう》）とともに高階暘谷《たかしなようこく》に学び、明和三年（一七六六）の高階暘谷の死後、高松南陵に学んだようである。伊藤瓊山・吉村迂斎・松村君紀にとって、高階暘谷に学んだことはきわめて重要なことであったから（吉村栄吉『マリンフード株式会社社史第二篇』一九七七年）、伊藤瓊山が高松南陵のもとで学んでいる時に増田直治がやって来たと書いていることは、増田直治が長崎で学問を始めた時期が、高階暘谷の死後、明和三年（一七六六）以降であった可能性を示す。こう考えると、この時点で、直治は十四歳、彼を長崎に連れてきた長兄周明は二十二歳となって、増田直治と伊藤瓊山の関係は直治が亡くなる文化三年（一八〇六）までの四十年続くことになる。ただし、「墓誌銘」には、瓊山の弟子となっていた直治の養子が直治の墓誌を依頼する際に「先人迂直（直治）と先生（伊藤世粛）と莫逆《ばくぎゃく》（意気投合）の交を為すこと五十年」と述べており、これを重視すれば、直治と瓊山との出会いは宝暦七年（一七五七）となり、この時、直治は四歳、長兄周明は十二歳となる。直治を長崎に引率した長兄の年齢が十二歳というのは考えにくい。したがって、直治が長崎に行き、伊藤瓊山と幼なじみになったのは、宝暦七年～明和三年（一七六六）のいずれかの時点としておくのが妥当であろう。

「墓誌銘」によれば、その後伊藤瓊山は東都に遊学し、直治は鹿児島に帰った。『瓊山文稿』

「南肥藪先生に与ふる書」によれば、瓊山が東都から長崎に帰ったのは安永五年（一七七六）であった。瓊山が京都や大坂、関東に遊学している間、瓊山と直治は六、七年間会うことなく、学徳を立派に磨きおさめ、また安永六年の冬、瓊山は、初めて直治の長兄幸兵衛の家に至り、直治と同居することになったという。これから考えると、直治は、安永六年の六、七年前、すなわち明和七、八年（一七七〇、七一）ころ、鹿児島に帰ったようである。安永四年に鹿児島を訪れた亀井南冥の「南游紀行」によれば、先に述べたように、増田直治と南冥は、それ以前に長崎で面識を得ていたようであるが、南冥が長崎を訪れたのは宝暦九年（一七五九）、同十二年（一七六二）、明和五年（一七六八）であるから（河村敬一『亀井南暝小伝』花乱社　二〇一三年）、直治と出会ったのは明和五年のことであったと思われる。とすればこの時、直治は十五歳、南冥は二十六歳であった。伊藤瓊山の『瓊山文稿』には「亀南冥に与ふ」という南冥に宛てた手紙が収められているが、これは、南冥門下の友人に託して送られたものであり、瓊山と南冥は直接面識があったようには思えない。

安永五年（一七七六）に南冥は、二十二歳の増田熊介（直治）に再会するのだが、すぐには思い出せなかったようだ。ようやく思い出したあと、南冥は直治について「その人は年は若いのだが、名馬のような風格が有り、語気は豪快で声が大きい人である」との印象を記している。また、兄子直幸兵衛が儒雅の風情をもつのに対して、「火攻（気性が激しいことか）の虞《おそれ》無からざる也」とも記している。相良権太夫の山荘に招かれた際、山荘にいた犬が吠えたことについて、直治は、きっと知らない者が近づいてきたので吠えたのだと言い張ったのに、すぐに主人が現れたので、一同直治を笑ったという九月七日のエピソードや、南冥が『中山伝信録』を読んでいると、熊介が別本を側に置いてその遺漏を確かめていたという九月十日のエピソードは、若いころの直治の姿を伝える貴重な情報と言える。

なお『中山伝信録』は、一七一九年（享保四）に清国の冊封使として琉球を訪れた徐葆光《じょほこう》の著作で、康熙六十年（一七二一）に刊行され、日本では明和三年（一七六六）に刊行されている（後で取り上げる森島中良の著作『琉球談』（寛政二年〈一七九〇〉刊行）は、『中山伝信録』の和刻本をリライトしたものである）。増田家には、亀井南冥が読んでいたものと直治が遺漏を確かめていたものの少なくとも二本があったことになり、増田家の蔵書が充実していたことがここからもうかがえる。

錦水公子島津久徴

南冥らを山荘に招いた相良権太夫の素性は明らかでないが、『旧史館調雑抄』（『鹿児島県史料 旧記雑録拾遺 記録所史料一』鹿児島県 二〇一二年）一二一〇号文書に見える「本名彦次郎 相良権太夫」の可能性が高い。この史料によれば、彦次郎は、新御番・江戸詰・御目付役を務めた権太夫（享保二年〈一七一七〉に幕府巡検使を応接した用人の相良権太夫長矩、享保四年に清国が琉球に派遣した冊封使に関する諸事を奉行した用人役の相良権太夫長規のことか）の子で、一〇〇〇石の持高の家柄であった。寛保元年（一七四一）に小御番になったものの、幼少のため御番を務めることはなかったとするが、約三〇年後にはおそらく四〇歳代になっていたと思われる。

九月十四日に南冥は、増田幸兵衛（子直）とともに、妙谷禅寺を訪れた。妙谷禅寺は、曹洞宗の福昌寺の末寺覚昭山妙谷寺のことで、現在の鹿児島市下伊敷二丁目にあった。相良権太夫はまもなく藩貴介公子某公を出迎えた。これは、「公子某公」が、南冥の話を聞きたいと言ったためで、相良権太夫の計らいで密かに会いに来たものであった。南冥は、公子某公について「天が与えた資質は鋭敏で、学問を好む」と評している。このあと、南冥を高く評価した公子某公は、増田幸兵衛を通じて、南冥に対して二度にわたりその邑の学校で子弟に講義するように依頼したが、南冥はこれを辞退した。

さて、この「公子某公」とは、加治木島津家の久徴《ひさなる》であると考えられる。久徴は、字は子蝦《しか》、号は錦水《きんすい》。宝暦二年（一七五二）、知覧の領主島津久峰《ひさみね》（藩主豊継《とよつぐ》の三男）の嫡子として生まれた。藩主豊継の次男重年《しげとし》（久門）は、一門家の加治木島津家に入り、延享二年（一七四五）に嫡子重豪《しげひで》（久方）が生まれた。重年の兄で藩主となっていた宗信《むねのぶ》が寛延二年（一七四九）に亡くなると、重年が宗家を継ぎ、重豪が加治木島津家を継いだ。そして宝暦三年（一七五三）重豪は加治木島津家を出て宗家の後嗣となり、同五年、父重年の死去により藩主の座に就いた。重豪は、加治木島津家の名が消えることを惜しみ、明和九年（一七七二）従兄弟にあたる久徴（久容）に義弟として加治木島津家を継がせた。

なお、久徴の父島津久峰は、『毅斎《きさい》遺稿』という漢詩文集が知られ、久峰の時代に限定できないものの知覧文庫と呼ばれる蔵書群が存在することから、学問に深く親しんだ人物であったと考えられる。

重野安繹の「伊藤瓊山先生墓表」には「加治木の錦水公子は、学問を好み、各地から来遊する名士がいると、そのたびに仕来りを曲げて交歓し、人々はその思いをいやがる者はなかった。そこで、錦水公子の名声は四方に広がった」とある。また、熊本藩の国学者伊形霊雨の墓表（『肥後先哲遺蹟』第二『肥後文献叢書』別巻（二）歴史図書社　一九七一年）には、「薩摩藩の貴戚島津兵庫氏

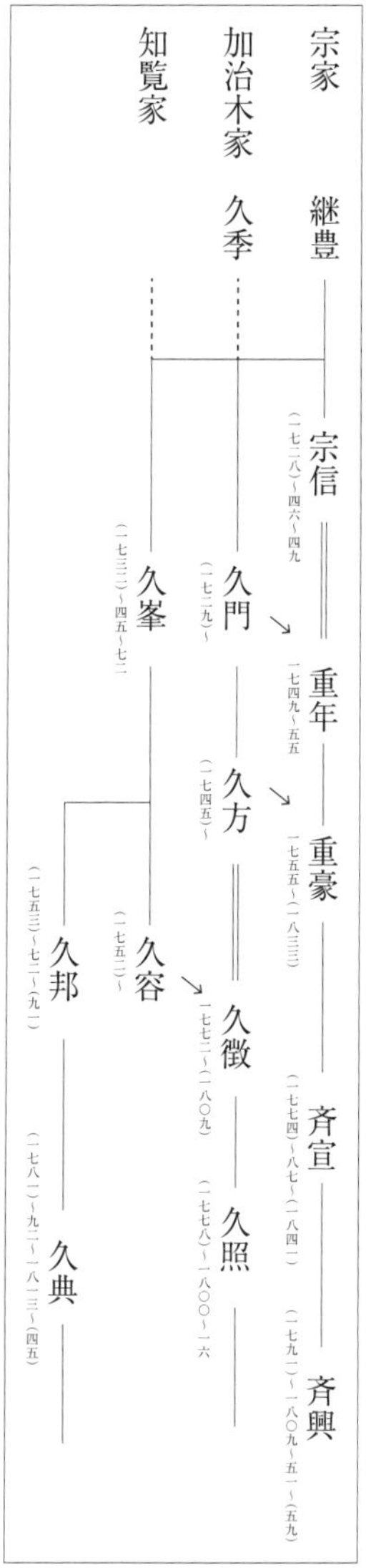

図22　島津氏宗家・加治木家・知覧家の関係系図

備考
時習館助教
時習館教授
長州藩士
福岡藩儒
私塾「正倫社」
前橋藩儒
広島藩儒
宮津（郡上）藩儒
儒者・漢詩人
水戸藩士
医師
平島公方
源義宣（義根の子）の儒官
山村良由に仕える儒者
彦根藩儒
尾張藩木曽福島代官
米沢藩 → 明倫堂督学
鯖江藩儒。1801年来鹿
儒者
詩・画。西勝寺に寓居
幕府大学頭
懐徳堂
尚穆王第3子。尚温王の摂政

図23 『名山楼詩集』版木
（始良市加治木郷土館蔵　鹿児島県指定文化財）

は、誌を善くし、賓客を喜んだ。その家は、隅州柁城の地を領しており、侯（重豪）の庶弟である。人々は、尊敬の意を込めて柁城と呼んだ。かつて、山人（霊雨）の名を聞いており、招待を受けともに遊んだ。山人は喜んで出かけ、到着すると、公子は賢者として迎え入れ、名山楼に案内した。盛んな意気に共感し、言論も美しく迸《ほとばし》った」とある。

表5は、久徴《ひさなる》の漢詩集『名山楼詩集』初編（寛政十一年〈一七九九〉刊）・二編（文化五年〈一八〇八〉ころ刊）に見える、島津久徴と詩をやりとりした薩摩藩外の人物をまとめたものである。藪孤山・亀井南冥・頼春水・江村北海・橘南谿・龍草廬《りゆうそうろ》・細井平洲・皆川淇園・林述斎・

表5　『名山楼詩集』初編・二編に見える他藩の学者など

藩名等	人　名	登場名
熊本	伊形霊雨（1745～1787）　◎	霊雨山人・伊太素・伊詞伯・伊詞宗・伊山人
熊本	藪孤山（1735～1802）　◎	藪士厚・藪教授
長崎	吉村迂斎（1749～1805）　◎	吉士興
福岡	亀井南冥（1743～1814）　◎	亀道載
天草	中村天錫（1744～1789）？◎	中世弼
前橋	関松窓（1727～1801）	関君長・関松窓
岡山	頼春水（1746～1816）	頼千秋
京都	江村北海（1713～1788）	江北海・北海江翁
陸奥	熊坂台州（1739～1803）	熊阪生・熊坂士彦
水戸	岡野逢原（1775～1820）	岡野子玄
京都	橘南谿（1739～1803）　◎	橘南谿
阿波	源頼根（1747～1826）	源君子寛・平臺源君・足利君
京師	島津華山（1738～1794）	源琴王
木曽	石作駒石（1740～1796）	石作士幹
京師	龍草廬（1714～1792）	龍草廬
木曽	山村良由（1742～1823）	蘇門君
奥人		岡部伯孝
尾張	細井平洲（1728～1801）	尾張文学紀徳民
鯖江	大郷信斎（1772～1844）　◎	大郷儀卿
京都	皆川淇園（1734～1807）	皆川淇園
長崎	白竜道人龍	白龍道人
江戸	林述斎（1768～1841）	林祭酒
大坂	中井竹山（1730～1804）	中井竹山
琉球	義村朝宜（1763～1821）　◎	義村王子

中井竹山らは、当代一流の儒学者・詩人であり、◎印の八名は薩摩藩を訪れ直接に久徴と交流した人物である。

琉球から薩摩・江戸への遣使をまとめた『中山世譜附巻』によれば、乾隆四十七年（一七八二）、茂姫（重豪の娘、将軍世嗣の正妻）が江戸城西丸に移り、御縁女と改称されたことを賀するため、義村王子朝宜を派遣。六月二十六日に薩摩に到着し、翌年三月十三日に帰国した。また、乾隆五十八年（一七九三）には若君の誕生を賀するために、義村王子朝宜を派遣し、八月十六日に薩州に到着したが、若君はすでに亡くなっていたため、書翰を江戸に達することはせず、薩摩藩の命令に従って、慶賀使とは称さず、ただ使者と称し、王子の品分によって、朝見の礼を行い、翌年の正月二十三日に帰国した。義村朝宜（一七六三〜一八二一）は、尚穆王の三子で、国相・摂政を務めた人物である。なお、指宿市開聞町の枚聞《ひらきき》神社には、琉球の義村朝宜が贈った二枚の扁額がある。一枚は天明三年（一七八三）、もう一枚は寛政七年（一七九五）のものである。

『名山楼詩集』初編の中に「亀道載に寄す」と題する七言律詩二編、「相良氏の浪華に之くを送る」と題する七言絶句一編が載せられている。道載は南冥の字である。また、相良氏にはいくつかの家系があるので、これが相良権太夫であると断定はできないが、その可能性は高い。

久徴・瓊山・幸兵衛

ここでは、島津久徴と増田幸兵衛の関係に注目したい。久徴が幸兵衛を通じて南冥の講義を依頼したのは、南冥が幸兵衛宅を宿舎としていたことが直接の理由であろうが、儒雅の風を持つ幸兵衛と学を好む久徴はそれ以前からつながりがあったと思われる。

「墓誌銘」によると伊藤瓊山は、天草の中村世弼《せいひつ》に連れられて増田幸兵衛宅に滞在し、間もなく瓊山は加治木家の島津久徴に仕えることになる。久徴と瓊山の関係は増田幸兵衛が仲介している可能性が考えられる。

また、『瓊山文稿』の「南肥藪先生に与ふる書」によれば、安永五年（一七七六）に東都より帰ってきた伊藤瓊山は、中村世弼に会い藪孤山に関して談じていた。世弼の素性は不詳であるが、あるいは天草の御領村（天草市五和町）に私塾正倫社を主宰した中村天錫《てんしゃく》（喜七郎隆成）の可能性がある。『名山楼詩集』には「春日、中世弼天草に帰るを餞す」の五言絶句があり、一方、天草の郷土史家松田唯雄氏によれば、中村天錫は明和三年（一七六六）に島津家加治木公に招聘されて侍講数旬に及んだという（「中村天錫郷史漫筆」松田唯雄遺稿集第一巻『天草郷土史叢説』一九八九年）。すでに見ておいたように、加治木島津家は、重豪が宗家に入った宝暦三年（一七五三）から、久徴が加治木島津家を継ぐ明和九年（一七七二）まで、当主不在の状態であったから、その間の明和三年に中村天錫が島津家加治木公に招聘されて侍講数旬に及んだという松田唯雄氏の説には疑問が残るが、おそらく久徴が加治木島津家を継いだ後に中村天錫との関係を持っていたことは確かであろう。中村世弼と中村天錫が同一人物とすれば、島津久徴と伊藤瓊山を結びつけた人物に、中村世弼を加えることができる。島津久徴は、加治木島津家を継いで間もなく郷校の建設の計画を持ち、中村天錫・亀井南冥らの招聘を謀ったが成功せず、ようやく安永六年（一七七七）に中村天錫が連れてきた伊藤瓊山を儒者として招聘し、天明四年（一七八四）に郷校毓英館を開いたのであろう。

なお、久徴は、寛政十二年（一八〇〇）に家督を嫡子久照《ひさてる》に譲り隠居したが、藩主島津斉宣《なりのぶ》により重豪の路線を否定する方向で改革が進められていた文化五年（一八〇八）、いわゆる近思録派によって、領内の統治がよろしくなく、家中を困窮させたという理由をもって久照とともに処分された。こうした動きに激怒した重豪は、藩政介助の立場に復帰して、改革派を粛正し（いわゆる近思録崩れ、文化朋党事件）、諸政策や人事を旧に復させたが、こうした事態を招いた責任は、事態を傍観していた加治木島津家を含む一門家にもあるとして、一門家を叱責する直書《じきしょ》を発した。その翌年、久徴は失意のうちに死去した。

薩摩藩の藩校と郷校

島津重豪は、安永二年（一七七三）に聖堂と武芸稽古場をつくり、天明元年（一七八一）には聖廟の北に学寮が建てられ、同六年造士館と改称された。これに倣って、私領主の中には郷学をつ

表6　薩摩の郷学一覧

所在地	校名	創立年代	創立者	備考
垂水	文行館	安永五年（1776）	島津貴澄	私領主
種子島	大園学校	安永七年（1778）	種子島久道	同上 数年後に閉鎖
都城	稽古館	同上	島津久倫	同上
串木野	学問所	安永～寛政の頃	加藤孫左衛門	郷士年寄
加治木	毓英館	天明四年（1784）	島津久徴	私領主 文政年間に廃止
宮之城	盈進館	安政五年（1858）	島津久治	同上
出水	揆奮館	文久元年（1861）	野村源一郎	地頭代
川辺	学問所	慶応二年（1866）	高崎兵部	地頭

（宮下満郎 1999 に一部加筆）

くるものも現れた。表6は、郷学をまとめたものである。これを見ると、安永～天明期に一つのピークがあることがわかる。

ここでは、まず垂水の文行館に注目したい。四代藩主吉貴の第五子であった垂水領主島津貴澄《たかずみ》（一七三六～一八〇四）は、安永四年（一七七五）に先代の隠居により実権を得ると、翌年文行館を創設し、乾官太《いぬいかんた》（徽《き》猷《ゆう》）を教授兼学頭に起用した。乾官太は、讃岐丸亀出身の儒学者で、安永元年より貴澄の侍読となっていた人物である。また天明四～六年（一七八四～八六）には、市川匡《ただす》（鶴鳴、一七四〇～九五）が、垂水家家老・文行館知事となっている。市川匡は、江戸で生まれ、高崎藩、飯田藩を経て名古屋に居住した儒学者であり、安永九年（一七八〇）に本居宣長『直毘霊《なおびのみたま》』への批判書である『末賀乃比礼《まがのひれ》』を著した。安永九～十年にかけて垂水に滞在し「桜島焼亡塔」の碑文を撰している。

その後、名古屋に帰り、垂水家の島津貴澄に招聘されて、天明四年に垂水島津家に仕えることとなった（小笠原春夫「市川匡に就て」『国儒論争の研究』ぺりかん社　一九八八年）。この起用は領内の対立を生んだようで、市川匡は三年後には垂水を辞し、また市川を支持していた貴澄の庶弟で薩摩藩の若年寄であった末川周山も同年失脚することとなった（『垂水市史　上巻』一九七四年）。市川匡は、後に寛政異学の禁に反対した寛政の五鬼の一人に数えられ、また高崎藩世子の侍読となっている。なお、島津貴澄には、自身で編纂した詩文集『廃鹿詩稿』がある。

加治木の毓英館《いくえいかん》については、すでに述べておいたように、島津久徴が、安永六年に長崎出身の儒学者伊藤瓊山を召し抱え、天明四年に毓英館を開いて、その教授とした。また、寛政十一年（一七九九）に秋岡冬日《とうじつ》（游学、一七六二～一八四二）を招き、毓英館の主宰とした。姶良市加治木町の能仁寺《のうにんじ》跡に残る墓碑によれば、秋岡冬日は江戸に生まれ、宮田明・山本北山に学び、一統一派に拘泥せず、百家を折衷して独自の見解をなし、俳諧にも長じる人物であった。またこれ以前に、姫路の屠龍《とりよう》公子（姫路藩主酒井忠以《ただざね》の弟で江戸琳派の祖である酒井抱一《ほういつ》）、秋田侯に仕えたとされる。

表6を見ると、垂水・種子島・都城・串木野・加治木の郷校は、いずれも造士館成立後につくられており、串木野を除くと私領が多い。また、これら私領主はいずれも島津本宗家と関係が深く、領主自身が学問や詩文に興味を持ち、積極的に奨励していた（宮下満郎「郷学の設置と郷士の教育」『江戸時代　人づくり風土記　㊻ふるさとの人と知恵　鹿児島』農山漁村文化協会　一九九九年）。

なかでも、垂水・加治木家は、藩外から儒学者を招いており、垂水家の儒者招聘が安永元年（一七七二）におこなわれたことは注目される。この年、藩主島津重豪は、藩内に言語容貌の矯正を命じ、また城下町の繁栄のため他国町人の入国永住縁組みを許し、積極的な開化政策を展開し始めた。この年、出羽山形の紅花商人であった源衛門が鹿児島に入って、呉服太物商を始め、これが現在の山形屋百貨店につながるということで、この開化政策は商業や城下町振興との関係で評価されることが多いが、学問の面でも藩外の人材導入という点で評価できると考える。表5で見たように、鹿児島を訪れる学者が増えるきっかけにもなったと考えられるのである。

第三節　直治の交流と事業

木村蒹葭堂と直治

直治の学問がどのように進んだのかについてはわからないところが多い。

長崎から鹿児島にもどった直治は、その後も確実に交友関係を広げていったようである。『木村蒹葭堂《けんかどう》日記』には、安永九年（一七八〇）九月二十三日に「増田熊介《ゆうすけ》へ書状出し申候」、十月三日に「増田熊介書状出し申候」、十一月三十日に「増田熊介包来ル」、十二月四日に「増田熊介へ六番返事出し申候」とあって、安永九年の段階で、増田熊介（直治）と木村蒹葭堂のつながりがあったことが知られる。

木村蒹葭堂（一七三六〜一八〇二）は、一八世紀後半の大坂を代表する文人・博物学者であり、その膨大な交遊人名を記した『木村蒹葭堂日記』を残している。大坂北堀江の造り酒屋坪井屋に生まれ、町年寄を務めるほどの町人であったが、寛政二年（一七九〇）に酒造石高違反の罪に問われて、一時期伊勢に引退し、伊勢長島藩主増山雪斎《ましやませっさい》の保護を受けた。

増田直治と木村蒹葭堂がどのように関係を築いたかは不明である。ただし、可能性の問題として、第一に、伊藤璚山の仲介を考えてみることはできそうである。伊藤璚山の名を『木村蒹葭堂日記』の中に確認することはできないが、「墓誌銘」によれば、璚山は一七七〇〜七六年ころ京都・大坂に遊学しており、また重野安繹《しげのやすつぐ》が書いた伊藤璚山墓誌によれば、璚山は京都の江村北海、伏見の龍草廬（詩社幽蘭社を主宰）、大坂懐徳堂の中井竹山と交遊したようである。江村北海・龍草廬・中井竹山は、いずれも上方の儒学・漢詩文の中心人物で、『木村蒹葭堂日記』にも登場しており、安永五年（一七七六）に伊藤璚山が薩摩に居を移して以降、璚山の仲介によって増田直治と木村蒹葭堂との関係が生じた可能性も充分に考えられる。

第二の可能性として、長崎において面識を得た可能性も考えておきたい。増田直治は、長崎から鹿児島に戻った後も、家業を手伝って、長崎と行き来した可能性は高い。一方、木村蒹葭堂は、安永七年夏に、妻妾を伴って長崎を訪問し、その時、林三郎太梅皐《ばいこう》が、蒹葭堂を主賓とする卓袱《しっぽく》料理の饗宴を開いている。林家は唐通事の名門であって、明和八年（一七七一）七月薩摩藩主島津重豪が長崎を訪問した際、長崎奉行所の次に梅皐の父市兵衛宅を訪れている。市兵衛は、この時唐通事最高の地位に就いていたが、安永四年職を辞して梅卿《ばいけい》と名乗り、鹿児島を訪れ、重豪に謁見して、拝領物があったという（林陸朗『増補版　長崎唐通事』長崎文献社　二〇一〇年）。また、梅卿の養子与一郎は、『木村蒹葭堂日記』の安永八年（一七七九）八月に見え、この時点までに江戸に出ており、天明六年（一七八六）に江戸において薩摩藩に召し抱えられることになった。

梅卿の子孫に当たる林陸朗氏によれば、与一郎は、『南山俗語考』の編纂要員として、また中国語の通訳と翻訳とそれに関連して長崎との交流、さらには中国文物との接触・摂取などのことを期待されたとしている（『長崎唐通事林家の歴史』私家版　二〇一五年）。『南山俗語考』とは、島津重豪（号は南山）が編纂出版させた中国語辞書で、明和四年（一七六七）に編纂に着手し、曾槃・石塚崔高（一七六六～一八一七）の協力のもとに、文化九年（一八一二）に刊行された。

以上のように、林家は、薩摩藩と深い関わりを持った家であったと考えてよく、長崎における薩摩藩の経済活動の一翼を担っていた増田家とも相応の関係を持っていたと考えられる。したがって、この林家を通じて、増田家と木村蒹葭堂の関係が生じた可能性も考えられると思う。

第三の可能性としては、同じく長崎を媒介とするものであるが、この時点ではまだ長崎のオランダ通詞であった松村君紀（安之丞）筆になる浪華に帰る木村蒹葭堂送別の七言絶句二首が確認されており（水田紀久「崎陽恋々　木村蒹葭堂と長崎」『カステラ読本』福砂屋　二〇〇五年）、増田直治の幼なじみと言える松村安之丞も、安永七年（一七七八）の段階で、蒹葭堂の知遇を得ていたから、こうしたルートでも増田直治と木村蒹葭堂との関係が生じた可能性がある。

橘南谿と直治――『薩州孝子伝』と「孝女門記」

増田直治は、次項で見るように多芸・多才の人物であり、漢詩文にも優れていた。しかし、現在知ることのできる作品は、橘南谿の『薩州孝子伝』『西遊記』に載せられている「孝女門記」だけである。『薩州孝子伝』の刊本の表紙の「薩州孝子伝　全　薩州小山田村太郎八妹万亀孝行物かたり並孝女千代碑　京都書林博昌堂」、奥付の「天明三癸卯年六月　二条通室町西え入　京都書林　伊勢屋源兵衛」という記載から、この書物は、天明三年（一七八三）に京都で刊行されたものであることがわかる。また、「孝子伝」の跋には「天明二年壬寅の年九月　日　筆を鹿児島の旅館に執る。京都に寓居する伊勢出身の橘春暉が誌す。」、『西遊記』の巻三「義烈」の項には「私が彼国（薩摩国）にいたのは天明二年壬寅八月の事であったが、鹿児島の下町の小山伝左衛門という人の家にしばらく滞在した。」、同巻八「海水増減」の項では「私が旅の宿としていた小山幸右衛門宅」とあるので、それは天明二年九月に滞在先の鹿児島城下下町の小山伝左衛門あるいは小山幸右衛門宅で成立したと考えられる。

ここでまず、「薩州孝子伝」で紹介された、兄太郎八と妹まん亀について、かいつまんで紹介すれば以下のようになる。

安永六年（一七七七）、薩摩国小山田村に住む九歳の兄太郎八と七歳の妹まん亀は、この年病に倒れ床に就いてしまった母に対して、以後六年にわたって手厚く看病し、介護をした。昨天明元年（一七八一）にこの地を視察した郡奉行得能《とくのう》佐平次は、このことを知り、庄屋などにも確認した上で、藩主に上申すると、藩主は兄に米二十五俵、妹に銭五貫文を褒美として与え、得能もまた銭十貫文を与えた。母は、今年（天明二）亡くなってしまったが、その時の兄弟の悲しみようは、周囲の人の涙を誘った。

『薩州孝子伝』の本文の末尾近くには、「小子（私）は今年医業のため諸国に遊び、薩摩の国にしばし逗留した折りに、増田熊助《ゆうすけ》という人が、この事（太郎八とまん亀の孝行）を称歎するのを聞いたので、人の子の手本にもなって欲しい、さらには太守様の御仁政が行き渡っている様子を仰ぎ奉り、また得能殿の仁慈の心が深いことに感じ入って、その言上書の写しを乞い求め、ありのままに書き記し、出版するものである。」とあって、『薩州孝子伝』出版の最初のきっかけが、増田直治からこの話を聞いたことにあったことがわかるのである。

なお、幕府刊行の『孝義録』には兄太郎八と妹まん亀について、次のように記されている。

孝行者　同領日置郡山郷小山田村　無田百姓　太郎八　十三歳　天明元年　褒美

孝行者　同領同所　太郎八妹　孝　十一歳　同時　褒美

橘南谿と増田直治の接点は、どのようにして生じたのだろうか。
橘南谿は、先に述べておいたように、加治木領主島津久徴との関係で鹿児島にやって来たと考えられるのであり、島津久徴と増田家には浅からぬ関係があったことは、すでに述べておいた。また、『木村蒹葭堂日記』によれば、橘南谿（橘東一）は、『西遊記』の旅の初めの天明二年（一七八二）五月十一日に、木村蒹葭堂のもとを訪れていた。あるいは、この時点で、鹿児島にいる増田直治に関する情報を得ていた可能性も考えられる。そして、鹿児島滞在中に橘南谿は、増田直治に直接会うことになったのである。

天明二年の段階で、孝女千代と増田直治が撰したその門記は有名になっており、橘南谿は、これに注目し、「孝子伝」執筆のきっかけを与えてくれた直治への感謝を表すためにも、『薩州孝子伝』の附録に「孝女門記」を収録することになったのであろう。なお、直治の親友であり島津久徴の儒臣である伊藤瓊山と橘南谿との関係も当然ながら生じたようで、寛政四年（一七九二）、伊勢の人保《ほ》公馮《きみより》が『擬古堂印譜』を刊行するに際して、橘南谿を通じて伊藤瓊山に序文を依頼している（『瓊山文稿』所収「擬古堂印譜序」、高津孝「名山楼詩集と来泊清人」科研基盤研究成果報告書『近世薩摩における大名文化の総合的研究』研究代表者　中山右尚　二〇〇三年）。

現存する唯一の増田直治の作品である「孝女門記」の読み下し文と現代語訳を掲げておこう。

（読み下し）孝女千世は麑府《げいふ》の人なり。蚤《つと》に寡独となり母と居し、力を竭《つく》して養ひ奉る。家素《もと》より貧にして、僅《わずか》に菓餌《かし》菰餻《ここう》を鬻《ひさ》ぎ以て生活す。然りと雖も甘旨《かんし》を営求して母に進む。母亦其の窶《ろう》を知り、数《しばしば》之を罷《や》めんことを誡む。是に於て温清の暇には、人の為に紡績し、務めて生産を殖《ふや》し、而して余資有る若《ごと》き者を視せしめ、以て細に其の意を解し、遂に母をして終身其の労を知らざらしむ。郷隣其の誠に感じ、孝女の孝や天性に出ると称せざるはなし。市正《しせい》其の状を審《つまびらか》にし官に聞す。吏に命じて廉察するに皆験《しるし》有り。安永七年戊戌《ぼじゅつ》正月十七日、米四石を賜ひ之を褒賞す。其月母卒す。時に年九十を過ぐ。孝女之に事《つか》ふること凡そ五十年一日の如きなり。母歿《ぼつ》するに及び、市正孝女の名の母と同じく朽つるを憫《あわれ》み、乃ち宅一区を堀江坊に買ひ、与へて之に居らしむ。悉く其の課役を除き、標して孝女の門と曰《い》ふ。因りて温をして其の梗概《こうがい》を記せしむること、此《かく》の如し。孝女の父は高崎幸右衛門、東吉郎右衛門に嫁し、子嘉兵衛を生むも、皆是より先に死す。

天明元年　増田温撰

（現代語訳）孝女千世は鹿児島城下の人である。早くに夫に先立たれ母と同居し、力を尽くして養った。家はもともと貧しく、わずかに果物や菓子を売って生活していた。そうではあってもうまい物を手に入れて母に食べさせていた。母もまた貧しい実状を知り、しばしばそうした行いを止めるように戒めた。そこで母への心づくしの合間には、人の為に糸を紡いだり、一生懸命生産を増やし、そうして生活に余裕がある者のように見せかけて、細やかに母の意を理解し、遂に母には亡くなるまでその苦労に気づかせなかった。近所の者たちはその誠心に感心し、この孝女の孝は生まれつきのものであると賞賛しない者はなかった。町の役人はその様子を細かく調べて、藩庁に報告した。役人に命じて調査させたところ、皆、証拠を挙げた。安永七年戊戌の年（一七七八）の正月十七日、米四石を与えて千世を褒賞した。その月に母は亡くなった。時にその年齢は九十歳を過ぎていた。孝女千世が母に仕えていたことはおおよそ五十年一日の如くであった。母が死去するに及んで、町役人は、孝女の名が母と同じように朽ちていくのを憐れんで、一区画の宅地を堀江町に買い求め、千世に与えて住まわせた。すべての税を免除し、孝女の門という碑を立てた。そこで、私増田温（直治）にその概略を、このように書かせたのである。孝女の父は高崎幸右衛門であり、東吉郎右衛門に嫁いで、子嘉兵衛を生んだけれども、皆先に死んでしまった。

天明元年（一七八一）　　増田温撰

この孝女門記については、高山彦九郎『筑紫日記』寛政四年五月二十三日に「大安の案内で孝女千代八十二歳なるを尋ねた。門記が有った。増田温（直治）が記した。」とあって、彦九郎も見ていたことがわかる。

十時梅厓の知音

一七八〇年代初頭の増田直治の交友関係で見逃せないのは、十時梅厓《とときばいがい》という人物である。この人物の素性については、後で述べることにして、先に梅厓との交友関係について考えてみよう。

天明三年（一七八三）に刊行された『薩州孝子伝』には長島文学時賜の手になる次のような序文が載せられている。

壬寅年（天明二年）の冬、京都の本屋のある人が薩摩に行商し、橘氏が撰述したその国の孝子伝一本を手に入れて、（京都に）帰って刊行しようとして、序を書くことを私に求めた。私は、細かにその中を調べてみると、友人の増君（増田直治のこと）の撰述した孝女碑を附録としていた。増君は薩摩の名士であり、もとより文才がある。天はすでにこの孝子を生み、そして文章の達人に伝えさせたのである。また、皆これらは国の栄誉である。読者が、その事跡について、孝行の大切さを思い起こせば、すなわち橘氏が筆録した功績は、浅くはないのである。ある人が持ち帰ってきたものは、どうして無駄に一隻の船に載せた宝玉だけであろうか。

天明癸卯春　　長島文学時賜

この序文によると、増田直治は長島文学時賜の友人であった。長島文学時賜とは、酒田市立光丘文庫『絵本太閤記』の初巻の跋に「丁巳秋、浪華の舟中にて題す　長島文学十時賜」、静嘉堂蔵『清夢録』には、「寛政庚戌六月晦　大坂城中営の北曹に書す　時賜」とあって、長島藩儒十時梅厓のことである（丸山季夫「十時梅厓覚え書《下》」『書道』一一－六　一九四二年）。鶴田武良氏は十時梅厓を次のように紹介している（「名古屋市舞鶴中央図書館蔵　十時梅厓書簡〈上〉」『國華』一〇三九号一九八一年）。

十時梅厓（寛延二年〈一七四九〉?～文化元年〈一八〇四〉正月二十三日）は、初め名を業、字を季長といったが、のち名を賜、字を子羽と改めた。号は梅厓の外に顧亭、清夢軒などがある。通称半蔵。大坂の人。伊藤東所に儒学を学び、大谷永庵に書法を学び、のち趙陶斎に就いて書法益々熟達した。伊勢長島藩主増山雪斎が大坂城番であった時、趙陶斎を介して知られ、儒を以て同藩に仕え、天明四年（一七八四）長島に赴き、藩学文礼書院を興してその祭酒に任じられた。寛政二年（一七九〇）長崎に遊び、費晴湖に書法を、陳養山に書法を問うた。寛政十二年致仕して大坂に帰隠、木村蒹葭堂、細合半斎、岡田米山人などと交遊を結んだ。

天明二年以前の段階で、増田直治は、伊勢長島藩の藩儒で上方を中心に活躍する十時梅厓の知遇を得ており、梅厓の「友人」となっていた。すでに、安永九年（一七八〇）の段階で木村蒹葭堂と手紙のやりとりなどを行っている増田直治のことであるから、驚くには当たらないが、直治の人的ネットワークは、上方方面でも確実に広がっていたということができる。

『孝女門記』の時代

さて、増田直治が『孝女門記』を著した理由について、求めに応じて書いたとしている。『孝義録』には「貞節者　同領　鹿児島城下堀江町　町人東吉郎左衛門　後家　千代　六十八歳　安永七年　褒美」と記されており、これにより安永七年（一七七八）の段階で千代が堀江町に住んでいたことが確認できる。直治は船津町に住んでいたと考えられるので、近くに住んでいたという縁で依頼された可能性は高いが、そもそもなぜ碑を建てようとしたかについては、もう少し考えてみる必要がある。

儒教倫理を支配の中核に位置づけている近世社会において、儒教倫理の体現者である孝子・節婦などの顕彰が積極的に行われていった。天明〜寛政期はそのピークとも言える。幕府は、寛政

表7　褒賞の時期

	日向	大隅	薩摩
元禄（1688-）			2
宝永（1704-）			2
正徳（1711-）			
享保（1716-）		3	4
元文（1736-）			2
寛保（1741-）			2
延享（1744-）			2
寛延（1748-）	3		5
宝暦（1751-）	2	17	13
明和（1764-）		7	4
安永（1772-）	1	5	10
天明（1781-）	21	13	35
寛政（1789-）			12
計	27	45	93

表8　褒賞の事由

	日向	大隅	薩摩
孝行者	23	40	57
忠義者	2	2	21
奇特者	2	3	13
貞節者			1
農業出精			1
計	27	45	93

元年（一七八九）、寛政改革の民衆教化策の一環として、江戸初期以来の全国の農民・町人の善行表彰者の報告を命じ、さらに同十年追加報告させ、それらを昌平坂学問所に集めて編集し、享和元年（一八〇一）に官版として出版した。これがすでに何度か取り上げた『孝義録』である。所載の表彰者総数は八六一四名、表彰の時期は慶長七年（一六〇二）から寛政十年までの約二〇〇年に及ぶが、全体の八一パーセント、六九八五名は宝暦から寛政（一七五一～九八）までの一八世紀後半に表彰されたものとなっている（鈴木理恵「江戸時代の民衆教化『官刻孝義録』による孝行の状況分析」『長崎大学教育学部社会科学論叢』六五号　二〇〇四年）。薩摩藩関係では、日向国が二七人、大隅国が四五人、薩摩国が九三人となっており、その表彰の時期と事由は表7・8のようになる。

　薩摩藩内では、早くは正徳四年（一七一四）に造営された霧島神宮本殿に「二十四孝図」が描かれており、儒教倫理の普及が図られていた。

『三国名勝図会』等によれば、三〇年間母に孝養を尽くした池田正右衛門（?～一七一九、『孝義録』では池田庄右衛門）は、宝永四年（一七〇七）に褒賞され、上町の恵比寿町に宅地を与えられた。そのころ近くに橋が架けられ、これを孝行橋と呼んだが、明和七年（一七七〇）には市来公政によって正右衛門の遺行を記した碑がその宅地にたてられ、安永五年（一七七六）には、孝行橋の架け直しに際し、藩儒の山本正誼が「重建孝行橋記」を撰し、橋の側に碑が立てられた。その後、孝行橋は天保十一年（一八四〇）、肥後の石工岩永三五郎による石橋に掛け替えられている。なお、孝行橋は現在の鹿児島駅前市電乗り場付近にあった。

薩摩藩内でも宝暦以降孝行者・忠義者に対する褒賞が増え、天明年間にピークに達していることが分かる。

直治による『孝女門記』の撰文は、こうした時代背景のもとに行われたと考えられる。

増田直治の多芸・多才

十時梅厓にも知られていた増田直治の文才について、幼なじみの伊藤瓊山は、「墓誌銘」の中で次のように書いている。あとで詳しく見ることにする長島侯の別荘で行われた宴席でのこととして、

迂直（直治）もまた、酔って筆を執り、数百言の文辞を書いた。筆は停ることなく辞賦の最後の章を綴《つづ》った。それは八韻の詩であって、同席して観ていた者は驚いた。

と記しており、即興の才にも恵まれていたことがわかる。また、
漢詩文を作ることを喜び、自ら一家の風格を成し、他の作風と列《なら》ぶことはなかった。その文

は、ごつごつして読むのが難しく、古色蒼然としており決まった型を作らなかった。詩作に取り組む間は、私（瓊山）に、病気であると言わせて、でたらめを言わせ、感情を高ぶらせて大声が響き渡った。その豪放さはおおよそこのようなものであった。奇人というべきであり、また福人というべきである。

と記しており、かなりの変わり者とみられていたこともわかる。

「墓誌銘」には、増田直治の多芸・多才ぶりを示す次のような記載もある。

吾が迂直（直治）の如き其の人と為りは、怪巧・瑰琦《かいき》（優れて立派）であって、学問にどっぷりとつかり、それ以外のことは無いかのようであった。その一方で、世事にもよく通じており、学問にも勝っている。そのかたわら、多くの芸を身につけていた。算数・販売・狩りや釣り・植物栽培から始まって、詩文作成・陶芸・玉磨き・金属加工の技・鑑定・造製・囲碁将棋・矢投げ遊びの類にまで及んだ。皆、それに関する蘊蓄《うんちく》を語った。

これら諸芸については、後に再び扱うこととし、ここにはあげられていない土木技術についても記録があるので、次にこれを見てみよう。

増田直治の築堤と安永の桜島噴火

高山彦九郎『筑紫日記』寛政四年（一七九二）四月四日に、次のように記されている。

相良応明・小橋喜作と一緒に南林寺の南で遊んだ。増田永治は書生を連れて私のために裸になって魚を取った。蟹や魚をゆでたり焼いたりして、酒を酌み交わした。南には開聞岳が見えた。北北東から南南西方向に一三〇間（二三六メートル）、横八間（幅一四・五メートル）の土手が築かれ、塩屋村に及んでいる。これは、直治がつくったものである。この辺りは塩浜となっている。桜島噴火の際、山沿いの道のあたりまで潮が入ってきたので、このような工事をしたのである。金一九〇貫目の費用がかかったという。

この記事に見える相良応明・小橋喜作は増田幸兵衛・直治兄弟の交友関係の中に含まれる人物と考えられる。まず相良応明を特定するには決め手に欠けるが、直治の同時代に活躍した人物として、相良窓巴という人物をあげることができる。『称名墓志』には、「相良窓巴　浄光明寺塔頭東海院にあり。五輪塔なり。上町市人にて、休右衛門と称す。俳諧を好み、瀬戸山琴峰門人。窓巴は俳名なり。文化四卯六月二十日。梅暁舎周阿窓巴居士。辞世　たまくの月にみしかきよる

なりけり　七夕　七夕や我白毛にも露のうく」とあって、表4（101ページ）で見たように、『称名墓志』に載せる九人の市人のうちの一人であり、増田直治とほぼ同世代の人物である。相良窓巴は、井上士朗（一七四二〜一八一二　名古屋の産科医で俳人）の門人で、追善集に「みのむし」がある。

小橋喜作は、薩摩藩の唐通事で、下町年寄格の小橋林蔵の次男であった。喜作は、兄の嫡子金次郎とともに、唐通事見習となり、天明五年（一七八五）には郡山郷士となっている（『譯司冥加録』鹿児島県史料刊行会　一九九九年）。小橋林蔵は下町年寄格とされていることから、身分的には町方とされていたものを、金次郎・喜作の二人については、郷士として士分に取り立てるということであり、実際には鹿児島城下の下町に居住していたと考えられる。直治の住まいも、下町船津町にあったから、両者は顔なじみであったと思われる。

さて、ここに見える桜島の噴火は安永の噴火であり、噴火後の潮汐の変化については、橘南谿『西遊記』の「海水増減」の項に、次のような興味深い記事がある。

鹿児島の海は入海である。西の岸は薩摩、東の岸は大隅であって、南北およそ二十余里（七六キロ余）、東西一三、四里（四九〜五三キロ）を超える。この海の真ん中に桜島がある。この桜島の廻りは七里（約二七キロ）である。この海は、南の海であるので、潮の満ち引きは常に大きい。

さて、安永年中（一七七二〜八一）、桜島の大爆発以降、この海の水面は五、六尺（一・五〜一・八メートル）高くなった。所によっては一丈（三メートル）以上も高い。鹿児島の城下でも、下町《しもまち》、築町《つきまち》という辺りは、月の十五、六日、満潮の時には、近年、海水が町に上がりあふれている。はなはだ難儀している。私が逗留していた小山幸右衛門宅でも庭の中に潮が上がってきて、常々難儀していた。一四、五日の頃は、大潮で潮が高いので、町中、高下駄を履いても歩行ができなくて、洪水のようである。藩主の方でも、色々堤などを築いたり潮を防ぐ手立てをとったけれど、全体の海面が高くなっているのであるから、いかんともしがたい。

　大隅の国、加治木の近辺の浜手にある村には、潮によってさらわれてしまった所もある。また、潮に堪えかねて村ごと引き払い、高台に移住した村もある。このように大海の水が、五尺（一・五メートル）も一丈（三メートル）も全体に高くなることについて、その理由を知る人はいない。ほんとうに桜島の噴火したことは大変であったけれども、海が埋まって海面が高くなるという理屈はないだろう。七つの新島を出現させたが、大海の中にとっては増減するほどのことではないはずだ。そのあたりの人の一説に、桜島が噴火して地中より大量の土砂を噴出させたので、薩摩、大隅二カ国の地底の土を噴出させ、この二カ国の地面が低くなったために、潮が高くのぼり来るのであるという。これもあまり大げさな説である。いずれにしてもこの入海の水だけが、桜島噴火の後から高くなったのは奇異なことである。（下略）

天明二年（一七八二）に鹿児島城下の下町に滞在した橘南谿は、大潮の時期に起こる高潮に遭遇していた。火山学者の井村隆介氏（鹿児島大学准教授）の研究によって（「史料からみた桜島火山安永噴火の推移」『火山』第四三巻第五号　一九九八年）、桜島の安永噴火について見ておこう。

安永八年（一七七九）九月二十九日、噴火の前兆となる地震があり、翌十月一日午前十一時に井戸の沸騰、水の溢出《いっしゅつ》、海水の変色が見られた。十二時に南岳山頂より煙が上がり、十四時に南岳南斜面より噴火、続いて北岳北東斜面より噴火した。十七時、南側火口からの火砕流が海に達し、翌朝まで激しいプリニー式噴火が続いた。十月二日の朝以降、溶岩の流出が始まった。昼に南側の噴火は鎮まり、翌三日には北側の噴火も鎮まった。三日には、溶岩が海に達し、五日には桜島北東沖に最初の島ができ、以後一年のうちに九つの島が形成された。十一月八日頃には、地震がおさまったが、翌安永九年の七月六日、十五日、八月十一日、十月四日、十八日、安永十年三月十八日の六回にわたって、桜島北東の海底噴火による津波が起こっている。安永十年三月十八日の津波は、桜島小池では七～八間（約一二～一四メートル）と最大であった。そして天明元年十二月五日を最後に海底噴火も終息した。この桜島の安永噴火による噴出物の量は、溶岩一・七立方キロメートル、軽石〇・四立方キロメートルとされており、これによって地盤沈下が起こったため、相対的に海水位が上昇した。鹿児島湾奥部では、大正噴火の三〇～五〇センチの数倍に当たる一・五～三メートルに及んだ。

橘南谿が、大げさとして斥けた説こそが、真実を伝えていたということができる。

増田直治は、こうした地盤沈降による被害を防ぐために、堤防を造ったのであり、直治は、土木技術の面にも才能を有していたと言える。その堤防の位置については明らかでないが、高山彦九郎『筑紫日記』によればこの辺りは「塩浜」となっていると記されている。安政六年（一八五九）ころに作られた「鹿児島城下絵図」（鹿児島県立図書館蔵）には、清滝川河口の左岸に塩浜が描かれている（図28）。塩満郁夫・友野春久両氏の編集になる『鹿児島城下絵図散歩』（高城書房　二〇〇四年）によれば、塩浜は、現在の城南町から南林寺町付近にあたり、この近辺に堤防が造られたのである。

その費用は、一九〇貫目とされている。先に見たように銀一匁は六六〇～四〇〇〇円ほどとされるから、一九〇貫目は一億二五四〇万～七億六〇〇〇万円となる。ずいぶん幅があるが、いずれにしてもその程度の私財を投じたというのであるから、増田家の資産は相当なものであったことがわかる。先にあげた『孝義録』には、「奇特者」として増田幸兵衛があげられており、私財を投じての堤防建設もまた「奇特」なことである。塩浜への堤防建設は、増田家の事業として行われ、作業を実質的に指導した増田直治に案内された高山彦九郎は、これを直治の業績として記したのだろう。

第四節　直治の江戸行き

直治、江戸へ。蝦夷へも

「墓誌銘」には、「天明丁未（七年）九月大夫某君に従って江戸に行き、」と書かれており、一七八七年に増田直治の活動の場は江戸に移ることになる。

さて、三女の茂姫が一〇代将軍家斉の正室となるに及んで、天明七年（一七八七）一月に家督を斉宣《なりのぶ》に譲った島津重豪は、同年三月江戸を発って六月鹿児島に着き、九月鹿児島を発って翌月江戸に戻った。こうしてみると、直治を伴って江戸へ上った大夫某君が島津重豪をさしていることは間違いない。

『木村蒹葭堂日記』の天明七年九月二十九日には「増田直治　孝治」、翌日の三十日には昼に薩州邸で増田直治・松村安之丞らに会い、「夜、増田直治来」とあって、江戸へ向かう途中、大坂の木村蒹葭堂のもとへ立ち寄っていることが確認できる。これに関連して、『木村蒹葭堂日記』天明七年五月十八日には「増田熊助が届物を持参した。」とあって、五月の段階で直治は大坂にいたと考えられる。「増田熊助」は直治と別人という可能性が皆無ではないが、同日条に「薩州徳田直右衛門」という人物が見えており、彼は、のちに述べるように、直治の親友と言うべき人物であったから、何らかの事情で、五月の段階で大坂に滞在しており、鹿児島に帰ったのち、九月、改めて重豪に従って江戸に向かう途中、木村蒹葭堂を訪ねたとすることができよう。

「墓誌銘」には、「滞在三、四年で、西（鹿児島）へ帰ろうとした時」とあるので、直治の江戸滞在は、その後三〜四年に及んだようであるが、この間直治はずっと江戸に居続けたわけではない。「墓誌銘」には、「その（大夫某君＝島津重豪）援助を受けて、奥羽の多くの名勝や蝦夷《えぞ》・靺鞨《まつじん》（靺鞨《まつかつ》で、アムール川下流域のことか）の地を踏んだ。これは、飢えた虎に肉を食わせるようなものであった。往往に石鏃・美しい玉・貝・錦・かわごろもなどを手に入れて、江戸に戻ってきた。」とあって、直治が島津重豪の支援を受けて、奥羽の諸景勝地や蝦夷・靺鞨に至ったことを記す。高山彦九郎の『筑紫日記』寛政四年（一七九二）三月二十六日条には、「（略）直治と酒を飲み、蝦夷の話に及んだ。」、四月五日には「（略）直治と酒を飲んだ。蝦夷の話に及んだ。」とあって、彦九郎が直治と酒を酌み交わすなかで蝦夷に関する話題に及んでいる。

鹿児島大学の丹羽謙治氏のご教示によれば、これに関連して、「薩遊紀行」（沖縄県公文書館岸秋正文庫。『史料編集所紀要』第三一号〈沖縄県教育委員会　二〇〇六年〉に、小野まさ子氏らによる「史料紹介」で翻刻され、解題が付されている）という史料に、別の興味深い記載がある。「薩遊紀行」は、ある熊本藩士が享和元年（一八〇一）四月二十二日に熊本を発ち、約一カ月の滞在の後五月三十日に麑府《げいふ》（鹿児島城下）を出発するまでの出来事を記した紀行文である。その五月二十七日に以下のような記事がある。

申時（午後四時頃）尾上（寺社方勤の尾上甚五左衛門）・芦谷（芦屋市蔵）氏に同道して、増田迂直（直治）を訪ねた。美酒と珍しい肴《さかな》がでた。

東鑑（吾妻鏡）に出てくる玉旗を見た。

蝦夷の磐石《ばんせき》（岩の薄い板）があった。大変美しい音色である。

江邨銷夏録《こうそんしようかろく》（書道の逸品を収録）　清の高士奇の著作

乾像図説《けんぞうずせつ》　御札西洋人の陽瑪若望《ようまじやくぼう》（アダム＝シャール〈一五九一～一六六六〉のことか）が著した学問書

内府全図　四套《とう》　毛利伊勢守様（豊後佐伯藩第八代藩主毛利高標〈一七五五～一八〇一〉のこと。天明元年〈一七八一〉に佐伯文庫を開設）の蔵より出たもの

迂直は、蝦夷より奥へ三〇里（約一二〇キロメートル）ほど行ってみたということ。ヱゾの風俗は剛強であって、また淳朴である。親子兄弟の別を正している。家居はない。ただ席（蓆《むしろ》）で上を仮に覆う土間である。（中略）松前（松前藩）の風俗は、鹿児島より淳朴質素である。居宅なども

粗末である。大変豊かな国ということである。

以上から、直治が、重豪の資金的援助の下に陸奥・蝦夷地へ出かけたことは、事実と考えて良い。

また『木村蒹葭堂日記』には、天明八年（一七八八）十月三日に「増田直治が江戸から帰ってきたという情報がきた。」、同四日に「薩摩邸に行き増田直治を訪問した。」、十月五日に「夜　増田直治」、同八日に「増田直治」、同十一日に「晩、増田直治」とあって、天明八年の十月、増田直治は、十日ほど大坂の薩摩藩邸に滞在し、木村蒹葭堂としばしば会っていたことが確認できる。

このように、天明七年（一七八七）に江戸に行き、鹿児島に帰るまでの三、四年の間に、増田直治は、江戸を拠点に蝦夷地や大坂など各地を飛び回っていたことがわかる。

増田直治の送別の宴

「墓誌銘」はさらに続けて、「すなわち江戸の貴游《きゆう》（上流社会の者）・風流（風流な趣味を解する人）・僧道（僧侶と道士）・布衣《ほい》（将軍に目見得《めみえ》できる人）・韋帯《いたい》の士（無官の士）など、直治を支援しない人はなく、交友関係を結んだ。」とあって、江戸の名士たちと交わったことが記されている。その中で具体的な名前が挙がっている者が、長島藩主増山雪斎《ましやませつさい》（正賢《まさかた》）である。「墓誌銘」は、次のように記している。

ある日、長島侯（伊勢長島藩主、増山雪斎）が直治のために送別の宴を別荘の松秀園で開催した時、二人の大名、官閥・子弟・若名・文学・書画の者たち十数人が同席し、酒盛りで交歓し、それぞれが得意とするところを披露した。詩・序・題字・跋言などがあった。あるいは山・水・花・鳥・人物など、興の赴くままに著した。迂直（直治）はまた、酔って筆を執り、文辞を滴《したた》るように著すこと数百言。筆は停ることなく辞賦の最後の章を綴《つづ》った。八韻の詩であって、同席していた者たちは驚いた。これは西園に集まった風雅な人々だけではなかった。そこで侯は、その巻をすべて迂直に与えた。迂直は大いに悦んで、表装して巨大な巻物を作り、これを優品作成の栄誉とした。

残念ながら、増山雪斎以外にこの直治送別の宴に参加した人々の具体的な名前は分からない。しかし、天明四年（一七八四）に雪斎が、江戸から大坂に帰る木村蒹葭堂のために開いた送別の宴に関する史料があるので、これを見ることで、推測することは可能であろう。水戸藩の儒学者でのちに『大日本史』の編纂所である彰考館の総裁になる立原翠軒《たちはらすいけん》の手記『見聞漫筆』には、「天明四年九月十三日、増山河内守殿の所で蒹葭堂の餞別の宴を開いた際、来会した人々」として、稲垣若狭守長門守嫡・朽木隠岐守伊予守嫡・千葉茂右衛門・国山五郎兵衛杵築儒官・首藤半十郎西条儒官・内田叔明渡辺文蔵兄・東江・汶嶺《ふんれい》・伊藤長秋立川柳川・宋紫石《そうしせき》・渡辺文蔵・吉田七五郎・橋本某長崎ノ人・浜村六蔵の名があげられている。

まず、増山雪斎（一七五四～一八一九）は、伊勢長島二万石の譜代大名で、南蘋派《なんぴんは》の花鳥画家として著名である。大坂より十時梅厓《とときばいがい》を藩儒に招き、藩校文礼館を創建し、また木村蒹葭堂の庇護者としても知られ、多くの大名とも文化的交流を行った。

稲垣若狭守長門守嫡は、稲垣長門守定計《さだかず》（近江山上《やまかみ》藩主、譜代一万三千石）の嫡男若狭守定淳のことで、稲垣定計の娘は増山雪斎の正妻であったから、雪斎の義理の弟にあたる人物である。他のメンバーについて、山口泰弘氏は、次のように述べている（「増山雪斎の中国趣味」（三重県立美術館『江戸の風流才子・増山雪斎展図録』）一九九三年）。

「朽木隠岐守」は丹波国福知山藩主朽木昌綱《くつきまさつな》（一七五〇～一八〇二）。前野良沢に師事して大槻玄沢らとともに蘭学を学び、玄沢の長崎遊学に際しては資金を給し、また彼の『蘭学階梯《かいてい》』に序文を書くなど、蘭癖《らんぺき》大名として知れわたっていた。杉田玄白・桂川甫周・司馬江漢ら蘭学者や洋風画家とも親しく、ことに長崎のオランダ商館長イザーク・ティツィングとは、しばしば蘭文の信書を交換するほどであったという。蒹葭堂とは気脈を通じる同好の人であり、漢学にも深い造詣があった。千葉茂右衛門（一七二七～九二）・内田叔明（一七三六～九六）はいずれも儒者であり詩人、国山五郎兵衛・首藤半十郎はそれぞれ杵築《きつき》藩・西条藩の藩儒。沢田東江（一七三二～九六）は、当時唐様の書の第一人者。朱子学を学び、篆刻《てんこく》にもたくみであり、戯作者としても知られた。芝田（柴田）汶嶺（一七五六～一八〇二）は、書家で東江の弟子。伊藤長秋（?～一七八七）も書家（柳川藩士ともいう。永山注）。浜村六蔵（蔵六）は、篆刻を家職とした浜村家の初代（?～一七九四）。宋紫石は南蘋派の画人、渡辺文蔵も漢画家、姫路侯邸で催された宴に加わっていた玄対である。内田叔明の実弟で、当夜は兄とともに招かれていた。

おそらく、直治の送別の宴にも、この場合と同等の参加者があったものと思われる。

さて、増田直治と増山雪斎には、どのような接点があったのだろうか。共通の知人という点で言えば、今あげた木村蒹葭堂もその候補とすることができ、また、十時梅厓や直治の後援者である島津重豪の可能性もある。

十時梅厓についてはすでに前節の『「孝女門記」と十時梅厓』の項であげておいたが、天明二年（一七八二）の段階で、伊勢長島藩の藩儒となっており、増田直治のことを「友人増君」とよぶ間柄であった。長島藩の藩儒十時梅厓が、将軍の岳父である島津重豪の後援を受けている友人の直治を、藩主増山雪斎に紹介するのは、きわめて自然なことであったと思われる。

また、後のことにはなるが、享和三年（一八〇三）に、島津重豪は、池田治政（前岡山藩主）、増山雪斎とともに、薩摩藩白金藩邸の向かいに位置する瑞聖寺《ずいしょうじ》（江戸における黄檗《おうばく》宗の中心寺院）を訪ねたことが知られており、両者の関係が、次項で述べるように直治の送別の宴が開かれた寛政二年（一七九〇）頃まで遡る可能性は充分にある。さらに全くの憶測ではあるが、木村蒹葭堂の送別の宴に出席した福知山藩主朽木昌綱は、重豪にとって蘭学の同志とも言ってよい存在であり、朽木が直治の送別の宴に出席していた可能性は充分に考えられる。

送別の宴が開かれた時期と場所

送別の宴はいつごろ、どこで開かれたのであろうか。増田直治は、天明七年（一七八七）九月に鹿児島を発って、十月に大坂を経由、遅くとも翌月には江戸に着いたと思われる。「墓誌銘」では三、四年後に鹿児島に帰るというから、鹿児島に帰った時期は寛政二〜三年（一八九〇〜九一）であろう。送別の宴の主催者である増山雪斎は、寛政元年（一七八九）八月より翌年七月まで大坂城加番となっており、江戸にはいなかった。大坂城加番とは、大坂城の警備のために置かれ、定員は四人で任期は一年であった。増山雪斎は、これ以前に三回加番を務めていた。さらに、寛政三年四月一日の時点で、雪斎が伊勢長島にいたことが、当時大坂から長島に居を移していた木村蒹葭堂の日記によって確認できる（水田紀久「木村蒹葭堂年譜」『水の中央に在り　木村蒹葭堂研究』岩波書店　二〇〇二年）。従って、長島藩主増山雪斎が、江戸の別荘松秀園で直治の送別の宴を開いたのは、寛政二年（一七九〇）八月〜翌年（一七九一）三月の可能性が高いと考えておきたい。

送別の宴が開かれた別荘松秀園についても見ておこう。松秀園がどこにあったかについて、水田紀久氏は、増山氏の上屋敷は今の千代田区に、中屋敷が巣鴨に、下屋敷が江東区にあったと述べている（「同床同机――増山雪斎侯と木村蒹葭堂」関西大学なにわ・大阪文化遺産学研究センター編『近世大坂の学芸』二〇〇七年）。戦前の論考では、八代洲河岸《やよすがし》（千代田区丸の内二丁目）の増山氏上屋敷に松秀園があったとするが（小澤圭次郎「明治庭園記」『明治園芸史』日本園芸研究会　一九一五年）、これは雪斎死後の文政年間以降のことであって、雪斎存命中の上屋敷は、外桜田御門外（千代田区霞が関一丁目）にあった。ただし、直治の送別の宴が開かれた松秀園は、別荘にあったというのであるから、上屋敷ではなかろう。下屋敷は、寛政十年以降が巣鴨であり、それまでは亀戸十間川《かめいどじつけんがわ》通にあった。したがって松秀園は、亀戸十間川通の下屋敷にあった可能性が高い。上屋敷・下屋敷が、それぞれ外桜田→八代洲河岸、亀戸十間川通→巣鴨へと移る中で、松秀園と名付けられた庭園が、下屋敷から上屋敷に移されたと考えておきたい。

ちなみに松秀園は、括嚢・石顛道人・長洲・巣丘山人・愚山・灌園・玉淵・雪旅などと並ぶ雪斎の号でもあり、雪斎には『松秀園書談』という書法に関する著作がある。あるいは、伊藤瓊山が、増山雪斎の号である松秀園を庭園の名称と誤認した可能性も皆無ではないが、その場合でも送別の宴が開かれた場所は別荘であるから、亀戸十間川通の下屋敷としてよい。

第五節　直治の学問

増田直治の蔵書

増田直治の学問について、さらに見てみていきたい。ここでは、学問の土台をなす蔵書について見てみていこう。「墓誌銘」には、蔵書に関して次のような記載がある。

天下の奇書を購入した。そのためたいへん蔵書に富んでおり、経史を除くの外、直治が集めたいろいろな書物は一万巻以上あった。それればかりでなく、殷《いん》の湯王の盤、孔子の鼎《かなえ》・岐山《きざん》の南の皷《こ》、泰山や鄒嶧《すうえき》や会稽《かいけい》の碑（秦の始皇帝が権力を誇示するため建てた七基の石碑のうち）、それから漢・魏・唐・宋以来の墨刻字帖と、彝器《いき》（宗廟に備える器物）・尊（酒樽）・斝《か》（殷代の儀式用の酒器）の銘記、下は古画・籀篆《ちゅうてん》（籀書・篆書、ともに書体のひとつ）・諸家に分隷する真本、天象《てんしょう》（天体現象）・地輿《ちよ》（大地）・夷蛮海外の図籍に及ぶ。徹底して探し求め、蒐集した。客が来ると、清らかな書斎に広げて見せ、談笑して憩いとした。

直治の蔵書は、一万巻以上であったとする。先に見ておいたように、高山彦九郎の『筑紫日記』寛政四年四月朔日には、「太閤秀吉の朝鮮侵攻の時に手に入れた朝鮮板（版）の詩経・書経・朱子実紀・唐音遺響などを実見した。増田家は蔵書として珍しい書物を多く蓄えている。」とあって、ここにいう「増田家蔵の書」は増田幸兵衛の蔵書でもあったと思われる。兄の幸兵衛も高い学識を持った人物であったから、ここに見える一万巻以上の蔵書は、当然兄から引き継いだ物も含んでいると考えられる。

増田直治の書籍への強い関心については、次のような史料もある。薩摩藩の記録奉行で『薩藩旧記雑録』等を編纂した伊地知季安《すえやす》（一七八二～一八六七）に、日本漢学史についてまとめた『漢学紀源』という代表的著作がある。その中で、長門出身の禅僧桂庵玄樹（一四二七～一五〇八）が、文明十年（一四七八）島津忠昌に招かれ、国老伊地知重貞（?～一五二七）の援助を受けて、同十三年に鹿児島で刊行した『大学章句』に関して、「実に、我が国で大学章句を出版したのは、これが嚆矢である。」と述べており、これに割り注で「今年、天保己亥（十年、一八三九）まで三六〇年を距てており、これは実に一紀に当たる。私季安は、次のようなことを聞いている。近く寛政年間（一七八九～一八〇〇）に、日州（日向国）志布志の市人（商人）赤池金右衛門という者が、この本を所蔵していた。これが、城下士徳田武中斎の手に渡り、武中斎から市人増田熊助（直治）

の手に渡り、熊助は、国老市田盛常に献上した。世に言う『伊地知板（版）大学』がこれである。私は、嘗て新納伯剛の伝手で、休暇をもらってこれを閲覧した。（下略）」とある。増田直治が書籍へ強い関心を持っていたことがよく知られていたために、『伊地知板大学』は直治の手元にもたらされたと考えられ、また、後で述べるように、薩摩藩家老市田盛常との緊密な関係の中で、これが献上されたと考えられる。

また、先に見た「薩遊紀行」にも興味深い記事がある。まず、五月二十六日に、熊本へ帰る準備を始めた記主のもとに、増田迂直（直治）が使いに持たせて琉人画・清人画・海馬雲片晦庵石摺を送ってきたとある。ということは、直治の手元にそうした書画などがあったことを示している。先述したように、二十七日には、直治の家で江邨銷夏録《こうそんしょうかろく》・乾像図説《けんぞうずせつ》・内府全図を見ている。

それから、この「薩遊紀行」には、増田直次・増田（苗字のみで、名を欠く）も登場する。五月四日には、直次の家を訪れ、ここで阿蘭抱酒、醍醐（牛乳）をはじめとする珍味を供されている。七日には、朝早くに増田氏を訪ね、少し話をしている。二十日には、直次宅を訪ね、明人の朱竹の絵を含む書画数帖を見た。主人（増田直次）は、明の陳勉の画山水、明の周徳の竹、明の張芳寂《じやく》の人物禽獣の画が、数帖の中で格別勝れていると言った。また、謝時臣《しやじしん》（明後期の文人画家）の自画自賛の絶品を見、日本歴代沿革の図や元明清書画人名録、書画一覧などを見た。また記主は、主人に印刻を依頼し、主人より銅印を賜った。翌二十一日にも、早くに増田氏を訪れ、元の趙孟《ちようも》頫《うふ》による龍興寺の碑の石摺、唐の柳公権・明末の張瑞図《ちょうずいと》・宋の黄庭堅《こうていけん》らの石刻を含む書画や石摺、地球蛮国図、翰香館法書《かんこうかんほうしょ》（一六七五年に清で成立した集帖）七巻などを見ている。直次の家が蔵書に富んでおり、またオランダの酒などを出していることからすると、迂直と直次は同一人物とも考えられる。増田直治の名、直治をナオハルと読むのか、ナオジと読むのか決め手に欠けるのであるが、ナオジと読めば「直次」に通ずるものがあり、ここに登場する増田直次は増田直治であると考えておきたい。

岡村敬二氏（『江戸の蔵書家たち』講談社選書メチエ　一九九六年）によれば、一八世紀になって出版の中心は上方から江戸に移り、出版が盛んになるにつれて、江戸を中心に書物を収集する蔵書家と呼ばれる人たちが現れるといい、文政十二年〜天保三年（一八二九〜三二）に江戸にいた伊勢神宮の権禰宜《ごんのねぎ》で国学者であった足代弘訓《あじろひろくに》の『伊勢の家苞《いえづと》』に見える江戸の蔵書家に関する記述を紹介している。それによれば、江戸で蔵書が一番多いのは、幕府の昌平坂学問所、次は浅草蔵前の札差守村次郎兵衛《ふださしもりむら》（和漢の書籍一〇万巻）で、次が阿波藩主蜂須賀治昭（蔵書六〜七万巻）、次が和学講談所を設立した塙保己一《はなわほきいち》（和書が六万巻ほど）、次が西久保在住の旗本朽木兵庫（三万余巻）、次が幕府の儒官古賀侗庵《どうあん》（古賀精里の子、一万余巻）、この他小山田与清《おやまだともきよ》（二万巻）、狩谷掖斎《かりやえきさい》らの名が挙がっている。岡村敬二氏は、それに屋代弘賢《やしろひろかた》の五万巻、岸本由豆流《ゆずる》の三万巻を追加しているが、このような江戸の蔵書家たちの中に、増田直治の蔵書一万余巻を位置づけてみる時、これよりも三十年近く前の段階でしかも江戸・大坂から遠く離れ、日本の一番南に位置する城下町鹿児島に、これだけの蔵書を有していることは、きわめて重要な意味を持っていると言えそうである。

増田直治の私塾養正堂

「墓誌銘」には、次のような記事がある。

あるいは、家に居て家塾をつくり、養正堂と名付けて、生徒を教授した。家塾に関心を示さなかった者もいたが、月を重ねるうちに近隣の人は大いにその徳に感化された。

多芸・多才で知られた増田直治は、家塾養正堂を拠点に教育活動に乗り出していた。それがいつごろであったかはわからないが、この記事は、増山雪斎による送別の宴の記事に続けて記されているから、江戸から鹿児島に戻った後のことであった可能性が高いとしておこう。高山彦九郎『筑紫日記』寛政四年三月二十五日には、鹿児島入りした彦九郎が、投宿先となる増田幸兵衛宅へ入ったあと、「弟直治、子永治、その他門生（門下生）と皆知り合いとなった。」とあるが、この「門生」は養正堂の門生であったと考えてよく、遅くとも寛政四年（一七九二）までには養正堂は成立していたと考えておく。

養正堂の門生になったのはどのような者だったのか。これも高山彦九郎『筑紫日記』にそのあたりをうかがわせる記事がある。彦九郎の増田幸兵衛宅への逗留は最終的に二カ月半に及び、一カ月ほどたつと彦九郎と増田家の人々との関係がぎくしゃくしてくる。この問題については、あとで改めて取り上げるが、その時期の記事に興味深いものがある。高山彦九郎『筑紫日記』寛政四年五月十六日には、「朝寝をした。増田孝兵衛が、袴を着けて出てきたので、私は起き上がって対応した。聖堂の学生が来ないなどという事があった。」、さらに五月十八日には、「直治がやって来て、聖堂の学生が（増田に）来ないように申し渡されたと強く主張した。」とある。これらの記事から見ると、養正堂の門生の中には、聖堂＝藩校である造士館の学生も含まれていたことがわかる。

図24　赤崎海門誕生地に建つ碑
（鹿児島市谷山中央）

造士館の学問

一八世紀前半、儒学の世界では、朱子学（程朱学）とそれに批判的な徂徠学が大きな勢力を持っていた。朱子学では、理を遵奉《じゅんぽう》することが至上の命題であり、一方、荻生徂徠は、礼学文雅の重要性を強調した。その後、徂徠の学は、政治を継承する経学派と、文学を継承する詩文派に分極化した。また、一八世紀後半には、特定の学派に固執しない折衷学や、文献的実証に徹する考証学の興隆が見られた。

安永二年（一七七三）、島津重豪によって鹿児島城下に聖堂が創設され、天明六年（一七八六）造士館と命名された。その学規には、「講書は四書五経小学近思録等の書を用い、註解は程朱の説（朱子学）を主とし、妄《みだ》りに異説を雑《まじ》え論じてはいけない。読書は経伝より始めて歴史百家の書に至らなければならない。とりわけ、不正の書を読んではいけない。」とあって、朱子学が基本とされた。

その初代教授は山本正誼《まさよし》（一七三四～一八〇八）であった。山本は、初め室鳩巣《むろきゅうそう》（一六五八～一七三四）門下の志賀登竜に学び、ついで鳩巣門下の河口静斎（一七〇三～五四）、伊藤潛斎（一六九九～一七六四）に師事した薩摩藩儒山田有雄（月洲・君豹、一七一六～六八）に学び、江戸で荻生徂徠門下の大内熊耳《ゆうじ》（一六九七～一七七六）に文章を学んだ。その学風は、朱子学と古文辞学の折衷的なものであったとされている。その後、物頭《ものがしら》用人格にいたり、湯之尾地頭となった。一度、教授の座を、赤崎海門に譲ったが、海門の死後、教授に復帰。文化四～五年（一八〇七～〇八）に、藩主斉宣による改革の中でいわゆる近思録派が実権を握ると、隠居に追い込まれ、失意のうちに亡くなることになった。著作としては、『島津国史』などがある。

第二代教授赤崎海門（貞幹、一七四二～一八〇五）は、谷山麓（鹿児島市谷山中央四丁目）に生まれ、薩摩藩儒山田月洲に朱子学を学んだ。その後肥後の藪孤山（士厚、一七三五～一八〇二）に三年間学び、鹿児島城下士となった。藪孤山は、宝暦五年（一七五五）に創設された熊本藩の藩校時習館の第二代教授であり、その学問は程朱学であるが（『新熊本市史　通史編　第四巻　近世Ⅱ』二〇〇三年）、岩波書店の日本思想体系では、その著作は『徂徠学派』に収録されている。海門は、天明三年（一七八三）に造士館の助教、世嗣斉宣の侍読、同八年現任のまま、御記録奉行となり、寛政五年（一七九三）に造士館物頭、同七年に教授、御側役格となった。この間幕府は、海門を官学昌平坂学問所に出講させた。創設間もない学問所は、学問所出身の教育者を育成できていなかったため、陪臣を出講させたのである。その回数は、仙台藩儒大槻平泉《へいせん》（一七七三～一八五〇）が六七回、鹿児島藩儒赤崎海門が三七回、安芸藩儒頼春水（一七四六～一八一六）が二八回、熊本藩儒辛島塩井《えんせい》（一七五五～一八三九）が二六回、仙台藩儒志村東嶼《とうしょ》（一七五二～一八〇二）が一三回となっている（眞壁仁『徳川後期の学問と政治』名古屋大学出版会　二〇〇七年）。海門は、和歌も能《よ》くし、文化二年に江戸に於いて病死した。

増田直治の学問

吉村迂斎の子孫にあたる吉村榮吉氏によれば、増田直治の長崎での師高松南陵は、言語学の研究者であり、徂徠学派の流れに位置付けられるという（「吉村迂斎をめぐる人々」『マリンフィールド株

式会社社史　第二編』一九七七年)。

さて、小島康敬氏の「儒学の社会化——政治改革と徂徠以後の儒学」(『日本の近世　第一三巻　儒学・国学・洋学』中央公論社　一九九三年)によれば、その後徂徠学派からは、多くの文人が簇生《そうせい》したという。これは、文学が道徳から解放されるという思潮に乗ったものであり、また経世論上の専門知識を生かすことのできない政治風土のもとで、私的な文学空間に関心が向かったためであったとされる。文人たちは、詩と酒を愛したといい、これは田沼時代という重商主義的政策がとられた時代の都市における社会現象と言えるほどのものであったという。

増田直治の「墓誌銘」には、「漢詩文を作ることを喜び、自ら一家の風格を成し、他の作風と列《なら》ぶことはなかった。」「感情を高ぶらせて大声が響き渡った。その豪放さはおおよそこのようなものであった。奇人というべきであり、また福人というべきである。」などとあり、直治も同時代の文人の類型に入れることができると言えそうである。

第六節　高山彦九郎と直治

高山彦九郎と増田家の関係悪化

寛政四年（一七九二）に高山彦九郎が薩摩藩にやって来た。彦九郎（一七四七〜九三）は、上野《こうずけ》（群馬県）の人で、少年の頃から勤王の志を持ち、京都に上って公家と交友し、諸藩をまわって勤王を説いた。『高山彦九郎日記』には、公家・学者などから庶民に至るまで五千人以上の人々が登場する。林子平・蒲生君平とともに寛政の三奇人と呼ばれた。

鹿児島に来た目的に関して、日記の中ではその片鱗も見受けられないが、光格天皇がその父閑院宮典仁《すけひと》親王に太上《だいじょう》天皇の尊号を与えることを求め、これに反対する幕府と朝廷が対立するという状況（いわゆる尊号一件）のなか、将軍の岳父となっている薩摩藩への働きかけのためであったと考えられている（三上卓『高山彦九郎』平凡社　一九四〇年）。薩摩藩側では、これへの対応に苦慮し、彦九郎は肥後と薩摩の国境に置かれた野間の関を三月五日に越えたが、三月二十日まで出水《いずみ》に留め置かれた。薩摩の藩校造士館の助教であった旧知の赤崎海門の口添えでようやく鹿児島城下にやってきた彦九郎の滞在先に、増田幸兵衛の屋敷が選ばれたということは、増田家が鹿児島城下でも有数の町家であり、なおかつ赤崎海門本人、および薩摩藩の中枢とも緊密な関係を持っていたからと考えられる。

三月二十五日より増田家に滞在した高山彦九郎は、薩摩藩の多くの人々と積極的に交友関係を結んでいった。『筑紫日記』四月十三日には船遊びを行い、山本正誼・赤崎海門・松村安之丞をはじめとする三十数名で島津久徴の別荘である明霞園《めいかえん》に遊んだ。明霞園は、藩主の別邸である大磯の仙巌園《せんがんえん》の近くにあった。鹿児島滞在一カ月に及ぶころから、彦九郎の動きがしだいに問題になってきたと思われる。以下、『筑紫日記』の記事を見ていこう。

四月二十二日に「私の薩遊来訪に関して、幸兵衛は今日教授（山本正誼）に呼び出されたということだ。」、四月二十四日には「明日の坊ノ津への出立も延期となった。孝兵衛が引き留めたからである。」、さらに五月三日には、「あるじ（幸兵衛）らは今日の出立を急ぐのを悦んでいない。（中略）増田氏が下僕を付けてきた。」とある。彦九郎は、このあと開聞岳・坊津《ぼうのつ》への小旅行に出発し、五月十日に帰着するのだが、翌日の日記には「元平・元武と別れて増田氏へ帰って宿泊した。私は、常平に向って増田の事を語るということがあった。」とある。

五月十三日には「円達が来て、客が来て直治が待っているというので帰ったところ、伊集院善次・本田半兵衛・徳田直右衛門が来ていて酒を飲んだ。直治は、失礼な言動をした。夜に永治が来て、学生の中に陥れるような言葉はなかったかと疑うようなことを述べた。私は、そんなことはないと言ったけれど、その後も長々と語っていた。私は、安心しなさいと言った。」とあり、さらに翌十四日にも「永治が迎えに来て増田氏へ帰って寝た。永治は今夜も言ってきた。近頃直治が来て言ってくることがあった。」とあって、彦九郎と増田家の人々との関係が険しくなっている様子をうかがうことができる。

五月十四日には、「赤崎（海門）より使いが来て、柁城《だじょう》（加治木島津家）の屋敷に入った。赤崎が出迎えた。私は、芝山持豊卿（一七四二〜一八一五、権大納言）の詠んだ歌の色紙二枚を錦水（島津久徴）に贈った。伊藤弥四郎（瓊山）・板生直人が応対した。錦水主人（久徴）は、礼に厚い人である。盃酒は、私が始まりであった。その後卓袱《しっぽく》が出た。」とあって、このあと久徴・海門・彦九郎・瓊山らの詩歌の交歓があった。

五月十五日には、「貞幹（赤崎海門）が語った。直治が来て、近頃、高山氏が毎朝出かけるのは何故だろうか、私どもに失礼が有るのではないか、と心配しているということを聞いてきたと言ったので、私は直治の事を語るに至った。」とあって、増田家側では彦九郎をもてあますようになっている。

翌十六日には、「朝寝をした。増田孝兵衛が、袴《はかま》を着けて出てきたので、私は起き上がって対応した。聖堂の学生が来ないなどと言うことがあった。私は、俗吏がそんなことを言っていたのを小耳に挟んでいると答えた。すると、孝兵衛は、赤崎へも訊くには及びませんなどと言って、律詩の対句を書いた。

停君未尽綈袍情　停りし君　未だ綈袍《ていほう》の情を尽くさず
唯耻人間交誼軽　唯だ耻《は》ず　人間の交誼の軽きを
不見浮雲変態色　見ず　浮雲　態色を変ずるを
暗澹時掩月明清　暗澹として時に掩《おお》ふ　月の明清たるを

（あなたに止宿していただいているのに、未だに厚い友情を持つに至っていません。ただ、人としての付き合いが軽いことを恥じるばかりです。浮き雲の形や色が変わっていくのが見えず、暗くてはっきりせず、時に明るく清らかな月を覆い隠すのです。）

上州の高山君へ　　熙が拝す。

歌も半分ほど詠んで止めた。虚偽は言うまでもない。山本教授を訪れ、田尻源左衛門の所も訪問した。帰ると、徳田直右衛門・芦谷市蔵が来た。宿舎（増田家）の失礼について語った。」とある。さらに十七日には「山下正助が来た。私の所へ通さなかった。表へ廻して隔てようとするかに見えた。先日の山本氏の時も同じであった。」とあって、彦九郎も、増田家の対応に不満を募らせていったようである。

直治と彦九郎の衝突

そして五月十八日には、直治と彦九郎はついに衝突する。同日の日記には、「これより以前、徳田直右衛門の所へ行って酒を飲んでいるところに、数度使いをよこして帰るように言ってきた。客を呼びつけるとは失礼である。用事があるのならばここに来なさいと言ったところ、直治がやって来て、聖堂の学生が（増田に）来ないように申し渡されたと強く主張した。私が答えるに、私は近々出立するし、この国に遊んでいる。聞かない方が良いし、またそんなことを言う者もいるものである。私は気にかけてはいない。そんなことを思っていては廻国はできない。他人のことより、あなたこそ私に対して失礼である。私は、この国にとって客人ではないか。そうであるのに失礼が甚だしい。私は、あなたのことを宿泊先の人ではあっても、儒学を学ぶ者として対応してきた。私の方からは失礼はなかったはずだ。あなたは、どんな恨みがあって私に対して失礼をするのだ、と言った。暫くして出て行った。私は、徳田氏に開聞岳への出立の際の次第を語って聞かせた。増田氏方へ帰り、夜に入って赤崎彦礼（海門）の所へ行った。吸物・素麺・酒が出た。直治が来たことを彦礼が語った。わたしは、「決して叱ってはいけない。聖堂学生に嫌われたなどと名誉を求める私欲から出たことである。決して叱ってはいけない」と彦礼へ言った。私が来たことについて賞誉があることを願うものであって、罰に似たようなことは無用にしてもらいたいと強くお願いして、夜半に及んで増田氏の所へ帰り、就寝した。」とある。

増田直治らは、高山彦九郎がいることによって、聖堂の学生が私塾養正堂に来なくなっていることを繰り返し問題にしている。

五月十九日には、「直治は市田勘解由の所へ行ったということだ。山本長蔵が私の所へ来た。書生に言うことがあった。」とある。五月二十一日には、「増田幸兵衛が、礼服を着てやって来て言った。私は遂に『愚なことだ』と言ったので、言い止んだ。」、演武館の見学後、田尻源左衛門方で酒を飲んでいると、「増田氏から迎えの下僕を寄越してきた。山本の勢（差し金）と見えた。増田氏へ帰った。」とあり、ここに見える山本とは、造士館教授山本正誼のことであろうから、彦九郎は、増田家の背後に薩摩藩中枢の意向があると考えるに至っている。

高山彦九郎『筑紫日記』五月二十二日には、「（前略）帰ると、幸兵衛が袴姿でやって来て、山本（正誼）・赤崎（海門）より、私に馳走料（餞別）一五貫を寄せられたことを告げた。その時徳田直右衛門が来て、自宅で申し上げたいことがあるというので、私は承諾した。（中略）徳田氏の家に入ると、山本・赤崎が私に対して申し訳ないと言っていた、また孝兵衛・直治ともに間違っていることを告げた。昨夜徳田氏も直治が叱責を受けた席に出ていたことを語った。」、このあと、彦九郎は白尾国柱の自宅を訪問している。

その翌日の二十三日には、「徳田直右衛門が来て、増田の事に関して両先生（山本正誼・赤崎貞幹）の名が出ないように、と言った。何で申しましょうか。語る暇もまたありませんと言った。」とあり、直治の親友とも言ってよい徳田直右衛門は、増田家の対応が藩の中枢とは無関係であることを、彦九郎に伝えようとしている。

先にも述べておいたように、高山彦九郎が薩摩藩に来た理由は、尊号一件に関して、薩摩藩への働きかけを行うためであったと考えられる。これは、島津重豪が将軍の岳父であったことと関わっているが、薩摩藩は、尊号一件から距離を置こうとしていたのではないだろうか。そのため、彦九郎が鹿児島に入ることは認めたものの、後述するように藩中枢と関わりの深い増田家に滞在させた。彦九郎に対して、ある程度の交際を許したが、藩校造士館の学生が彦九郎と接触することを抑制したことは充分に考えられる。造士館の学生が通って来ていることを名誉としている増田家にとって、彦九郎の存在はしだいに障害になってきていたと思われる。

図25　高山彦九郎墓（国史跡　福岡県久留米市遍照院）

高山彦九郎のその後

五月二十四日、高山彦九郎は、加治木領主島津久徴の使いから餞別を受け取り、多くの人々の見送りを受けて増田家を発ち、白尾国柱宅を訪れて、『神代山陵考』を贈られた。これが、『神代山陵考』の現存写本につながることは

2の章で述べたとおりである。その後、吉野を経由して、加治木に宿泊した。その夜は加治木郷士たちと酒を酌み交わし、翌日は鍼英館《いくえいかん》の学生たちと懇談した。ここで、鹿児島から見送りに来ていた増田永治らと分かれ、六月二日には高千穂峰に登って天逆矛を見た。

その後、都城、飫肥、宮崎、佐土原を経て、二十七日には法華岳に泊まり、翌日本庄を経て、高岡に泊まった。本庄に関する記載や、高岡郷士との交流については、1の章・2の章で述べたとおりである。この後、宮崎、佐土原、高鍋、延岡を経て、高千穂の神跡を訪ね、豊後竹田を経て、八月一日には熊本城下に至り、ここで『神代山陵考』を長瀬真幸が筆写したことについても、すでに述べた。

八月末から翌年五月までの日記は欠けており詳細は不明である。この間、豊後日田、佐伯、臼杵、中津を経て、寛政五年（一七九三）四月には豊後日田に戻ったが、五月には日田代官の不審を蒙って、日田を放逐された。宿主は手鎖の刑にあっており、彦九郎はしだいに身の危険を感じ始めたという。五月には久留米を中心に太宰府や博多を訪れ、十四日に藩主に従い鹿児島へ帰る途中の赤崎海門（禎幹）と話をし、二十七日に久留米で自刃した。

自刃の理由については明確でないが、赤崎海門から尊号一件での朝廷側の敗北（江戸に下った勅使が、寛政五年三月に幕府によって逼塞閉門を命じられた）の詳報を聞いたことが原因ではないかとされている（萩原進・千々石実編『高山彦九郎全集　第四巻』〈高山彦九郎遺稿刊行会　一九五四年〉の頭注）。

薩摩藩の中の増田直治

先に述べたように、増田直治は、島津重豪に従って江戸に行き、その援助を受けて蝦夷地にも渡っていた。このことから、直治は、薩摩藩の枢要と緊密な関係を持っていたと言える。高山彦九郎『筑紫日記』寛政四年五月十九日には、「直治が市田勘解由の所へ行ったということだ。」とあるが、市田盛常は島津重豪の側近であって、この日家老に再任されているから、直治が盛常のもとを訪ねたのも、これと関係があると思われ、先に述べた直治が「伊地知板大学」を市田に献上した件とともに、直治と藩中枢との関係はいっそう明らかとなる。市田盛常は、元々は大坂藩邸足軽の出自であるが、将軍徳川家斉の正室となった茂姫の母である側室お登勢の方の弟であり、お登勢の方は弟盛常を重豪に願って鹿児島藩家老とし、のち「一所持格」となった。

また、高山彦九郎『筑紫日記』には、直治と造士館教授山本正誼や助教赤崎海門とのつながりも見える。彼らも、薩摩藩の文教の中心人物であった。

具体的な姿はわからないが、薩摩藩にとって、長崎交易は重要な意味を持っていたから、その一翼を担っている増田家は、この面でも薩摩藩の枢要との関係を持っていたものと思われる。

第七節　直治の晩年

増田家の家業を担う直治

「墓誌銘」によれば、「増田直治の家族と家業」の項で述べておいたように、寛政五年・六年（一七九三・九四）ころより、世事にくたびれてしまった長兄に代わって、増田家の家業を担うことになった。この経営責任者の交替の背景には、増田家というより長崎での交易全般を取り巻く情勢の変化があると言えそうである。この点について、少し見ておこう。

まず、対オランダ貿易では、オランダとイギリスの対立が激化し、ヨーロッパ・アジアでオランダの勢力が著しく後退した時期に当たり、天明元年（一七八一）以降オランダ東インド会社が日本への船を欠航したり、来航しても一艘のみとなっていた。天明六年以降は、毎年二艘が来航し、貿易額も拡大していった。

対中国貿易では、天明三年に唐人屋敷がほぼ全焼し、大きな混乱を来したが、同五年に幕府は俵物会所を設置し、商品管理を強化し、抜け荷監視を強化して、幕府ができる限り貿易の利益を吸収する体制が整えられた。この年、通事頭取として唐通事の事実上の最高地位にあった林梅卿《ばいけい》が、町年寄末席兼長崎会所改役に任命された。すでに見たように、この翌年、梅卿の養子与一郎が薩摩藩江戸屋敷に召し抱えられたことは、このような梅卿の長崎における栄進とも関連があるのではないだろうか。

教科書的な理解によれば、老中田沼意次《おきつぐ》の政権は、重商主義的な政策の一環として長崎貿易を振興したとされており、田沼は、長崎奉行として自らの権力基盤に近い人物をあてている（鈴木康子「天明前期の長崎情勢と長崎奉行の特質」松方冬子編『日蘭関係史を読みとく　上巻』臨川書店　二〇一五年）。しかし、いわゆる貿易振興策は、幕府が利益を吸収するための貿易引き締め策であって、長崎の町の繁栄には繋がらず、流行病もこれに追い打ちをかけたとされている。

天明六年（一七八六）、一〇代将軍家治が死去すると、田沼意次は失脚していくことになり、翌七年には老中首座松平定信による寛政の改革が開始された。長崎では、田沼の強圧的な政策が緩和されることに対する期待が膨らんだが、定信は、三年間の倹約令を発し、天明八年からは本格的な抜荷行為と抜荷物の流通を厳しく取り締まり、寛政元年（一七八九）には長崎の地役人の再編に着手した。定信は、無用な贅沢品《ぜいたくひん》の輸入が有用な銅の国外流出を招いており、長崎を「日本の病の一ッ」として、このような抑圧的政策を相次いで打ち出した。寛政二年には定信の名で長崎奉行より長崎地役人・オランダ商館・唐人屋敷に対して「半減商売令」を出して、対オランダ・対中国貿易を大幅に縮小させていった。オランダ商館長の参府は、毎年であったものが四年に一度とされ、参府中の商館長と日本人との接触も厳しく制限されていった。また、「半減商売令」のオランダ人への通告に関わって、オランダ通詞の「誤訳」が問題となり、オランダ通詞九人が処分を受け、長崎における通詞の独占的立場が崩壊する発端となり、以後幕府は長崎貿易統制をより強化していくこととなった（イサベル・田中・ファンダーレン「オランダ通詞と「誤訳事件」――寛政の「半減商売令」をめぐって――」松方冬子編『日蘭関係史を読みとく　上巻』臨川書店　二〇一五年）。

以上のような、複雑な長崎情勢の中で、増田家を支えてきたのが、増田幸兵衛であった。寛政六年に五十歳を迎える幸兵衛は、「世事に倦《う》むを以て」、増田直治が代わって長崎に赴き、経営を担当し、高い業績をあげることになった。「墓誌銘」に、直治が「世事に通暁している」と記すのは、このような事情をうけてのものであろう。

しかし、これを以て増田家の当主が代わったとすることはできない。薩摩藩記録所に保管されていた文書の一覧である「御記録所調書并諸書附目安」（林匡「藩記録所の活動に関する一考察」科研基盤研究成果報告書『近世薩摩における大名文化の総合的研究』〈研究代表者　中山右尚　二〇〇三年〉）によれば、寛政九年（一七九七）二月の「下町年寄増田幸兵衛上町年寄立山三左衛門帯刀御免之儀町奉行より申出糺方被仰渡《ただしかたおおせわたされ》候ニ付町奉行所書抜一冊（下町年寄増田幸兵衛・上町年寄立山三左衛門に帯刀許可したいとの町奉行よりの申し出に対し、調査を命じられたため、町奉行所が作成した書抜一冊）」という記録の存在が知られ、寛政九年の段階で増田幸兵衛は、下町年寄を務めており、その功によって帯刀の許可が申請されていることがわかる（実際に許可されたかは不明）。したがって、長崎における家業の責任者は直治に交替したものの、鹿児島城下における増田家の代表は幸兵衛であったことがわかる。

一方、享和元年（一八〇一）に成立した『薩遊紀行』には、増田幸兵衛は登場しない。このころまでに、増田家の代表は迂直（直治）に交代していたと思われる。

最晩年の増田直治

「墓誌銘」は、増田直治の最晩年について次のように記している。

享和癸亥（三年、一八〇三）数カ月間病気にかかり、ほとんど起き上がることができなかった。しかし、医療が功を奏し、文化に改元された甲子年（一八〇四）再び長崎に行き、翌年の乙丑の年（一八〇五）には長崎にいた。夏に再び病気になり、薬で救うことができなかった。丙寅（一八〇六）の春三月十四日、病気のために、長崎の旅の宿で亡くなった。長崎の東、海雲山皓《こう》台禅寺聯燈院《だいぜんじれんとういん》に埋葬した。その年四月六日に、鹿児島城下南林寺の中の中本庵に遁《か》わり葬った。

増田直治は、享和三年ごろから体調を崩し、翌文化元年にいったん回復して長崎に赴いた。その年の九月には、日本への通商を求めるロシア使節レザノフの乗るナジェンダ号が長崎に来航し、その要求が拒絶されむなしく長崎を退去する翌年三月まで、長崎に滞在した。長崎の町は、この事件に騒然となったようであり、その後まもなく直治は再び病気となって、文化三年（一八〇六）三月十四日に、第二の故郷とでも言うべき長崎で亡くなった。

葬られた皓台寺は曹洞宗の寺で、聯燈院は、住持の墓を監護するために造られた塔頭《たっちゅう》であった。

図26　海雲山皓台寺（長崎市寺町）

図27　聯燈院跡

住持の墓は、風頭《かざがしら》公園（長崎市伊良林三丁目、標高一五〇メートル）のすぐ下にあり、直治の墓もこの近くに造られたと考えられる。

二十日余り後の四月六日、鹿児島城下の南林寺の中本庵という塔頭に改葬されたが、本項冒頭に掲げた『称名墓志』では、墓は「源舜庵の後ろにあり」「招魂墓《しょうこんばか》なり」とされていて、遺体・遺骨は長崎

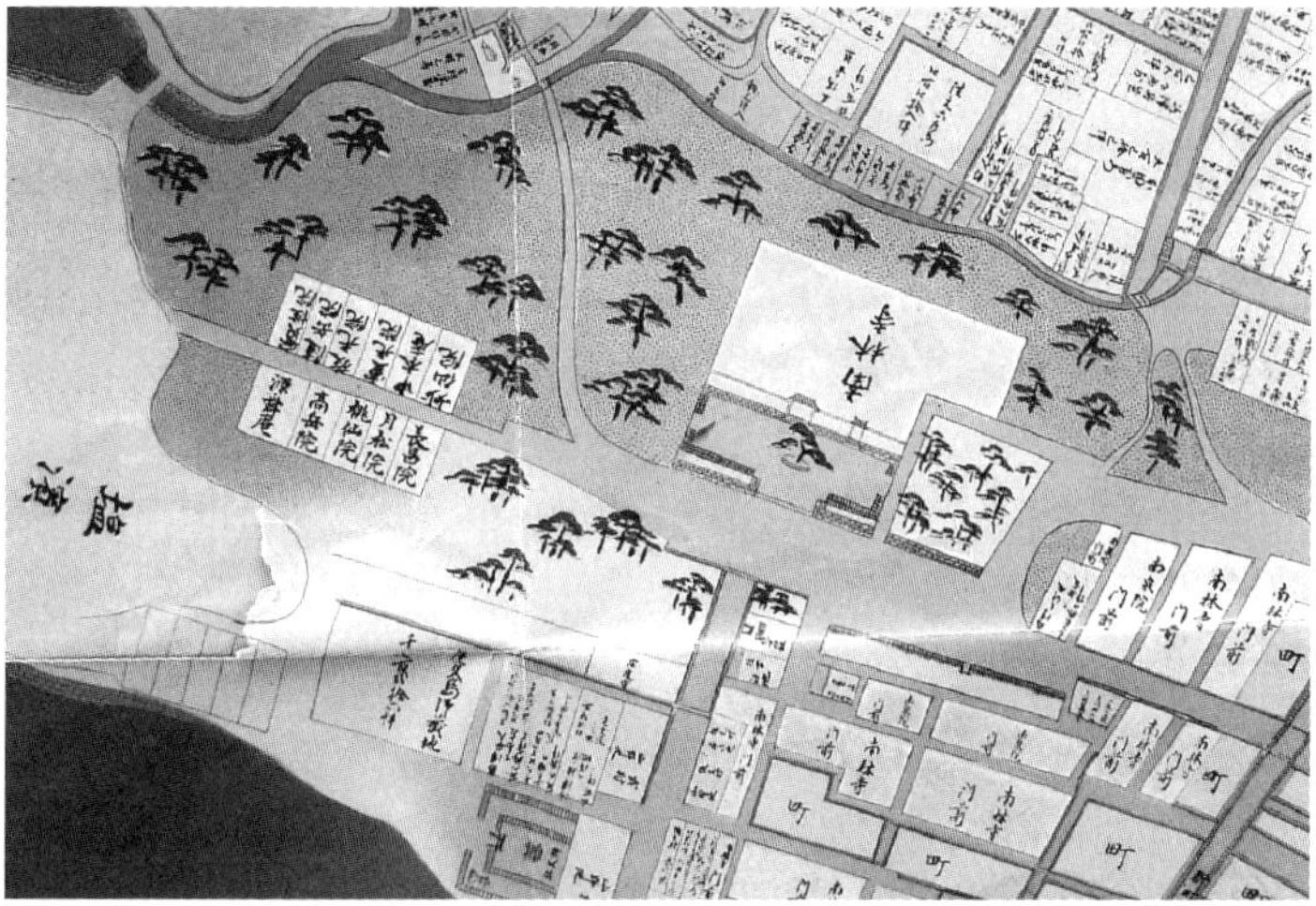

図28　鹿児島城下絵図（『薩藩沿革地図』より転載）

に置かれたままであったと考えられる。南林寺にはまず墓石が建てられ、三回忌にあわせて伊藤瓊山撰文による墓碑が建てられた。その位置は中本庵とは少し離れた源舜庵の後ろであった。図28のように源舜庵は、増田直治が堤を造った塩浜に一番近いから、あるいはこの場所が選ばれたのかもしれない。

先述したように、大正十一年（一九二二）、鹿児島市街地の拡大にともない一三万余基あった南林寺の墓は草牟田・興国寺・郡元などの墓地に移された。増田直治の子孫にあたる増田雍代氏の御教示によれば、昭和二十年代の段階で、直温の墓碑は、鹿児島市西千石町の増田家自宅の庭に置かれていたとのことであり、その後、草牟田墓地の増田家の墓所に移されたという。

さて、「墓誌銘」には「迂直（直治）は、重久氏の娘を配偶者としたが、子が無く、長兄の息子を養い、矩當を跡継ぎとした。今、彼は私（伊藤瓊山）について学んでおり、きちんと迂直の業を継承し、家名を保っている。迂直には立派な跡継ぎがいると言うべきである。」とあって、重久氏の娘と結婚したけれども、子がいなかったので、長兄幸次郎の子である矩當に嗣がせたとしている。現存する墓碑によれば、直治の父は満矩、次兄は盛矩で、「矩」を通字としていたことがわかる。『木村蒹葭堂日記』には、天明七年（一七八七）九月二十九日に「増田［直治　孝治］」とあって、蒹葭堂が増田直治・孝治と会っていることがわかるが、孝治は直治の親族であることは間違いないと思われる。また、高山彦九郎『筑紫日記』には、長兄幸次郎の子として永治という人物が登場し、しばしば直治と一緒に行動している。矩當が、孝治なのか永治なのか、あるいはそれ以外の人物なのか、今のところ決め手に欠ける状況である。

第八節　ふたたび「町田直治」と増田直治

以上長々と増田直治とその周辺について見てきた。従来ほとんど注目を浴びてこなかった人物であるが、その学識、多芸多才、蔵書、交友関係などから見て、薩摩藩の中でもかなり注目すべき人物であったと言える。

増田直治と伊藤瓊山・吉村迂斎・松村君紀（安之丞）は、長崎でともに学んだ間柄であり、伊藤瓊山・松村君紀はのちに薩摩藩で活動し、吉村迂斎は長崎にいて、瓊山やその主君である島津久徴のためにも活動している。薩摩藩のいわば長崎人脈の一端を垣間見ることができるのである。この点については、後でまた触れることにする。

さて、ここで改めて、本章の最初の問題に戻って考えてみよう。佐藤成裕『中陵漫録』には、佐藤に猪塚に関する情報を伝えた人物として、「町田直治」という人物が記されていた。彼は、島津重豪に献上された鎧の修理を命じられているから、重豪との関係があり、鎧の修理の技術を持っていた。また、「長崎にて熟友」とあるので、彼は長崎に活動拠点の一つをもっている人物としなければならない。

増田直治は、重豪をパトロンとし、「増田直治の多芸・多才」で述べたように多くの才能・技能を持っていたが、その中に「鋳工の技」が含まれていた。これは、金属加工の技術を意味するから、まさに鎧を修理する技術にあたる。また、先に述べたように『薩遊紀行』には、直治が記主のために銅印をつくった記事があり、これも金属加工の技術とすることができる。

増田家の家業は、長崎交易であり、直治は幼少期を長崎で過ごし、最終的には長崎で亡くなっている。佐藤成裕が長崎を訪れた寛政九年（一七九七）は、直治が兄から家業を引き継いだ三、四年後のことになる。そして、猪塚から出土した甲冑は島津重豪に献上されていたのであるから、重豪と増田直治の密接な関係からすると、この甲冑を直治が修理することはきわめて自然なことと考えられる。

すでに述べておいたように、佐藤成裕が、長崎において甲冑《かっちゅう》のことをマチダナオハルから聞き、『中陵漫録』がまとめられるまでに三〇年近くの歳月が流れていた。甲冑をめぐる記載にも多くの記憶違いが紛れ込んでいたように、「熟友」の名もマスダナオハルがマチダナオハルとなり、「増田」を島津氏の一門である「町田」に誤ったと考えることができると思う。

4の章

江戸で実見された出土品

第一節　江戸の人　森島中良

森島中良の『桂林漫録』

森島中良の随筆集Ⓔ『桂林漫録』には、猪塚で出土した甲冑についての記述があるが、まず、『国書人名辞典』（岩波書店）により森島中良について見ておこう。

森島中良　蘭学者・戯作者　初世森羅万象、二世風来山人、竹杖為軽《たけつえのすがる》　宝暦四年（一七五四）～文化七年（一八一〇）。桂川国訓《くにのり》次男。長兄甫周《ほしゅう》は『解体新書』翻訳のメンバー。経歴　江戸築地《つきじ》に生まれる。兄甫周に蘭学を学び、その業を助ける。蘭学者と親しく交流し、海外の知識・事情に通じ、オランダ語に習熟。寛政四年（一七九二）から同九年まで通詞石井庄助と共に磐城《いわき》白河藩主松平定信に仕えた。平賀源内に師事し、安永～寛政（一七七二～一八〇一）頃、滑稽本・洒落本《しゃれほん》・黄表紙・読本を数多く著し、狂歌も能くするなど、多彩な活動をした。弟子に七珍万宝（二世森羅万象）。

なお、初世風来山人は、エレキテルなどを発明したことで著名な本草学者・戯作者の平賀源内（一七二八〜八〇）である。

森島中良は、Ⓔ『桂林漫録』下巻の「古甲冑」で次のように記している（割注は【　】に入れた）。

寛政に改元された年の春、日向国の諸県郡六日町という所の弥右衛門という農夫が水田に水を引くため数尺の溝を掘り、一つの古い塚にぶつかった。穴は横向きに掘ってあった。棺の材はすでに朽ちていたのだろうか、一片の板も見えなかった。穴の四辺が赤かったというのは、棺に詰めた朱の色が残ったのであろう。穴の内に骸骨は無く、歯一枚、鑑三枚、刀身五把、鉄甲冑一具、玉数顆【俗に言うところの勾玉・管石と呼ばれる物の類である】、その他、遺物若干を得た。鑑は博古図に載せる四乳鑑であって【私は、絵に写し取って、私のものとした】純青であることは翡翠《ひすい》のようであった。鏡の背の花紋は髪の毛のように細く、細い線は少しもぼんやりしたものではない。刀は長短の差が有るだけで、反《そり》はない。土と銹《さび》が刀身を侵して、もとの形ではない。甲冑もまた、銹がひどく朽ちていて、全体の形を見ることができない。言い伝えとして、昔安徳天皇が、西海の難（壇之浦での平家滅亡のこと）をお避けになり、終にこの地で崩御された。その廟所を院社と称し、その陵墓を院塚という。【院は、院の御所の院である】物が換り星が移り（多くの年月が流れ）、いつしか陵の所在はわからなくなったが、この塚は、院ノ社を遠く離れてはいないので、これこそが疑いようもなく院ノ塚であって、どの出土品も天皇の御物であるはずだと、土地の人々が言っているということを記している。これらの品々は、すべてある殿様の秘蔵となったのだが、乙卯年（寛政七　一七九五年）の秋に、堂兄である堀素山の屋敷で、静甫、仏庵、牛山、春海らとともに熟覧することができた。静甫が言うには【函人。春田永年。字は静甫】、考えてみると、古代の甲冑は、鉄板を釘付け（鋲留のことか）にした物のことを聞いたことがない。南北朝の頃に至って、初めて鉄胴の名が出てくる。安徳天皇の時代から百年余後のことである。また、今に伝わっている古鎧から類推してみると、安徳天皇の時代の前二百年余りと、後百年余りの時期に、このような造りのものがあったということを聞いたことがない。鏡の古びた様子、刀の直刀の作り方は、千年以上過去の古い様子が自然に現れている。こうしたことからこれらの品々を見ると、安徳天皇の陵墓でないことは明らかである。続日本紀に、桓武天皇の延暦十年六月、命じて鉄甲三十領を諸国に下したとあるので、上古の武臣の冢であろうと言った。

江戸に運ばれた甲冑・刀・鏡・資料

Ⓔ『桂林漫録』の「古甲冑」によれば、猪塚で出土した甲冑・刀・鏡は、寛政七年（一七九五年）

の秋までに、江戸に運ばれていた。森島中良は、これらの品々を、堀素山の屋敷で、静甫、仏庵、牛山、春海とともに実見したのであるが、地元の言い伝えとして、出土した塚が安徳天皇の墓であるという情報を伝えている。また、玄室の中が赤かったことなども、この会合の場では紹介されていた。これからすると、出土品とともに出土状況を示す資料も江戸に運ばれていたとすることができそうである。

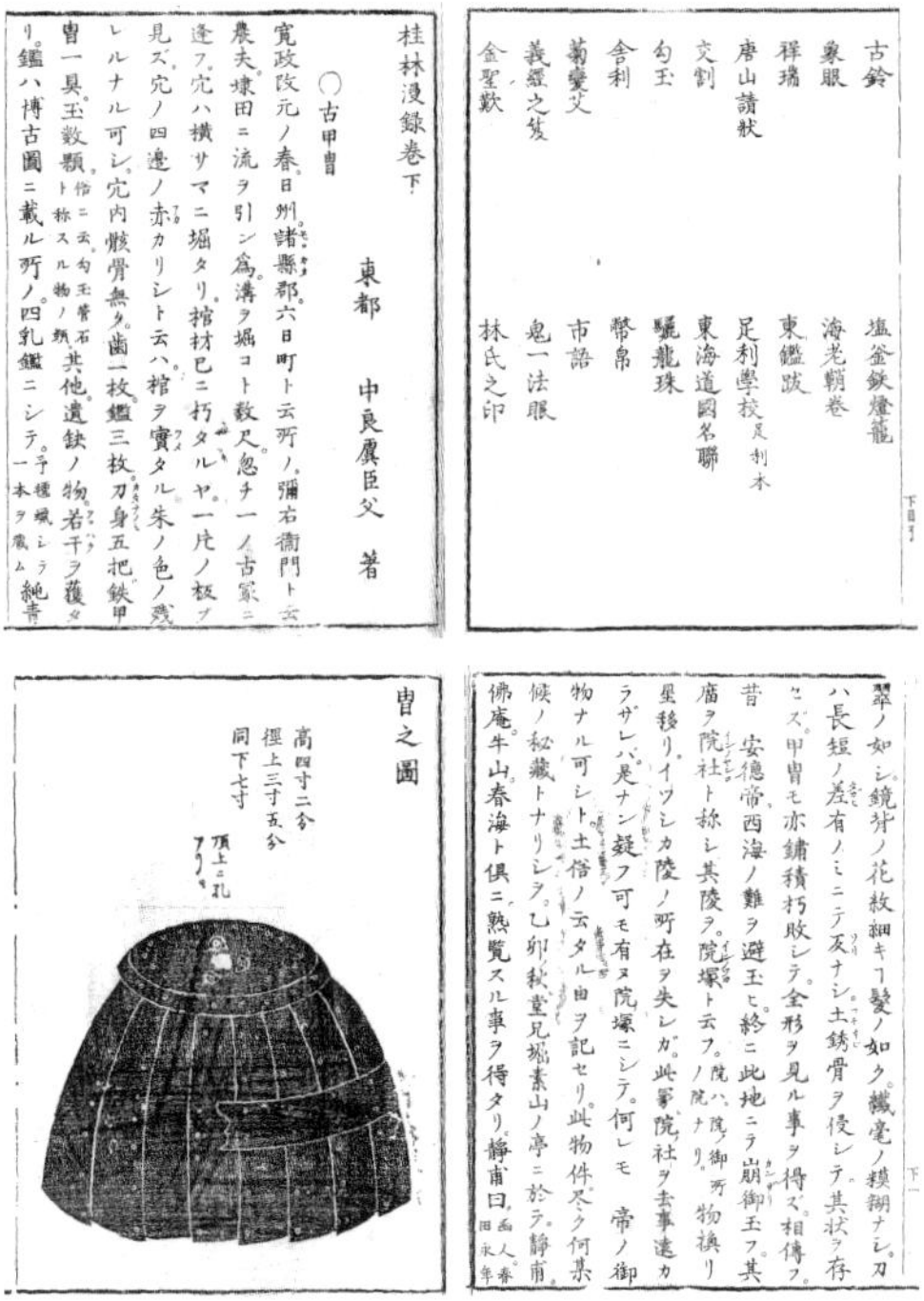
古鈴　塩釜鉄燈籠
象眼　海老鞘巻
祥瑞　東鑑跋
唐山請狀　足利學校（足利本）
交割　東海道國名聯
勾玉　驪龍珠
舍利　幣帛
菊蘗丈　市語
義經之笈　鬼一法眼
金聖歎　林氏之印

桂林漫録巻下
東都　中良虞臣父　著
○古甲冑
寛政改元ノ春。日州諸縣郡。六日町ト云所ノ。彌右衛門ト云農夫。墾田ニ流ヲ引ン爲。溝ヲ堀コト数尺。忽チ一ノ古冢ニ逢フ。穴ハ横サマニ堀タリ。棺材已ニ朽タルヤ。一片ノ板ヲ見ズ。穴ノ四邊ノ赤カリシト云ハ。棺ヲ實タル朱ノ色ノ残レルナル可シ。穴内骸骨無ク。歯一枚。鑑三枚。刀身五把。鉄甲冑一具。玉数顆。（俗ニ云。勾玉管石ト称スル物ノ類。）其他。遺鉄ノ物。若干ヲ獲タリ。鑑ハ博古圖ニ載ル所ノ。四乳鑑ニシテ。（予模搨シテ一本ヲ蔵ム）純青翠ノ如シ。鏡背ノ花紋細キコト髪ノ如ク。纖毫ノ糢糊ナシ。刀ハ長短ノ差有ノミニテ反ナシ。土銹骨ヲ侵シテ其状ヲ存セズ。甲冑モ亦鏽積朽敗シテ。全形ヲ見ル事ヲ得ズ。相傳フ。昔　安徳帝西海ノ難ヲ避玉ヒ。終ニ此地ニテ崩御玉フ。其廟ヲ院社ト称シ其陵ヲ。院塚ト云フ。（院ハ。院ノ御所ノ院ナリ。）物換リ星移リ。イツシカ陵ノ所在ヲ失シガ。此冢院社ヲ去事遠カラザレバ。是ナン疑フ可モ有ヌ院塚ニシテ。何レモ　帝ノ御物ナル可シト。土俗ノ云タル由ヲ記セリ。此物件尽ク何某候ノ秘藏トナリシヲ。乙卯ノ秋。堂兄堀素山ノ亭ニ於テ。静甫。（画人。春田永年）佛庵。牛山。春海ト倶ニ熟覧スル事ヲ得タリ。静甫曰。

冑之圖

図29　『桂林漫録』（享和３年版）

まず、その資料とは具体的に何であったのかについて考えていこう。

寛政七年段階でまとめられていた資料は、Ⓐ『日向国諸県掘出剣鉾冑及鏡図』、Ⓒ『日向国掘出品々図』、Ⓑ『日向諸県郡本庄村古墳発掘品図解』、Ⓓ白尾国柱『日向古墳備考』の四種であったが、ⒶとⒷは一体のものと考えられるので、三種類となる。Ⓔ『桂林漫録』には、①「穴の四辺の赤《アカ》かりし」とあって玄室が赤く塗られていたこと、②土地の者たちがこの塚を安徳天皇と結びつけて考えていることが記されている。先の三種類を見ると、①についてはⒸとⒹが、②についてはⒶ・Ⓑ、Ⓒ、Ⓓに記述されており、江戸に運ばれた可能性のあるものは、ⒸとⒹとなる。さらに②について、Ⓓは、この塚を安徳天皇の墓とする説を紹介するものの、最終的にはこの説は妥当でないとしている。さらにⒹは延暦六年の鉄甲に関する記事を引用しているから、これを見ていたなら、春田静甫の説をわざわざ紹介する意味はない。したがって、Ⓓは候補からはずさねばならない。このように考えれば、江戸に運ばれた資料はⒸ『日向国諸県郡本庄村古墳発掘品図解』の可能性が高い。刀剣の数について、Ⓔ『桂林漫録』は五本とするが、**表2**によれば、五本とするのはⒸ『日向国諸県郡本庄村古墳発掘品図解』だけである。

すでに述べておいたように、Ⓒ『日向国諸県郡本庄村古墳発掘品図解』は、薩摩藩が作成した猪塚の発掘に関するいわば公式な報告書であったから、出土品が江戸に運ばれる際、Ⓒあるいはこれの写しが関連資料として同時に運ばれたと考えることは、きわめて自然なことである。

なぜ実見が実現したのか

猪塚からの出土品は、島津重豪に献上されていた。江戸に運ばれていたとはいえ、これらを実見するためには、それなりの許可が必要だったはずである。実見が行われたのは、堀素山の邸であったから、①堀素山が、この実見を企画し、森島中良らを招いて実見させた、②森島中良ら実見した者の中に、島津重豪から許可を得ることのできる者がいて、この実見が実現した、という二つの可能性を考えることができる。ただし、②の場合でも、その実見の場として、堀素山邸が用いられていることは、重豪と素山との間にかなり密接な関係があったと考えなければならない。

①に関しては、あとまわしにして、ここではまず②の可能性について考えてみる。出席者の中では、森島中良が島津重豪とのつながりをもっていた可能性を考えることができる。

まず、島津重豪が天明五年（一七八五）に開いた将軍家治の右大臣昇格を祝う宴に、幕府奥医師桂川甫周を招き、享和二年（一八〇二）・文化元年（一八〇四）にも高輪邸に招いていることなどから、芳即正氏は『島津重豪』（吉川弘文館　人物叢書　一九八〇年）の中で、「甫周が高輪邸に出入りし、重豪に重用されて」おり、重豪は「早くから蘭方医桂川氏を重用しその蘭学知識を活用した」と述べている。重豪は、文化元年、紀伊徳川家の治宝《はるとみ》や水戸徳川家の治保《はるもり》ら十名の大名らが高輪《たかなわ》藩邸の名勝を詠んだ詩一〇編を記した「亀岡十勝詩碑」をつくっているが、その碑陰記は桂川甫周が著しており、こうしたことからも重豪と甫周との密接な関係をうかがうことができる（吉満庄司「島津重豪建立の『聚珍宝庫碑』・『亀岡十勝詩碑』について」二〇〇〇～二〇〇二年度科研研究報告書『近世薩摩における大名文化の総合的研究』研究代表者　中山右尚）。桂川甫周は、森島中良の実兄であったから、森島中良と島津重豪との繋がりがあった可能性が高い。

また、杉田玄白の弟子で『蘭学階梯』の著者として知られる大槻玄沢は、寛政六年（一七九四）閏十一月十一日に家塾の芝蘭堂《しらんどう》で、太陽暦の一月一日いわゆる「オランダ正月」の宴を開いた。この様子を描いた市川岳山の「芝蘭堂新元会図《しんげんかいず》」には、二九人の人物が描かれており、この中には森島中良が確認できる。戸沢行夫氏は、洋服を着け帽子をかぶって森島の右背後の椅子に座っている人物を島津重豪としている（『オランダ流御典医桂川家の世界――江戸芸苑の気運――』築地書館　一九九四年）。この説が妥当だとすれば、猪塚出土品の実見会が開かれた寛政七年（一七九五）の秋の約一年前にあたる

図30　「芝蘭堂新元会図」（早稲田大学図書館所蔵　重要文化財）

寛政六年（一七九四）閏十一月十一日の段階で、森島と島津重豪は学問的に密な繫がりを持っていたとしなければならない。

　さらに、森島がスケッチや収集した舶来の広告や包紙などを綴じた『惜字帖《せきじちょう》』には、オランウータンのスケッチが収められている（図31）。その説明文には、このオランウータンは、寛政十二年に「西印度アンゴラ」から来たものであり、「長崎ニテ死ス。全剝ノ物、薩州侯ニ在。（長崎で死んだ。その剝製は薩摩の殿様の所にある。）」と書かれている。甲冑の実見の五年後のことではあるが、森島は、重豪の所蔵品を写生できる関係性を持っていたことがわかる。

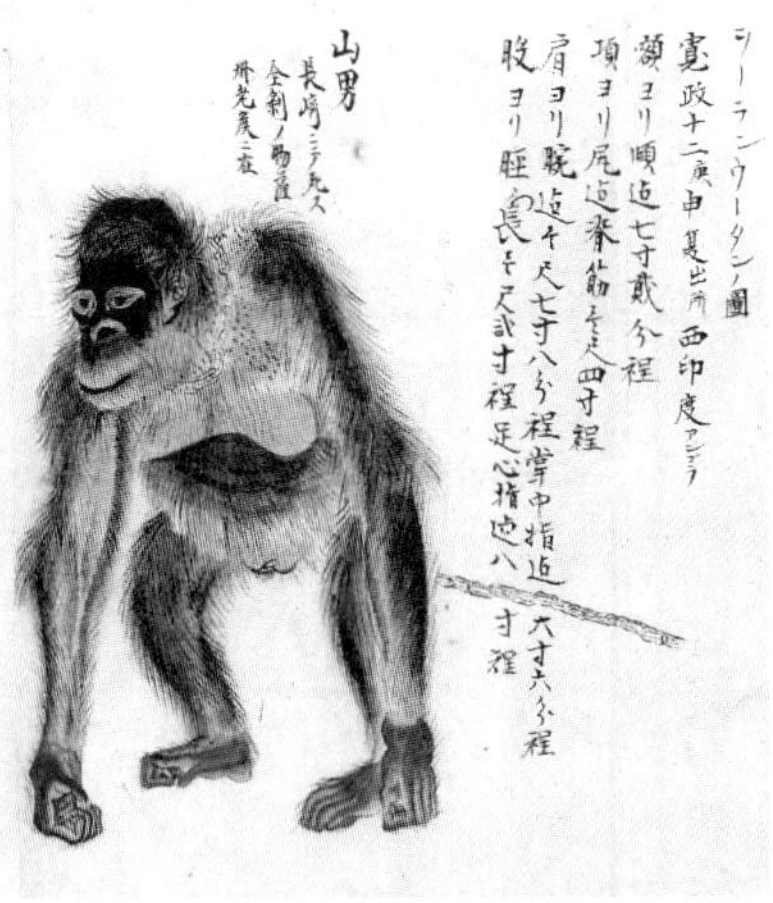

図31　『惜字帖』（早稲田大学図書館所蔵）

　一方、森島中良は、寛政六年前後の段階で白河藩（藩主松平定信）に仕えているから、この立場を利用した可能性も皆無ではないが、学問上の繫がりの方を評価しておきたい。

甲冑実見に同席した人々

Ⓔ『桂林漫録』によれば、堀素山の屋敷で、森島中良と同席したのは静甫《せいほ》、仏庵《ぶつあん》、牛山《ぎゅうざん》、春海《はるみ》の四人であった。この四人について見ておこう。静

甫、仏庵、春海の三人について、『国書人名辞典』（岩波書店）に次のような記載がある。

静甫＝春田永年　故実家。宝暦三年（一七五三）～寛政十二年（一八〇〇）　経歴　祖父が出府した宝永七年（一七一〇）以来幕府御用具足師。江戸麹町に住す。清水浜臣《しみずはまおみ》らに学んで甲冑の故実にも精通した。

仏庵＝中村仏庵　書家　宝暦元年（一七五一）～天保五年（一八三四）　経歴　江戸の人。神田松下町に屋敷を拝領し、幕府御畳方の棟梁を務めた。書を能くして梵字に妙を発揮し、仏像や骨董《こっとう》の蒐集家としても知られる。

春海＝村田春海　国学者・歌人。延享三年（一七四六）～文化八年（一八一一）　経歴　江戸日本橋小舟町の人。父（村田春道）・兄とともに賀茂真淵に入門して、古学を学ぶ。また服部白《はっとりはく》賁《ひ》・鵜殿士寧《うどのしねい》・皆川淇園《みながわきえん》に漢学を学ぶ。一時、公儀御連歌師阪昌周《ばんしょうしゅう》の家を嗣ぐが、兄春郷《はるさと》没後、実家の干鰯問屋に戻り家督を相続した。その後豪遊により家は倒産し、以後国学・歌学に精励して師匠となり、名声を得、やがて松平定信に召された。門下に小山田与清《おやまだともきよ》・清水浜臣ら。橘千蔭《たちばなちかげ》と共に古今調歌風江戸派の双璧とされた。

『桂林漫録』上巻「新撰字鏡」には、「今日机上に字鏡有るは、実に春海が賜なり。」とあって、森島中良と村田春海は、書物を贈り合う間柄であったことがわかる。
また、牛山について、森銑三「谷文晁《たにぶんちょう》伝の研究」(『森銑三著作集』第三巻　中央公論社　一九七一年)「村田春海」(同第七巻)によれば、

牛山＝箕田《みのだ》牛山　名は騰《とう》　字は世龍　通称は十右衛門で、書を善くし詩を作る。村田春海や谷文晁とも交流があった。

という。こうしてみると、この甲冑を見に集まったのは、当時江戸でも一流の文化人のグループであったことがわかる。

「古甲冑」の次に載せる「瓦偶人」には、「何年か前、毛利讃州侯の所で、日本中国の古くて珍しい物をお集めになった時、私も同席したのだが、この偶人(人物埴輪)の、腰より下が欠けた物を持ってきた人がいた。」とある。毛利讃州侯は、長門清末藩(長州藩の支藩)の第四代藩主毛利匡邦《まさくに》(一七六一〜一八三二)のことであると考えられる。また「古刀」の項には、「何年か前、北条鉉《げん》が、南部に帰省した時、彼の地の和賀《わが》郡北鬼柳《きたおにやなぎ》という所にある蝦夷の古墳を発掘して、古刀二振を得た人があった。土に埋もれて長い年月がたち、材質はすでに脆くなって使えなかった。鉉は、その刀を見、形をとって図を作った。私もそれを模写して一通を自分の物とした。原図を

縮小して左に掲載する。」とある。北条鉉（一七六五〜一八三八）は、陸中盛岡の人、江戸に出て下《した》谷御徒町《やおかちまち》に住んだ書家で、のちに永根伍石《ながねごせき》と名乗った。

このように、森島中良は、古器物に関心を持ち、機会を見つけて、江戸に運ばれてきた実物を見たり、あるいはその図面を収集していたことがわかる。近年、江戸時代後期の古器物に深い興味を持った人々である「好古家」に関する関心が高まっており、『近世の好古家たち――光圀・君平・貞幹・種信――』（國學院大學日本文化研究所編　雄山閣　二〇〇八年）という本も出版されている。

第二節　長崎の人　堀門十郎

堀素山とは誰か

Ⓔ『桂林漫録』によれば、森島中良とその同好の士が、猪塚出土の鏡や甲冑を見たのは、中良の「堂兄」である堀素山の邸であった。現時点で、堀素山という人物について、わかるところはほとんどないが、堀門十郎愛生の可能性が極めて高いと考えている。以下、これについて考えてみたい。

Ⓔ『桂林漫録』の内容から、堀素山の具体像を絞り込むための要素をあげると、まず、島津重豪に献上され江戸に運ばれた甲冑・鏡などを自邸に持ち込んでいることから、①薩摩藩の中枢ときわめて密接な関係を有していた人物であるということができる。

次に、②森島中良の「堂兄」であったという点が重要である。諸橋轍次『大漢和辞典』によれば、堂兄とは父方の従兄、父方の年上のいとこのことであるという。石上敏氏の『万象亭森島中良の文事』（翰林書房　一九九五年）は、父方のいとこで不詳としており、松平定信によって編纂が命じられた『寛政重修諸家譜』を見ると、森島中良の父である桂川国訓の兄弟に「堀」姓はおらず、また、その子どもたちにも「堀」姓を確認することはできない。

以上のように考えれば、堀素山の素性は不明とせざるを得ないが、「堂兄」について、父方の従兄、父方の年上のいとこ以外の可能性はないだろうか。「堂」には、「大きな建物、役所、学校、神社、仏閣」（角川書店『大字源』）という意味もあることから、「堂」の「兄」、すなわち学問上の「兄」＝先輩と考えてみたい。森島中良は、著名な蘭学者桂川甫周の弟であり、桂川甫粲《ほさん》とよばれる蘭学者でもあった。したがって、蘭学の面で、中良の先輩にあたる人物の中から堀素山に行き着くことができるのではないかと考える。こう考えると、有力な候補者として、堀門十郎愛生という人物に行き当たる。

長崎通詞堀門十郎

堀門十郎は、宝暦三年（一七五三）長崎の蘭通詞（オランダ語通訳）の家に生まれた。同二年生まれの伊藤瓊山（世粛）、翌三年生まれの増田直治と同世代と言える。長崎で、彼らと顔見知りであった可能性が高い。また、門十郎は、宝暦四年生まれの中良の一歳年上に当たり、天明三年（一七八三）と同七年には年番小通詞として、寛政元年（一七八九）年には年番大通詞として江戸に上っている（片桐一男・服部匡延校訂『年番阿蘭陀通詞史料』近藤出版社一九七七年）。こうした状況の中で、蘭学に興味を持つ大名たちとの関係も生じていたと考えられる。

天明八年（一七八八）には江戸に滞在していたオランダ商館長のもとに諸大名の代理人が訪問し挨拶に来たが、島津重豪本人の訪問は二度にわたって中止された。これは、幕府の監視強化によるものであり、翌寛政元年には松平定信による改革（いわゆる寛政の改革）の中で、大名・通詞・使用人もオランダ人宿を訪問することを禁止された。かつて毎晩のように商館長を訪ねた蘭癖大名として知られる福知山藩主朽木昌綱《くつきまさつな》や幕府御殿医桂川甫周ですら危険を察して使いすらよこさない状況であったという（横山伊徳「一七八九年〈寛政元年〉概観」同編『オランダ商館長の見た日本』吉川弘文館　二〇〇五年）。

以上から、堀門十郎と桂川甫周とは当然面識があったと考えられ、門十郎と甫周の弟であり蘭学者でもあった森島中良も面識があった可能性が高い。

寛政元年（一七八九）、門十郎は、同僚の密告により年番大通詞を解雇されることになった。同年十一月二十三日付の前オランダ商館長ティツィング宛の堀門十郎書簡によれば、その三年以前に門十郎は、何人かを飛び越える形で大通詞に任命され、長崎奉行や商館長の信任が厚く、たいていの命令を門十郎だけに出したため、数人の通詞に嫉妬され、また商館長のちょっとした要望により、会社（商館）の取引に若干の助けをしたことについて、高価な贈物を得たと奉行に密告されて、解任されたという。

島津重豪と堀門十郎

話を元に戻し、①の面から堀門十郎について見てみよう。門十郎とオランダ商館長をつとめたティツィングの往復書簡（横山伊徳編前掲書所収）の中には、次のような門十郎と薩摩侯との関係をうかがい知ることのできるものがある。

一七九三年（寛政五）六月十日付　ティツィングの堀門十郎宛書簡

（前略）私は、薩摩の領主のところで、あなたが現在満足のいく待遇を受けていると期待したいのです。かくも好奇心旺盛で有能な領主は、あなたの価値を奉行所より良く理解することができるでしょう。私はいつも彼の親切と友情を思い出します。機会があれば私の尊敬の念を保証しておいてください。（下略）

ティツィングは、一七四四年頃オランダのアムステルダムに生まれ、一七六六年オランダ東インド会社に入った。七九〜八〇年、八一〜八三年、八四年の三回長崎オランダ商館長をつとめた。大名・蘭学者・通詞との交流が深く、離任後も書簡のやりとりを続け、九六年に退職。一八一二年に亡くなった。ここに見える「薩摩の領主」は、「私はいつも彼の親切と友情を思い出します」

という記述から、島津重豪であることが明らかである。

寛政五年（一七九三）十一月五日付　堀門十郎のティツィング宛書簡

（前略）私は、この三年の間に二回、薩摩の領主のもとに行っていましたが、今回また、和暦二月九日に長崎から出発し、和暦五月の末日にふたたび自分の家に戻りました。かの地で私は何回も領主に伺候し、彼との話の中で何回も閣下について聞かれました。最後に彼は私に、オランダ語を教授し、またオランダ語の本を何冊か翻訳させるために、私を彼の家臣とし、相応に待遇したいとおっしゃいました（閣下もご存じの天文家とか人形とかよばれていた安之丞という名の者、彼はこの領主の家臣となりましたが、今はすでに亡くなっています）。しかし、私はそれに対して、私の両親が離れることを望んでいないので、私は長崎に住みたいのです、と丁重に謝絶しました。それに対し彼は私を許し、私に五〇〇両すなわち三〇〇〇テールを旅費として贈与し、彼の閣下が私を呼んだ時にはすぐ、江戸あるいは薩摩に来るようにと命じたのです。わたしはこのようなことをすぐに受諾しました。

これによれば、門十郎は、年番通詞を解雇されて間もなく、薩摩侯からの誘いを受けているように思える。一七九三年六月十日付ティツィングの堀門十郎宛書簡は、前年にあたる寛政四年

（一七九二）和暦九月二十一日付門十郎のティツィング宛書簡への返事になっており、寛政四年九月の段階で門十郎は薩摩の領主のところで、「満足のいく待遇」を得られる可能性をティツィングに伝えていた。門十郎は、寛政五年の二～五月に薩摩を訪れ、何度も領主に伺候したと書いているが、『鹿児島県史料　薩藩旧記雑録追録　七』（鹿児島県　一九七六年）を見ると、島津重豪は四年十月～五年九月にかけて鹿児島に滞在しており、藩主斉宣は四年五月に鹿児島を発ち五年六月に鹿児島に戻ってくるから、門十郎が何回も伺候した領主とは島津重豪であったことがわかる。

堀門十郎は、寛政四年に江戸に行く途中京都の辻蘭室のもとに立ち寄っている。これは、島津重豪の『成形図説』編集のため江戸に喚《よ》ばれたもので、約一カ月京都に滞在し、門十郎は蘭室にオランダ語を教授した（山本四郎「辻蘭室伝研究」有坂隆道編『日本洋学史の研究』創元社　一九六八年）。寛政五年十一月五日付の書簡では、このあと京都のパンカド（糸宿老）として京都→江戸→日光をまわって翌年四月頃に長崎に戻ると記していた。江戸を訪れた時、門十郎が島津重豪を訪問した可能性は極めて高いと考えられる。

その後門十郎は、寛政九年（一七九七）冬江戸に出て、十二月一日馬廻一代小番として薩摩藩に正式に仕えることになり、愛生を静衛と改めた。同十二（一八〇〇）年閏四月三日、御小納戸格として鹿児島城下に宅地を与えられ、享和三年（一八〇三）正月十一日御小納戸頭取格となった。この年藩命により長崎に至ったが、翌年十一月二十三日に没した。この間、島津重豪は、曾槃・

白尾国柱らに命じて『成形図説』を編纂させており、文化元年（一八〇四）十一月、薩摩藩板（版）として三〇巻三〇冊が江戸で刊行された。これに、載せられたオランダ語の名称を堀門十郎愛生が担当している。

以上見てきたように、堀門十郎という人物は、①②の条件を満たしている。今のところ、堀素山の最も有力な候補としては、堀門十郎をあげることができる。

図32　長崎市大音寺にある堀門十郎の墓
（手前右から二番目）

堀家のその後

門十郎は、オランダ稽古通詞であった長男儀三郎をともなって薩摩に移り、儀三郎が門十郎の後を継いだ。薩摩藩の史料では、堀殿衛として見え、文化十四年（一八一七）～文政十三年（一八三〇）まで川辺郷地頭を務めた。また薩摩堀家に伝わる史料では、勘定奉行を務めたともいう。一方、長崎の堀家は、次男の儀左衛門政信（一七九三～一八五六）が継いだが、シーボルト事件に連座し、蘭通詞を解職された。

シーボルト事件とは、鳴滝塾を開いていたオランダ商館医師シーボルト（一七九六〜一八六六、一八二三年来日）が、文政十一年（一八二八）に任期を終えて帰国する際、禁制品の日本地図（いわゆる伊能図）などを国外に持ち出そうとしていることが発覚し、翌年贈り主の幕府天文方高橋景保ら十数名が処分され、シーボルトは国外追放、再渡航禁止の処分を受けた事件である。

蘭通詞中山作三郎武徳の五男で、政信の長女と結婚し堀家を継いだ達之助（一八二三〜九四）は、アメリカ使節ビッドルやペリーの応接役を務め、「英学」に先駆的な業績を残した。達之助の次男荘十郎孝之（一八四四〜一九一二）は、薩摩藩士となり、一八六五年には薩摩藩英国留学生の一員として渡欧、のちに『薩摩辞書』編纂の中心となった。（堀孝彦「堀家の系譜」『英学と堀達之助』雄松堂出版　二〇〇一年）

島津重豪と蘭通詞・松村安之丞

亀井南冥の『南游紀行』安永四年（一七七五）九月十四日の記事には、南冥が増田幸兵衛とともに妙谷禅寺に出かけ、待ち合わせていた相良氏が「今邨《いまむら》某を連れてきた。某はもと長崎の商人。私とは詩を通じて知り合いであった。かつて、薩摩侯が帰国の途中回り道をして長崎を訪れた。某の父はオランダ語の通詞であって、薩摩侯から大事にされた。そこで、その子を薩摩侯に仕えさせ、禄を得た。」とあって、この今郁某は今村政十郎のことであろうと考えられる。明和八年（一七七一）四月に阿蘭陀《オランダ》大通詞今村源右衛門が提出した由緒書には「一　同（倅《せがれ》のこと）松平薩摩守様（島津重豪のこと）家中、薩州へ引越しそこにおります　今村政十郎」とあり、源右衛門の妻に関しても「一　妻　松平薩摩守用達をつとめております　服部政太郎」の娘であった（「阿蘭陀通詞由緒書」『長崎県史　資料編第四』一九六五年）。島津重豪が参勤交代の帰途に長崎を訪れたのは、明和八年七月であり、長崎滞在は二十三日に及んだ。この間にオランダ商館を訪れ、オランダ船にも乗船した。「由緒書」は四月に書かれているから、重豪が長崎を訪れる前の段階で、今村政十郎は薩摩藩に仕えていることになり、この前後今村源右衛門は、しばしば年番通詞としてオランダ商館長の江戸参府に同行しているから、これを通じて重豪と今村家の関係が生まれていったと考えることもできそうである。

さて、芳即正氏の「島津重豪に仕えたオランダ通詞松村元綱」（『鹿大史学』二四号　一九七六年）によれば、重豪に仕えていた蘭通詞松村安之丞（元綱・君紀）の薩摩への仕官の時期は天明元年（一七八一）前後のことで、同二、四年ごろ江戸に行ったようである。当時、島津重豪は、『成形図説』の前身に当たる『成形実録』の編纂をスタートさせて、寛政三年（一七九一）に安之丞は江戸におり、同五年ごろに鹿児島に戻った。図解を用いた『成形図説』への改編が企図され、本草学・オランダ語に精通した松村安之丞、中国語に精通した向井友章、中国語・医学に精通した曾槃により、事業が進められていったようである。安之丞は、吉村迂斎・伊藤璵山とともに高階暘谷に学んでおり、その生年はわからないが、寛延二年（一七四九）生まれの吉村迂斎、宝暦二年（一七五二）生まれの伊藤璵山よりも、いくらか年長であったようだ。父利兵衛永精は、長州藩長崎屋敷御用達となり、安之丞は長子として長崎新町の藩邸に誕生したといい、吉村迂斎と似た出自を持つ。すでに述べたように、安之丞は、オランダ通詞の時代の安永七年（一七七八）に長崎で木村蒹葭堂と会っていたが、『木村蒹葭堂日記』によれば、天明六〜九年にかけて、毎年大坂で木村蒹葭堂と会っており、おそらくは江戸と薩摩の間をしばしば移動したのであろう。

高山彦九郎『筑紫日記』には安之丞が四回登場し、その内の一回（寛政四年五月二十三日）は彦九郎自身が鍛冶屋町にあった安之丞宅を訪ねたものであった。また、向井友章『滄浪遺稿』によれば、寛政五年（一七九三）に安之丞が、薩摩侯の田布施巡行に同行して、金峰山に登っていることがわかる。これは、同年一月重豪が、三男の雄五郎とともに金峰山に登った時のことである。

堀門十郎の子孫にあたる堀孝彦氏は、門十郎は松村安之丞の後任として薩摩に招聘《しょうへい》されたものと考えている（『英学と堀達之助』雄松堂出版　二〇〇一年）。安之丞は、重豪の田布施巡行に従った寛政五年一月以降、堀門十郎が手紙でティツィングに死去を伝えた九月までの間に亡くなったのであったが、すでに見ておいたように、堀門十郎がティツィングに対して薩摩の領主のところで「満足のいく待遇」が得られる可能性を伝えたのは、寛政四年九月のことであった。寛政五年十一月までの三年間に門十郎は三回薩摩に出かけており、寛政五年の三年前すなわち同二年は、松村安之丞が十分に活躍していた時期に当たる。したがって、安之丞の後任として門十郎が招聘された可能性を完全に否定し去ることはできないが、薩摩藩が、安之丞に加えて堀門十郎も招聘しようとしたものの、それが実現する前に安之丞が死んでしまったと考えた方がよいのではないかと思う。

薩摩藩と長崎

ティツィング著『日本風俗図誌』（死後の一八二二年にロンドンで刊行、『新異国叢書第Ⅰ輯　第七巻』雄松堂書店　一九七〇年）には、

われわれの通詞のうちには、シナ・日本の歴史に非常によく通じている者も幾人かいる。その中でもっともこの点で優れている者は吉雄幸作・名村元次郎、楢林重兵衛・楢林善兵衛、西吉郎兵衛、堀門十郎、松村安之丞であるが、松村は、私が日本を出発するときには薩摩藩主（島津重豪）のお抱え学者となっていた。私は、彼らが私の研究を助けてくれたその親切に対する感謝の心から、その名前をここに掲げるのである。私の日本滞在中、江戸や京都、大坂の優れた日本人のうちには、何人か熱心にオランダ語を研究し、オランダの書物を読む人がいた。

すなわち、現在の薩摩藩主に当たる将軍の義父は、その手紙の中で、第三者に秘密にしようと思うことを書く場合には、オランダ語の文字を用いた。丹波藩主（朽木昌綱）や将軍の侍医桂川甫周、若狭藩主の侍医中川淳庵、その他の人々の驚くべき上達ぶりは、バタビア（インドネシア・ジャカルタの旧名）で生まれ、同地のオランダ人の間で育った多くのポルトガル人よりも明瞭にオランダ語を話したほどである。オランダ人が江戸に滞在する期間は非常に短いことを考えると、このような進歩と上達はまったく驚嘆と称賛のほかはない。上に挙げた日本人と通信する特権、また彼らの返信を訂正して、しかも幕府の手で開封されないで送り届けてやる特権は、名奉行丹後守様（久世広民、長崎奉行在任は一七七五～八三年）の特別の好意から許されたものであって、日本人がオランダ語を学ぶうえに少なからぬ便宜を与えたものであった。

とある。最も優れたオランダ通詞吉雄幸作・名村元次郎、楢林重兵衛・楢林善兵衛、西吉郎兵衛、堀門十郎、松村安之丞の七人のうち、楢林重兵衛は、一七八八年「薩摩の領主から、彼のために珍奇の品を買い入れるべく小判五〇〇枚を受け取」る関係にあり（一七八九年六月二十一日付ティツィング宛シャッセー書翰。重兵衛は、家を建てたり花街に通って、この金を費やしたために、悲惨な状況にあることを伝えている。横山伊徳編前掲書所収）、堀門十郎、松村安之丞の二人は薩摩藩士となっている。このほかにも、今村源右衛門の子政十郎が、薩摩藩士となっていた。

また、唐通事について、先に天明六年（一七八六）通詞頭取の林梅卿《ばいけい》の養子与一郎が、江戸の薩摩藩邸に抱えられたことを述べておいたが、同八年に与一郎は、鹿児島城下に屋敷地を与えられて、鹿児島で生活することになった。

天明五年、嫡男林三郎太梅皐《ばいこう》に先立たれた梅卿は、梅皐の長男百十郎に名跡を継がせ、翌年に職を退き、百十郎がわずか十四歳で長崎宿老見習いという職についた。百十郎は、享和二年（一八〇二）の段階でも長崎宿老見習いであったことが確認でき、その後、市兵衛昌風《まさかぜ》と改名した。そして、文化十年（一八一三）には、十五歳で亡くなった昌風の嫡子百十郎昌俊《まさとし》の墓を鹿児島城下の寿国寺山中に建てており、昌風が鹿児島に居を移していることが確認できる。なお、寿国寺は、黄檗宗《おうばくしゅう》の巨刹で、現在の鹿児島市武二丁目に所在したが、廃仏毀釈で廃寺となった。

昌風は、すでに薩摩藩士となっていた与一郎包教《かねのり》の名跡を継ぐかたちで鹿児島に移ったと考えられている。昌風の次男彦十郎は、長崎で唐通事の游龍《ゆりゅう》家を継いで、後に大通事になり、長崎の林家はその子道三郎が継いだ。一方、鹿児島の林家では、天保八年（一八三七）に昌風が死去すると、跡継ぎがいなかったため、嘉永三年（一八五〇）に鹿児島にやって来た游龍彦十郎が奔走して、薩摩藩士今村競（政十郎が改名したもの）の孫ですでに林家に養子に入っていた弁之助の名跡継承を藩に認めてもらい、弁之助は林小十郎と名乗ることになる。游龍彦十郎は、嘉永四年に鹿児島林家の人々の名を刻んだ墓碑を長崎皓台寺に建て、子孫たちに香花の便宜をはかった（林

図33　薩摩藩長崎屋敷跡（長崎市銅座町）

陸朗『増補版　長崎唐通事』長崎文献社　二〇一〇年）。

長崎で生まれ、薩摩藩士になった林昌風は寿国寺に葬られ、長崎皓台寺《こうたいじ》に墓碑がつくられた。一方、鹿児島で生まれ長崎で亡くなった増田直治は長崎皓台寺に葬られ、鹿児島の南林寺に招魂墓が造られた。こうしたことからも、鹿児島と長崎の繋がりの深さを感じさせられる。

5の章

出土情報の広がりとその後

第一節　出土資料の行方と情報の広がり

『集古十種』の鏡図

F『集古十種』の編纂は、松平定信を中心に柴野栗山《りつざん》・広瀬蒙斎《もうさい》・屋代弘賢《やしろひろかた》・鵜飼貴重《うかいたかしげ》らの学者や家臣、そして谷文晁をはじめとする絵師によって行われた。広瀬蒙斎の序によれば寛政十二年（一八〇〇）に第一次の刊行がなされた。編纂期間は四年に及び、その後も増補されて最終的に全八五冊となった。一八五九点の文物を碑銘、鐘銘、兵器、銅器、楽器、文房、印璽《いんじ》、扁額、肖像、書画の一〇種類に分類し、その寸法、所在地、特徴などを記し、さらに模写図が添えられている。

この『集古十種』に、猪塚から出土した三枚の鏡の図が収められている。これらの図が『集古十種』に収められる契機としては、『集古十種』の編纂が始まった時点で、森島中良が松平定信に仕えていたことを第一にあげることができる。しかし、すでにこの鏡のことが、かなり有名になっていたという事情もありそうである。

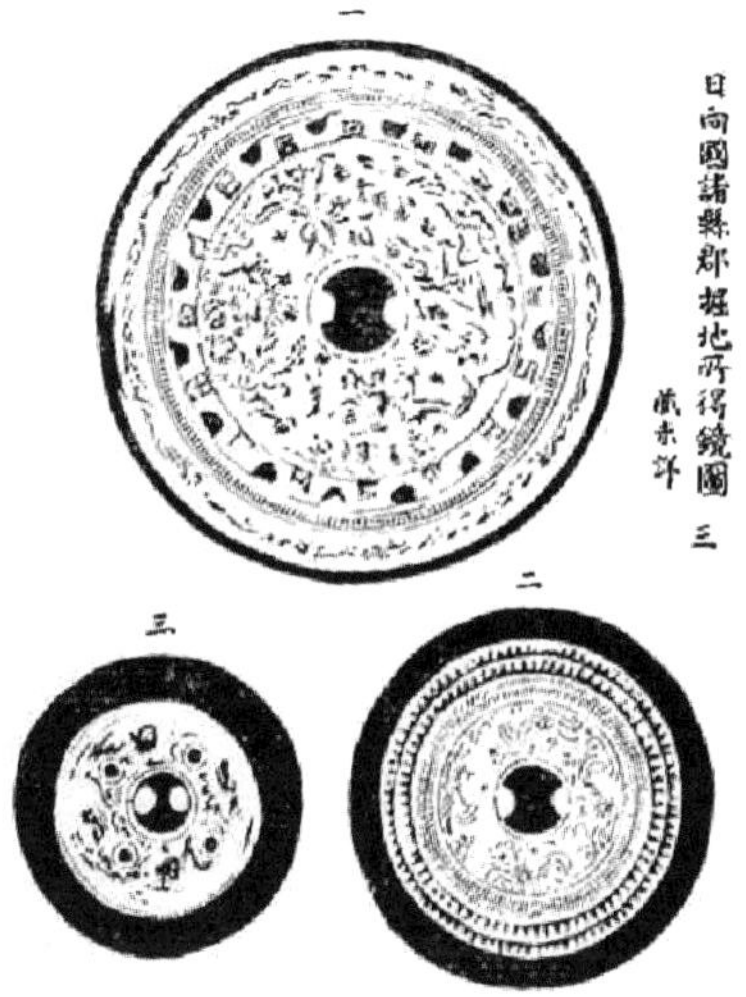

図34 『集古十種』

図34をみると分かるように、『集古十種』で、二神二獣鏡の外区が全く黒く塗られている。このことについて、吉村和昭氏は「不明瞭な文様であったため、木版に起こす際に表現されなかったのだろう」としており、その可能性が高いと考える。これに関して、Ⓒ『日向国諸県郡本庄村古墳発掘品図解』の鏡図を、模写してそのまま使うとすれば、木版に起こせないということはないはずであり、『集古十種』の編纂に際して、改めてこの鏡の調査を行い、新たに図を起こしたと考えておきたい。

松岡文庫へ

Ⓐ『日向国諸県掘出剣鉾冑及鏡図』とⒷ『日向国掘出品々図』は、すでに述べておいたように一体のものとして成立したようである。『日向国諸県掘出剣鉾冑及鏡図』には「寛政戊午」・「松岡文庫」・「帝室図書」の印が、『日向国掘出品々図』には「薩州家士吉田喜平次本より書写」の

記載と「帝室図書之印」の印がある。

両史料は、寛政戊午＝寛政十年（一七九八）に薩摩藩士吉田喜平次の持っていた本から書写され、その写本が松岡辰方《ときかた》（一七六四〜一八四〇）の蔵書となったことがわかる。辰方は、筑後久留米藩の国学者で、塙保己一を補佐し『群書類従』の出版にも関与した。松岡家の蔵書約一万二〇〇〇点は、明治二十五年（一八九二）に皇室に献納され図書寮（宮内庁書陵部の前身）の保管となった。

吉田喜平次については、どのような人物であったかわからない。可能性のある人物を二人あげておく。まず一人は、摂津住吉の豪商で酒造業も営んでいた喜平次である。喜平次は、大坂にも出店を構え、一橋家の上方の知行地の蔵元を務めた。また、京極伊予守・松平越前守の「御館人」や薩摩藩・小倉藩の牛馬皮の「売支配」（＝問屋）になっている（町田哲「一橋領知上方支配と川口役所」塚田孝編『大坂における都市の発展と構造』山川出版社　二〇〇四年）。薩摩藩とのつながりの深い商人であり、また久留米藩とのつながりも見られる人物であった。

二人目は、文化朋党事件（近思録崩れ）で慎《つつしみ》の処分を受けた吉田喜平次である。文化朋党事件は、藩主島津斉宣による改革を担ったグループ（近思録派）が、前藩主島津重豪の怒りに触れ、切腹一三人、遠島二五人を含む一一〇人余が処分された事件であった。吉田喜平次は、小姓与《くみ》で用部屋書役を務め、切腹となった隈元平太と親交があったことから処罰されたようだ。この事件についてまとめた『朋党類纂』（鹿児島県立図書館蔵）という史料によれば、処分が下った時点では、御記録方稽古という地位にあったとされており、藩庫に収められている資料に触れる機会は多かったはずである。

この二人以外にも、吉田喜平次なる人物がいた可能性はあるが、いずれにしても猪塚の発掘が薩摩藩関係者に興味を呼び起こし、前項で見た増田直治の例から見ても、藩内である程度の情報の広がりを生んでいたことが想定される。

『蒹葭堂雑録』の記事

(H)木村蒹葭堂『蒹葭堂雑録』に、わずかながら院塚に関する記事がある。木村蒹葭堂については、3の章の第三節の「直治の学問」の項で紹介しておいたが、『蒹葭堂雑録』は、享和二年（一八〇二）に初代木村蒹葭堂が死去した後、生前に書き残しておいた書画器物や動植物に関する考証、伝聞した珍談奇説などの原稿を、その子孫四代蒹葭堂が大坂の著述家 暁鐘成《あかつきのかねなり》に依頼してまとめたもので、安政六年（一八五九）に刊行されたものである（『日本随筆大成』新装版　第一期一四巻　吉川弘文館　一九九三年）。

同書巻四の冒頭に安徳天皇に関わる話が載せられている。そこには、安徳天皇が西海を漂泊した後、山鹿（熊本県北部）の東の山奥に仮の皇居を構えたという内容が記されているが、これに対して、蒹葭堂は、不審であるとし、「諸書に載せる先帝（安徳天皇のこと）の御旧跡という処を左

に記す。」として、肥後二カ所、阿波・豊前・日向・因幡・対馬各一カ所の計七カ所を挙げている。その中で日向については、

○日向　院社。院塚〔安徳帝の御廟（廟）并びに御陵なりと云ふ。〕

と記している。木村蒹葭堂が亡くなる享和二年までに成立し、院社・院塚と安徳天皇との関係が記されている史料は、Ⓐ『日向国諸県掘出剣鉾冑及鏡図』、Ⓒ『日向国諸県郡本庄村古墳発掘品図解』、Ⓓ白尾国柱『日向古墳備考』、Ⓔ森島中良『桂林漫録』、Ⓖ白尾国柱『麑藩名勝考』巻九の五種であるが、このうち、Ⓓ『日向古墳備考』、Ⓔ『桂林漫録』、Ⓖ『麑藩名勝考』は、院塚が安徳天皇の陵であることを否定している。したがって、蒹葭堂が依拠した史料は、Ⓐ『日向国諸県掘出剣鉾冑及鏡図』、Ⓒ『日向国諸県郡本庄村古墳発掘品図解』のいずれかということになる。

蒹葭堂は、伊勢長島から大坂へ戻った後も、例えば寛政六年（一七九四）五月に来坂中の曾槃に会ったりするなど、薩摩藩大坂屋敷に出入りしており、こうしたつながりの中で、猪塚に関する情報を入手し、書き残して置いたものと考えられる。

小中村清矩の蔵書へ

白尾国柱のD『日向古墳備考』は、すでに述べておいたように、猪塚が発掘された寛政元年（一七八九）を「去歳」とするので、その成立は寛政二年（一七九〇）であった。岩波書店の『国書総目録』によると、『日向古墳備考』の写本は、東京大学中央図書館と宮内庁書陵部に所在している。宮内庁書陵部本は、大正十二年（一九二三）一～三月に南葵文庫本を謄写して作られた写本である。

東京大学中央図書館本には、「南葵文庫《なんき》」と「陽春廬記《ようしゅんろき》」の蔵書印が押されている。南葵文庫は、紀州徳川家の累代の蔵書を中心につくられた紀州徳川家第一五代徳川頼倫《よりみち》（一八七二～一九二五）を館長とする私設図書館であったが、大正十二年（一九二三）九月の関東大震災により全焼した東京帝国大学附属図書館の復興のため、翌年七月全蔵書が寄贈された。

もう一つの「陽春廬記」の蔵書印は、この本がもともと小中村清矩《こなかむらきよのり》（一八二一～九五）の蔵書であったことを示している。小中村清矩は江戸生まれの国学者で、家業の商業を次男に譲ったあと、学問に専心し、安政四年（一八五七）和歌山藩（紀州徳川家）古学館の教授になった。明治九年（一八六九）に太政官に出仕し、同十一年東京大学講師、四年後同教授となり、同十九年『古事類苑』（明治期に編纂された大百科全書）の編纂委員長となった。

D『日向古墳備考』は、白尾国柱が一時期江戸詰であったこともあり、江戸の同学の士の中で読まれることになり、何回の転写を経たものか明らかでないが、最終的に写本の一つが小中村清矩の蔵書に加えられたものであろう。

「古図類纂」

岡山県生まれで京都大学医学部教授をつとめた医学者・考古学研究者である清野謙次（一八八五～一九五五）が著した『日本考古学・人類学史』（岩波書店 上巻は一九五四年、下巻は一九五五年）にⓀ「古図類纂」という史料が引用されている。「古図類纂」は、現在その所在が不明であり、この本に引用された形でのみ知られている史料で、乾坤《けんこん》二冊からなっていたようである。四九の他人の書物からの抄出や断片的な古記録からなり、その中で一番新しいものは天保三年（一八三二）であって、天保頃（一八三〇～四四）まとめられた書物らしい。乾の四番目に猪塚に関する記事が見える。これには、三枚の鏡の図と埋葬主体部の図および発掘の経緯を記した文章が載せられていたようで、発掘の経緯を記した部分について、清野が引用した文章は現代語訳すると次のようになる。

弥右衛門の居宅近辺から三町余り南方のしようせん原の畑の脇に高さ一間三、四尺、廻り五、六〇間ほどの丸塚があって、その竹や木の根の先が畠に伸びていたので、切除のため、かつ用水のために溝を掘り通しておいた。そうしたなか、正月十九日の朝溝浚えのため弥右衛門は出かけていって三尺ほど掘ったところ、一つの穴に掘り当たった。その内に入ってみると、長さ三間、横一間、深さ五、六尺の穴であって、図のようであった。初めは板で拵《こしら》えたものであったのだろうか。今はすべて土だけであって、右の形のまま空洞になっていた。また、最初から塗られていたものであろうか、今も四方に朱が残っている。その空洞の内に鎧が二領、鑑が大中小の三枚、剣が三本、刀が七本、袋鎗のような鋒が二つ、矢の根のようなもの、曲玉・小玉の類がたくさんあって、弥右衛門は持ち帰った。その身分は百姓であったから、何の思慮もなく、ちょうどそのころ□□□□しようとしていたので、この品々を鍛冶屋に持参して、この鉄で釘を作りたいという希望のままに、槌で叩いたのだが、その鍛冶の手におえないほど堅い鉄であったので、釘にする計画はなくなった。

そして、「此地は六日町から十町余を隔てて大塚と云ひ、安徳天皇の伝説がある由を追記して居るが、其文は省略する。」としている。

これは、若干の字句の相違はあるものの、Ⓒ『日向国諸県郡本庄村古墳発掘品図解』とほぼ同文と言ってよい。また、図版に見える埋葬主体部の図では、羨道《せんどう》と玄室の奥行きを「流レ」と記している。すでに見たように、玄室の図で奥行きを「流レ」と記すのは、Ⓒ『日向国諸県郡本庄村古墳発掘品図解』であり、森島中良が猪塚の出土品を堀素山邸で実見した際にも『日向国諸県郡本庄村古墳発掘品図解』を参照していた。

先述しておいたように、G『麑藩名勝考』巻九には、尾張国中島郡神戸村の古墳発掘に際して、尾州名児屋桜町霊岳院が寛政元年（一七八九）十一月朔日に提出した書き付けが写し取られている。この例と同じように、薩摩藩に提出されたC『日向国諸県郡本庄村古墳発掘品図解』も、その後、多くの人が見たりあるいは書き写したりして、流布していったと考えられる。そして、「古図類纂」の著者（編者）もこれに接して写し取り、自らのコレクションに収めたのである。

『桂林漫録』の広がり

E『桂林漫録』は、寛政十二年（一八〇〇）に江戸の東都書房で刊行された。人気を博したため、享和三年（一八〇三）にも大坂の浪花書林により版行されることになった。これは、当時としてはかなり流布した書物であったといえる。

L『筑後将士軍談』は、嘉永四年（一八五一）に成立した久留米藩士矢野一貞（一七九四〜一八七九）の著作である（『校訂筑後国史　筑後将士軍談　上巻』筑後遺籍刊行会　一九二六年）。この第五十巻「墳墓碑塔部　贅図第一」に麦生村外野という所の窟中から出土した古物（鎗・馬具・甲冑など）の図があり、その後に「桂林漫録に、寛政改元の春、日州諸県郡六日町という所より、古塚を発掘して歯一枚、刀身五把、鉄甲冑一具、玉数顆、鏡三枚、その他遺欠の物若干を得た事を記し、図を載せている。その甲冑の造りはこれと全く同じ」として、春田永年の考証を引用している。先に見たように春田永年は、地元でこの鎧が安徳天皇の物とする説を紹介し、安徳天皇の前二〇〇年余、後一〇〇年余の時期に鉄の鎧が造られたということはなく、同時に出土した刀から見ても、安徳天皇のものではなく、『続日本紀』延暦十年（七九一）六月に鉄甲三〇〇〇領と見えることから、上古の武臣のものとしたが、矢野一貞は、その後に割り注で、『玉海』『百錬抄』の治承五年（一一八一）に鉄冑のことが見え、両書とも実録であるので、これを是とすべきことを述べ、春田永年説に疑義を示している。

また、黒川真頼のN『日本古代甲冑説』（『黒川真頼全集』第三巻　一九一〇年　全集の初版は一八七八年）にも、猪塚の出土品に関する記事がある。『国書人名辞典』（岩波書店）によれば、黒川真頼（一八二九～一九〇六）は、上野桐生の機業家の長男であったが、国学者黒川春村の門人となり、養嗣子となった。維新後、帝国大学・文部省・教部省・元老院・博物局・内務省・東京美術学校・東京音楽学校など広く各方面に関わり、御歌所寄人となり、『古事類苑』の編纂にも関わった人物である。

N『日本古代甲冑説』は、『桂林漫録』に載せられている冑の図を引用し、「此の鉄板朽損」「ここにも横に押さえる鉄板があったはずだけれども、朽損したと見えて存在しない」との注記を加えている。また、『桂林漫録』の「古甲冑」を引用した後、「この冑が安徳天皇の時代の物でないことは春田静甫の説のようであるけれども、また静甫の説が桓武天皇時代の物ではないかというのは正しくない。その証拠は、この冑の製作の体裁と、共に出土した鏡の背の華文が細くて髪の毛のようでぼんやりとした所がないことなどによって、孝徳天皇よりも前の時代の物であることは明らかである。鏡の背の細い線がぼんやりとしていないものは、後漢より前の鏡であることの目印である。したがって、この冑をここに掲げてその時代を知らせる。」と書いている。

第二節　再び現地、本庄では

猪塚の祟《たた》り

猪塚から甲冑・刀剣・鏡などが出土したあと、地元本庄ではどのような動きがあったか、簡単に見ておくことにしたい。

1の章第二節で中村忠次の J『日向山陵図書』を取り上げた。これは、京都の国学者中村忠次が天保三年（一八三二）に日向を訪れ、児湯郡三宅村（宮崎県西都市）の児玉実満らの案内をうけて見聞した内容をまとめたものである。児玉実満は、明和二年（一七六五）に三宅村の庄屋の家に生まれ、父祖のあとを嗣いで、庄屋を務めたが、辞任後、神代史蹟の研究・調査に専心し、長崎で板刻して文政六年（一八二三）に「日向国神代の絵図」を出版、またその著作「笠沙旧記」と「笠沙略記」をもとに、文政八年に「笠沙大略記」を完成し、天保七年（一八三六）に七十二歳で死去した。同じ天領である本庄での猪塚発掘については、当然児玉実満の耳にも入っていたものと思われる（永山修一「近世の神話受容と児玉実満の「日向国神代の絵図」」『西都市史　通史編上』二〇一六年）。中村忠次は、児玉実満とともに本庄を訪れ、本庄の日高盛富の案内で本庄四十八塚を見学し、剣柄稲荷の神職宮永実信にも会っている。その折に得た情報は次のようなものであった。

日高盛富が陳《の》べて言うには、町の南の塚（これも四八塚のひとつである）で、四〇余年前、その塚の際の畑の持ち主が、塚の際《きわ》から石柩《ひつぎ》を掘り出した。その中に、太刀・鉾の類が多かった。鏡が三面あった。兵器は皆朽ちて砕けていたが、ただ鏡だけは完全であった。薩摩侯がこれを聞かれて、ご所望によって三面とも献上した。謝礼として銀子一貫目を賜ったことがあった。私は幼少であったので、詳しいことはわからない。その後、墓を発掘しようとしたり、削って畑にしようとしたりした者がいたが、それぞれ熱病にかかったり発狂したりして死に、その家は断絶した。こういうことで、以来、その祟りを畏れて、四十八の塚を壊す者はない。

ここには、発見から四三年後の、地元本庄の情報が記されている。真偽のほどは確認しようも無いけれど、出土品を薩州侯に献上した際に、銀一貫目の謝礼が支払われたことから、地元では、二匹目のドジョウを狙って盗掘する者があらわれ、また古墳を削って畑にする者もいたが、それらの者の家には、良くないことが続いたため、そのような動きは沈静化していったという。猪塚の墳丘の南裾に文政六年七月にたてられた石碑は、その祟りを鎮めるためのものであったと考えて良いが、発見者彌右衛門の子孫は史料に登場するから、家が絶えたのは二匹目のドジョウを狙った者の方であったようだ。

なお、地元の方の話では、この石碑は移動しているといい、もとあったという位置のすぐ横で地下レーダーによる竪坑部の反応があったという。この位置は、Ⓜ『日向国諸県郡本荘村古陵墓見聞図説』に見える石碑の位置に近いものがある。発見から三四年後に石碑を建てる段階でも、発見地点が一族の中で、正確に伝わっていたことがわかる。

明治~昭和初期の本庄古墳群

剣柄《けんのつか》稲荷の神職宮永実信の子孫に当たる宮永真琴（一八三七~九九）は、広く漢学・国学に通じ、勤王の説を唱えて、米良山に挙兵し、文久二年（一八六二）には相良藩に捕縛されたこともある人物で、医師を本業とし、本庄の剣柄稲荷の神職を務めた（『明治肖像録』帝国史会　一八九八年）。明治七年（一八七四）には、宮永真琴がⓂ『日向国諸県郡本荘村古陵墓見聞図説』をまとめた。このほか、明治四年に宮永真琴が『本庄古墳図』、同七年に日高盛秋が『本庄の古墳』をまとめたとされているが、この二点は現存していないという。なお、宮永真琴が西都原古墳群についてまとめた「日向可愛山陵取調書」が、同十一年に、三宅神社（現西都市）祠掌井上巌水によって、内務省の役人である白野夏雲《しらのかうん》（一八二七~九九）に提出されており、宮永真琴は、日向三山陵の建白運動にも関与していった。

明治二十九年（一八九六）西都原古墳群の女狭穂塚・男狭穂塚が陵墓参考地に定められると、県内有志を発起人とする「古墳保存会」が設立された。旧本庄村でも、大正五年（一九一六）には、古墳等の保護と発掘物の保存に努めるための官民一致した団体の組織化が協議され、のちに「本庄町尚善会」が設立され、大正十年（一九二一）には、地元有志によって墳丘上に石碑が建てられ、保護顕彰活動が行われた。宮崎県は、同六年、史跡調査員若山甲蔵らによる本庄四十八塚の調査を行い、翌七年には、県内悉皆調査の結果を『宮崎県古墳台帳』としてまとめた。この中の「東諸県郡本庄村之部」には、前方後円墳・円墳・長方墳・横穴墓として六四基が記載されている。

大正十三年、西都原古墳群とともに、本庄古墳群の東銚子塚（一五号墳）・西銚子塚（一八号墳）が、「史跡名勝天然記念物保存法」により国指定史跡の仮指定をうけ、さらに昭和六年（一九三一）には古墳三〇余基が「本庄古墳群」として仮指定された。そして、同九年には須志田地区の古墳群を加えた五七基が本指定を受け、現在に至ることになる。（『史跡　本庄古墳群保存管理計画書』国富町　二〇一六年）

6の章

猪塚の発掘からわかること

第一節　南九州の古墳時代

古墳時代とは

三世紀の後半、近畿地方を中心に前方後円墳という古墳がつくられるようになった。前方後円墳に代表される古墳がつくられた時代を古墳時代とよび、一般に前期（～四世紀）、中期（五世紀）、後期（六世紀）に分けている。また、飛鳥文化の時代とされる七世紀以降も古墳がつくられているので、この時期を古墳時代の終末期とよぶこともある。

古墳にはその形態によって、前方後円墳・前方後方墳・円墳・方墳などがある（高塚古墳と総称）が、南九州にはこのほか地下式横穴墓・板石積石棺墓・土壙墓《どこうぼ》（一部に立石土壙墓）などがある。

大和盆地に出現した前方後円墳は、前期のうちに九州から東北地方まで広がっていった。中期までの古墳は、墳丘を葺石《ふきいし》で飾り、埴輪をめぐらし、竪穴式石室にたくさんの副葬品とともに首長を葬るものであった。各地につくられた前方後円墳の中には、大和地方のものと相似形のものがあり、築造技術などが大和盆地から伝えられたことを示している。また、三角縁神獣鏡など同

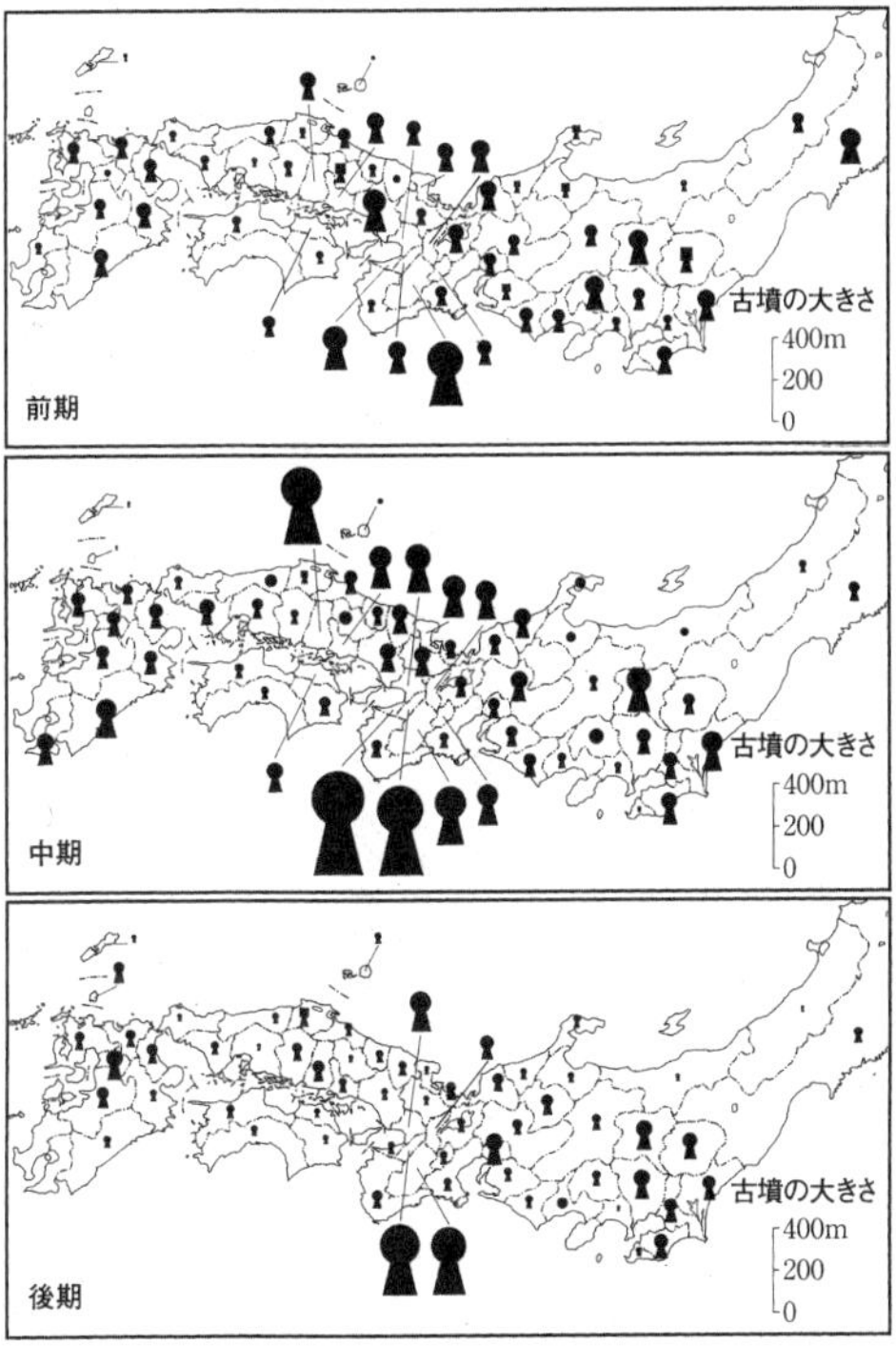

図35　全国の古墳分布
（白石太一郎『古墳とヤマト政権』より 文春新書 1999年）

じ鋳型などからつくられた鏡（同笵《はん》鏡・同型鏡）も各地の古墳から出土しており、さらに同じ技術でつくられた埴輪なども確認されることから、これらも政治的つながりの証であると考えられている。広い範囲の首長たちが、大和地方の有力者を中心にして政治的なつながりを持つようになっていった。その中心に位置する大和盆地の政治権力を、倭王権（ヤマト王権）とよんでいる。

南九州の古墳

一般に南九州には高塚墳・地下式横穴墓・板石積石棺墓・土壙墓という四つの墓制が展開した

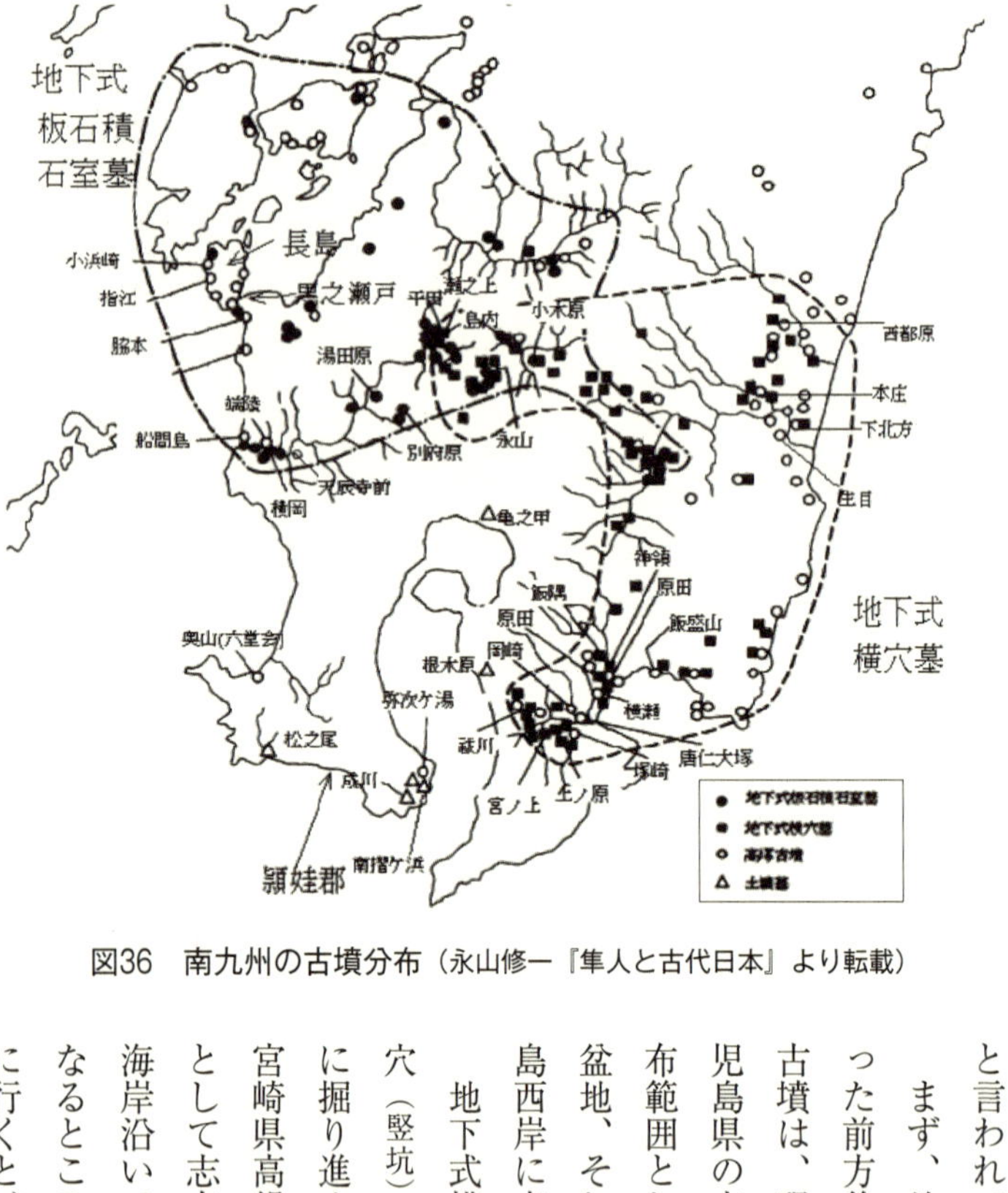

図36　南九州の古墳分布（永山修一『隼人と古代日本』より転載）

と言われている。

　まず、地上に土を盛り上げて造った前方後円墳・円墳などの高塚古墳は、現在の宮崎平野部から鹿児島県の志布志湾沿岸を大体の分布範囲とし、一部に内陸部の都城盆地、それから鹿児島県の薩摩半島西岸に点在する。

　地下式横穴墓は、地表面から竪穴（竪坑）を掘りその底部から横に掘り進めて玄室を設けるもので、宮崎県高鍋町の小丸川右岸を北限として志布志湾沿岸まで分布し、海岸沿いでは高塚古墳の分布と重なるところが多い。しかし、内陸に行くと、大淀川の上流の都城盆

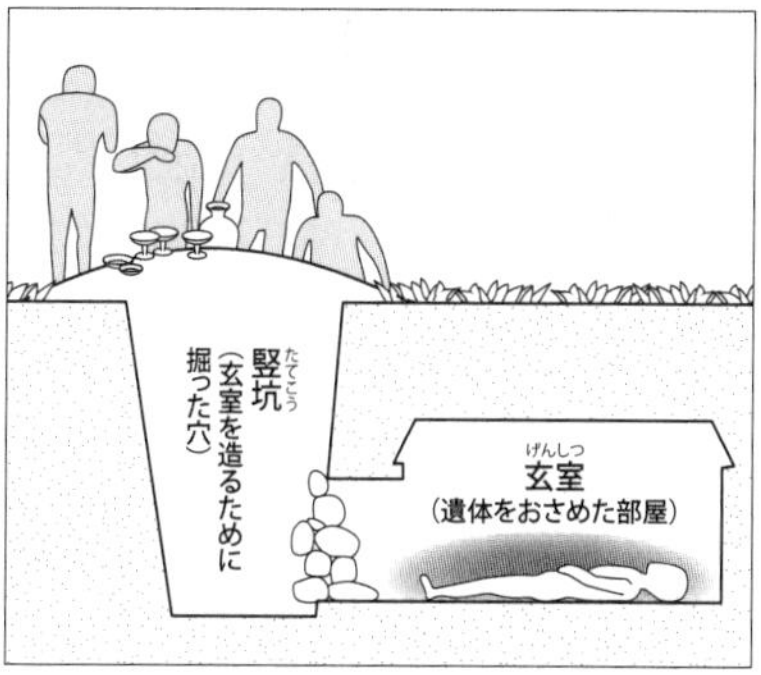

図37-1　地下式横穴墓
（『生目古墳群と日向古代史』より転載）

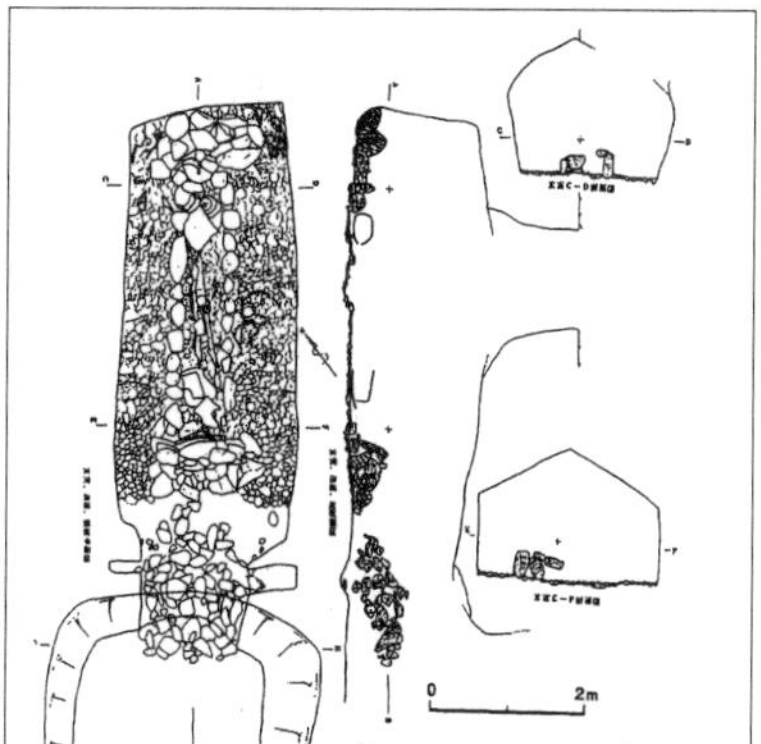

図37-2　地下式横穴墓
（宮崎市下北方5号地下式横穴墓）

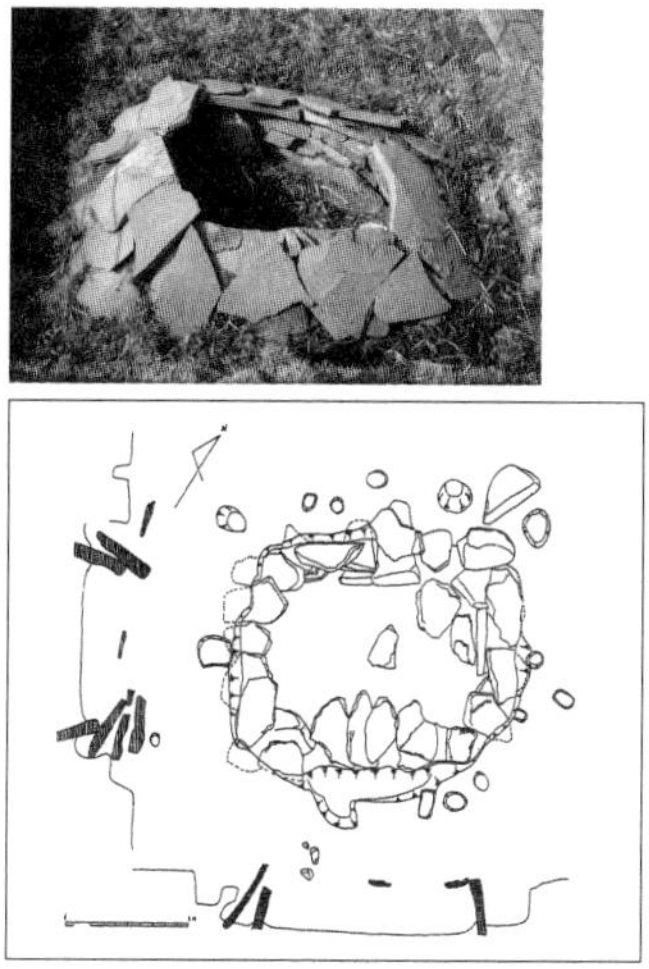

図38　板石積石棺墓
（上）鹿児島県薩摩川内市横岡古墳　（下）同湧水町永山古墳群3号墳（『先史・古代の鹿児島』より転載）

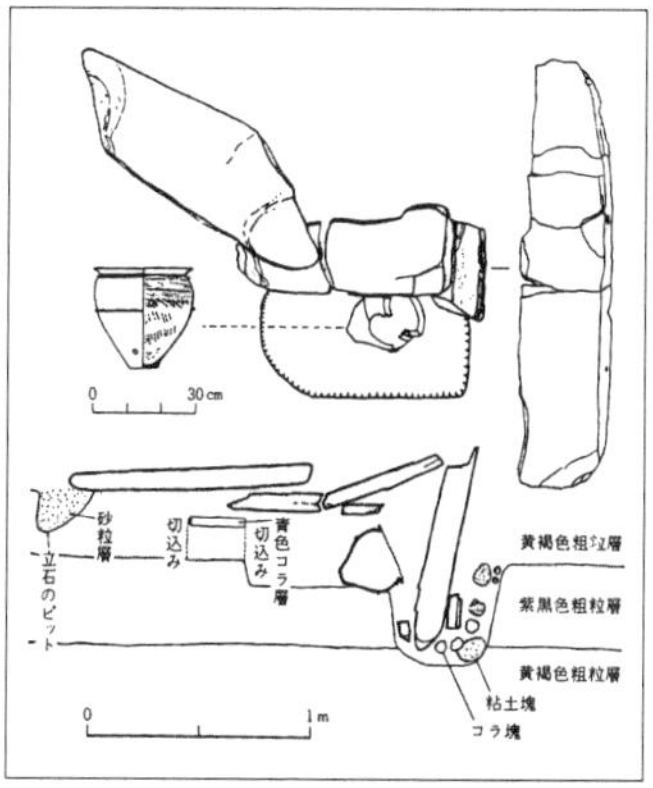

図39　土壙墓（鹿児島県指宿市成川遺跡）
（『先史・古代の鹿児島』より転載）

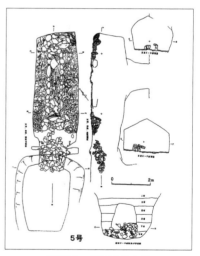

地の周辺、大淀川の支流岩瀬川沿いの小林盆地、分水嶺を越えて川内川の流域である加久藤盆地に分布範囲を広げ、さらに鹿児島県の大口盆地にも分布する。

板石積石棺墓は、地表から一～二メートルの深さに板石を立てて石棺を作って、遺体や副葬品を納め、さらに数十枚の板石を持ち送ってそれを覆うもので、球磨川流域から川内川流域に分布している。以前は地下式板石積石室墓と呼ばれていたが、石棺墓の系統に属するので、近年は板石積石棺墓という名称が一般化しつつある。

土壙墓は、地面に穴を掘って遺体を納めるもので、薩摩半島の南部から、鹿児島湾沿岸部に分布するとされている。最初に調査された指宿市の成川遺跡では、立石が伴っており、弥生時代から古墳時代にかけて、一部には立石土壙墓が営まれた。

猪塚が含まれる本庄古墳群は、高塚墳と地下式横穴墓の分布が重なる地域に当たっている。

九州の墓制に関する旧説

南九州の四つの墓制のうち、地下式横穴墓・板石積石棺墓・土壙墓は南九州に特有の墓制であるとして、南九州に居住した隼人と結びつけられて理解される傾向が強かった。

こうした理解のきっかけとなったのは、鹿児島県指宿市山川町の成川遺跡の調査であった。一九五八年に国の文化財保護委員会（文化庁の前身）が鹿児島県教育委員会などと協同で行った発掘調査では、古墳時代に属する多数の土壙墓、人骨や鉄製品が出土した。一九八一〜八二年の成川バイパス建設に先立つ鹿児島県教育委員会による調査もあわせると、一四三基の土壙墓と三四八体分の人骨が確認され、剣五四・刀一二・矛三・鏃一五〇・大型鏃九・異形鉄器六のほか斧・刀装具・刀子・やりがんななど多量の鉄器が出土した。一九七四年に発行された調査報告書(文化庁編『成川遺跡　鹿児島県揖宿郡山川町所在』吉川弘文館)の「第七章　総括」を書いた斉藤忠・田村晃一氏や、調査に加わった小田富士雄氏(「古墳文化の地域的特徴　2　九州」『日本の考古学Ⅳ　古墳時代(上)』河出書房　一九六六年)・乙益重隆氏(「熊襲・隼人のクニ」鏡山猛・田村圓澄編『古代の日本　3　九州』角川書店　一九七〇年)・国分直一氏(「隼人源流考」大林太良編『日本古代文化の探求　隼人』社会思想社　一九七五年)らは、大略次のように述べている。

成川遺跡では、死者の埋葬にあたって特別なとりあつかいをした例はみとめられないので、成川遺跡に墓地を営んだ集団は階級の未分化な集団であった。南九州に異質の墓制が地域を異にして並行して行われて、いずれにも地域文化の孤立性と停滞性がうかがわれるのであり、これらの特異な墓制は熊襲・隼人と関連する。ただちに成川遺跡で発見された人骨を隼人のものとすることはできないにしても、成川遺跡で確認された階級の未分化な、かつ質朴で勇猛なる人々の集団と隼人との関連は強く暗示される。

『続日本紀』というおおよそ八世紀の歴史を記した政府編纂の歴史書には、しばしば政府と隼人が激しく戦い、たとえば隼人による大隅国守殺害事件を発端とする養老四年（七二〇）の衝突では、鎮圧までに一年半を要するなど、政府が隼人支配にずいぶん苦労している様子が記されている。これが、隼人の勇猛さを示す証拠とされ、成川遺跡で多くの武器が出土していることと直結されていくのである。

そしてさらに進んで、乙益重孝氏は、地下式横穴墓を日向および大隅隼人、地下式板石積石室墓（板石積石棺墓）を薩摩隼人、立石土壙墓を阿多隼人の墓制として位置づけ（「熊襲・隼人のクニ」『古代の日本3　九州』角川書店　一九七〇年）、上村俊雄氏は、「隼人の考古学」として、南九州の古墳時代の墓制を紹介した（『隼人の考古学』考古学ライブラリー三〇　ニューサイエンス社）。

しかし、南九州の古墳時代をこのように理解することについては、近年、文献史学と考古学の双方から見直しがおこなわれている。後に少し詳しくみることにするが、その成果を端的に言えば、隼人は、律令国家が形成される過程で、後の薩摩・大隅両国域（おおよそ現在の鹿児島県本土部）の居住者に対して用いられた呼称であって、古墳時代に「隼人」は存在せず、また南九州に特徴的な墓制の分布範囲と隼人の居住範囲は一致しないのである。

首長墓の展開

倭王権との関係を示す前方後円墳を分析することによって、各地域における首長勢力の消長や盟主権の移動などを見ることができる。柳沢一男・北郷泰道・竹中克繁・東憲章氏の『生目古墳群と日向古代史』（鉱脈社　二〇一一年）・『史跡　本庄古墳群保存管理計画書』（国富町　二〇一六年）などによって、宮崎平野を中心とする在地社会の動向を見ておこう（図40参照）。

古墳時代前期（四世紀）に入ると、志布志湾沿岸の塚崎古墳群、宮崎平野南部の生目《いきめ》古墳群・本庄古墳群、宮崎平野北部の西都原古墳群などで前方後円墳の築造が始まった。生目一号墳（墳丘長一三六メートル）・三号墳（同一四三メートル）・二二号墳（同一〇一メートル）は、一〇〇メートル級の大型前方後円墳であって、宮崎平野部で傑出した首長墓であり、この時期では九州で最大の規模を持っていた。

古墳時代中期初頭、志布志湾沿岸の唐仁大塚《とうじんおおつか》古墳（墳丘長一五四メートル）が、盟主の地位にあった。五世紀前葉には、西都原古墳群でそれまでの複数系列を統合する形で女狭穂塚《めさほづか》古墳（墳丘長一八〇メートル）・男狭穂塚《おさほづか》古墳（同一七五メートル）という九州最大規模の前方後円墳が築造され、南九州の首長連合の盟主となった。しかし、その後、西都原古墳群では前方後円墳の空白期が何度か生じ、首長墓系列の断絶と勢力の変動が起こったようであり、古墳群の性格は、中小の円墳や地下式横穴墓を主体とする群集墳へと変容していった。五世紀中葉に、志布志湾沿岸部（鹿児島県肝属郡大崎町）にこの時期に九州で最大の前方後円墳である横瀬古墳（同一四〇メートル）が築造された。

宮崎平野南部で、女狭穂塚古墳・男狭穂塚古墳が築造された次の時期に、最大の前方後円墳は、本庄古墳群の藤岡山東陵《ふじおかやまひがしりよう》古墳（四二号墳、全長九〇メートル）となり、また五世紀中～後葉段階で

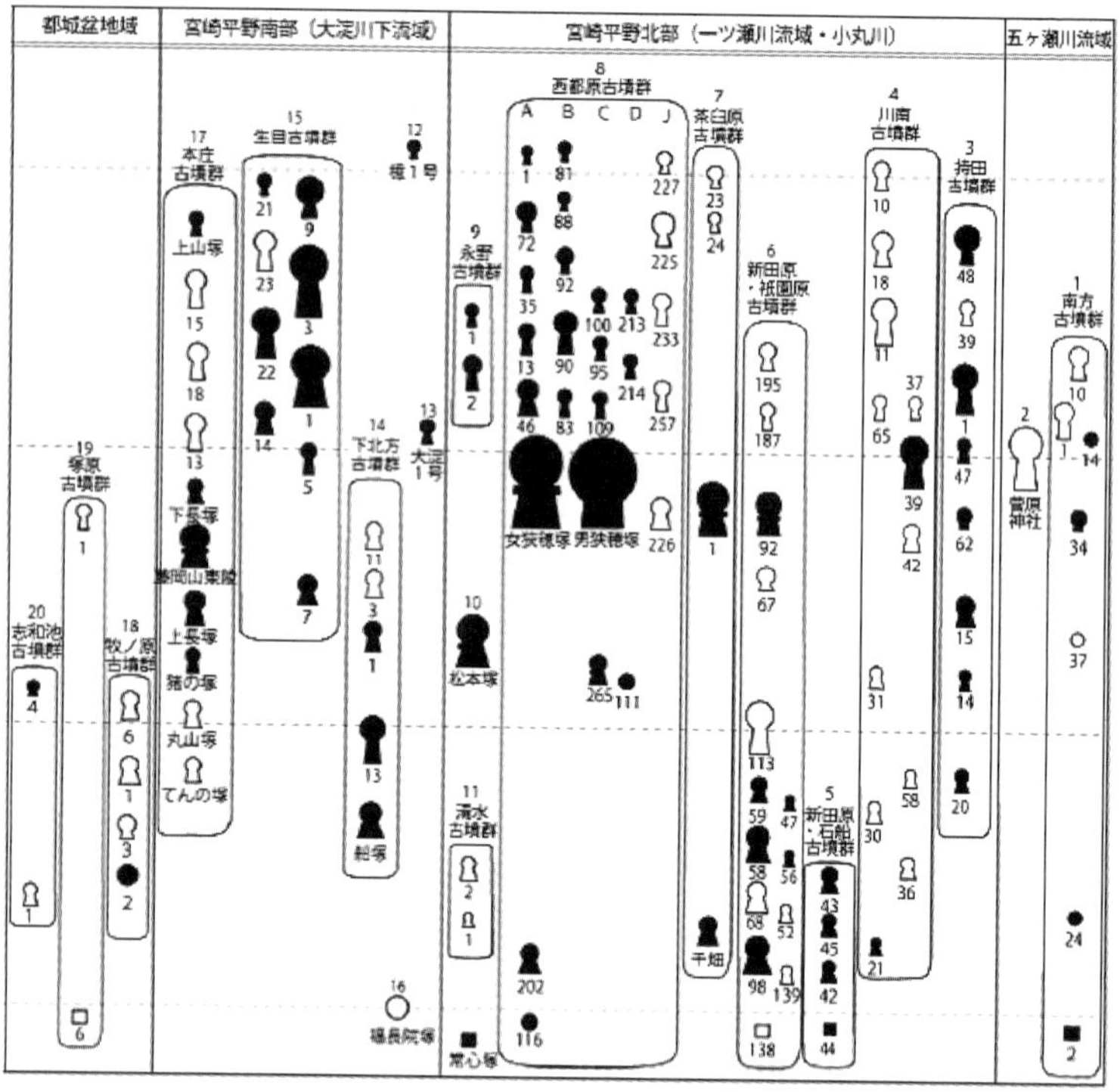

図40　南九州の主要首長墓群の変遷（柳沢一男氏作成、2016年３月現在）
（『史跡　本庄古墳群保存管理計画書』より）

も上長塚《かみながつか》古墳（三七号墳、全長七六《メートル》）が築かれており、一時的に宮崎平野南部を代表する首長であった可能性が高い。このころ、生目勢力の墓域は、大淀川の対岸（左岸）の下北方古墳群に移るようで、生目の勢力も、複数の有力首長・集団によって構成されていたと考えられる。古墳時代後期（六世紀）に入ると、宮崎県新富町の新田原《にゅうたばる》（祇園《ぎおん》原《ばる》）古墳群に盟主的地位は移っていった。

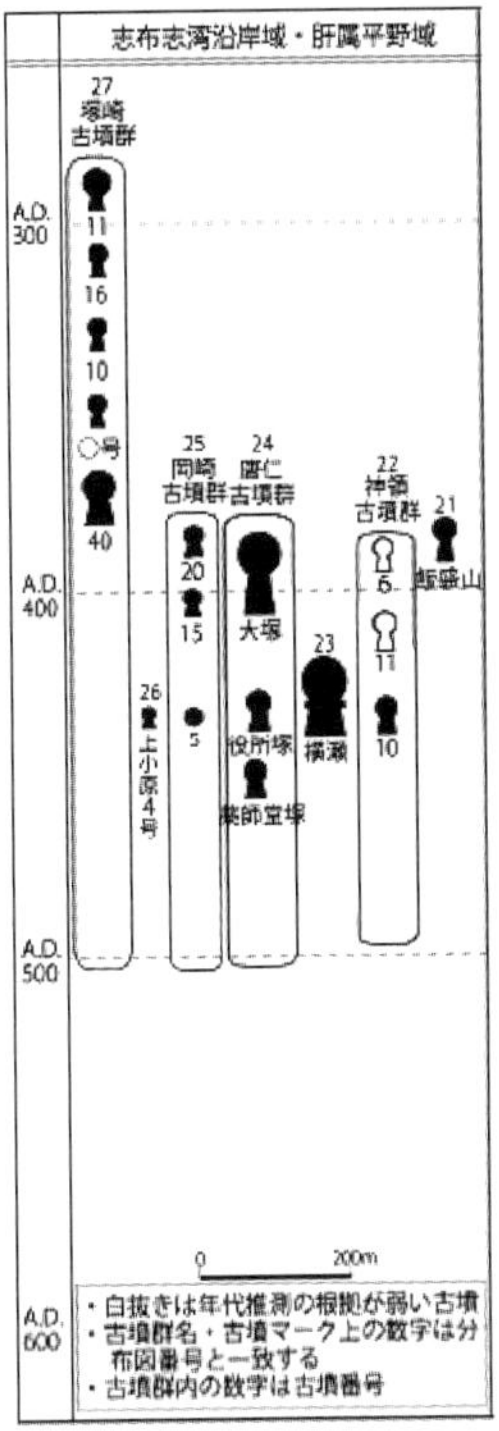

九州島全体から見ると、弥生時代に北部九州で盛んに用いられたゴホウラ・オオツタノハ・イモガイ等の貝輪は、九州西海岸ルートによって運ばれていたが、古墳時代に入ると、九州の東岸ルートに替わり、近畿地方まで運ばれたという。近畿地方で見られる鍬形石・車輪石・石釧は、ゴホウラ・オオツタノハ・イモガイ等の貝製品の素材を石に変えたものであり、また馬具の部品にイモガイが用いられるなど、南島産の貝は重要な交易品であった。巨視的に見ると、宮崎平野部に志布志湾沿岸部に大きな前方後円墳が築造されていく背景には、このような広域流通ルートの変更が重要な意味を持っていると考えられている（橋本達也「薩摩地域の古墳時代墓制と地域間交流」『薩摩加世田奥山古墳の研究』鹿児島大学総合研究博物館　二〇〇九年）。

九州南部には、前期後半から中期初頭段階に柄鏡形《えかがみがた》と呼ばれるきわめて細長くかつ低い前方部をもつ前方後円墳が見られる。これは、奈良県桜井市の外山《とび》茶臼山古墳（墳丘長二〇七メートル）やメスリ山古墳（復元墳丘長二五〇メートル）など前期の第二段階の前方後円墳の影響を受けて成立し、南九州ではその形態がその後も維持されたとする説がある（白石太一郎「古墳からみた南九州とヤマト王権」

『南九州とヤマト王権――日向・大隅の古墳』近つ飛鳥博物館　二〇一二年）。

女狭穂塚古墳は、河内平野で大王墓とされる仲津山《なかつやま》古墳（墳丘長約二八〇《メートル》）の約三分の二の規模で築造されており、盾形周溝、陪塚《ばいちょう》の配置など、古市古墳群に近いとされ（橋本達也「九州南部」広瀬和雄・和田晴吾編『講座日本の考古学7　古墳時代（上）』青木書店　二〇一一年）、その埴輪製作に従事した工人は、畿内中枢から派遣された可能性が指摘されている（犬木努「埴輪からみた南九州と近畿――西都原古墳群を中心として」『南九州とヤマト王権――日向・大隅の古墳』近つ飛鳥博物館　二〇一二年）。

この時期に、宮崎平野の広域的な盟主的首長の座は、生目勢力から西都原古墳勢力へ移動している。四世紀後葉頃に、ヤマト王権の大王墓の造営地（墓域）は、奈良盆地から河内平野へ移動しているが、こうした政権交代は、各地の主要首長勢力を巻き込んだ政治的変動と連動しており、生目勢力から西都原古墳勢力への移動は王権による地域首長層の再編にともなうものとする説がある（『生目古墳群と日向古代史』第二部第三章第三項「大淀川流域周辺の古墳群」における柳沢一男の発言）。

さらに、後期初頭の新田原（祇園原）古墳群の百足塚《むかでづか》古墳（墳丘長七四《メートル》）では、外堤上で人物埴輪を中心とする形象埴輪による祭祀が行われており、これは今城塚《いましろづか》古墳（継体天皇〈在位五〇七～五三一年〉の墓、墳丘長一九〇《メートル》）と類似するとされている（小田富士雄「八女古墳群における石人」『鶴見山古墳3　八女市文化財調査報告書第七八集』二〇〇七年）。

南九州は、全国的に見て甲冑類の出土例が多い地域で、全国的に例を見ない型式、出土例が希少でかつ出土地が偏っているものが出土しているという。九州南部で甲冑類を出土した古墳（高塚・板石積石棺墓）は一六基、地下式横穴墓は二一基ある（吉村和昭「九州南部の甲冑と甲冑出土古墳」『古代武器研究』一二号　二〇一六年）。

甲冑は当時の最先端技術によって製作された物であり、ヤマト王権から賜与された物と考えられ、ヤマト王権との緊密な関係を示す。なかでも、前方後円墳が築造されていないえびの市域では、甲冑が卓越している。一方、二〇一四年に発掘調査された島内一三九号地下式横穴墓では、百済ないし加耶製と考えられる銀装円頭大刀が出土しており、朝鮮半島諸勢力との直接的交渉を示す可能性が高いという（橋本達也・中野和浩「宮崎県えびの市島内一三九号地下式横穴墓の発掘調査概要」『考古学研究』第四二号　二〇一六年）。

近年の研究成果によれば、四世紀以降の朝鮮半島情勢は、高句麗・新羅・百済や金官国・大加耶などが、複雑な形で対立・抗争、同盟・協調し、倭との関係も複雑な様相を呈している。ヤマト王権は、朝鮮半島の勢力の要請を受け、また鉄資源や先進技術の安定的な確保を求めて、朝鮮半島に兵を送っている（高田貫太『海の向こうから見た倭国』講談社現代新書　二〇一七年）。そうした中で、宮崎平野部から内陸部にかけての勢力や志布志湾沿岸部の勢力も動員され、ヤマト王権からの下賜品とともに、朝鮮半島で直接入手したものなどが墓に副葬されたと考えられる（津曲大祐「横口式土壙墓と地下式横穴墓」『福岡大学考古学論集2』二〇一三年）。

以上のように、南九州の首長墓の展開は、ヤマト政権との密接な関係のもとに推移しているといってよい。

地下式横穴墓の展開

地下式横穴墓は、現時点で一〇〇〇基以上が確認されており、その件数は今も増加している。小丸川《おまるがわ》右岸の下耳切《しもみみきれ》第三遺跡（宮崎県高鍋町）を北限、鹿児島県鹿屋市吾平町の中尾地下式横穴墓群を南限、鹿児島県大口市の春村地下式横穴墓群を西南限、人吉市の天道ヶ尾《てんどうがお》遺跡の地下式横穴墓を西北端とする範囲に分布する。この墓制は南九州に特徴的な墓制という点が強調されてきたが、近年、この墓制がどのように発生し、またどのように広がっていったかについて、新しい理解が示されるようになっている。まずその伝播については、二〇〇〇年代に入り、前期末～中期初頭にえびの盆地の小木原《こきばる》・蕨《わらび》地区地下式横穴墓群（えびの市）の中で確認された「横口式土壙墓」を祖型として、中期前半には西諸県域で平入り家形玄室の地下式横穴墓が展開して、さらに広域に広がり、中期中葉以降は、宮崎平野地域で拡大するとともに、妻入り形の大型玄室も登場し、後期に入ると、しだいに地下式横穴墓は造られなくなり、後期中葉段階には、宮崎平野地域、志布志湾岸・肝属平野部地域を除いて終焉を迎えるとされた（和田理啓「日向の地下式横穴墓」『九州の横穴墓と地下式横穴墓』第四回九州前方後円墳研究会資料集　二〇〇一年）。

しかし、二〇〇二年以降の宮崎市の生目二一号墳の発掘に際して調査された四三号地下式横穴墓では、五世紀前葉の遺物が出土し、初期段階の地下式横穴墓が宮崎平野でも存在していたことが明らかになり、宮崎平野とえびの盆地でほぼ同時に登場したと考えなければならなくなってきた（竹中克繁『史跡　生目古墳群　保存整備事業　発掘調査概要報告書Ⅷ』宮崎市教育委員会　二〇一一年）。

また、地下式横穴墓は、出現時期や構造的な類似性から見て、朝鮮半島から導入された横穴墓制の影響下に出現したと考えらるようになってきており、外部の世界から孤立したなかで独自に生み出され継承されたものではなく、朝鮮半島や近畿中央など広域に結びつく古墳時代のネットワークによってもたらされた情報や葬送観念に接した上で、在地に定着した墓制であると考えられるようになっている（橋本達也「地下式横穴墓とはなにか」『南九州とヤマト王権――日向・大隅の古墳』大阪府立近つ飛鳥博物館　二〇一二年）。

地下式横穴には、複数の人骨が埋葬されている場合が多く、歯冠計測による親族関係の調査、埋葬の順番、副葬品等の分析により、埋葬原理を究明する研究も行われている。田中良之氏（『骨が語る古代の家族』吉川弘文館　二〇〇八年）によれば、古墳時代の親族関係の基本モデルは、次のような三つのモデルとその変遷が考えられている。

基本モデルⅠ：古墳時代前半段階（三世紀～五世紀前半）。複数埋葬に於いてはいずれも血縁者が葬られる。世代構成は同世代の血縁者、キョウダイが基本。複数世代の場合、父子・母子のどちらもある。双系の親族関係。
基本モデルⅡ：古墳時代後半代（五世紀後半～）。複数埋葬では二世代構成が基本。いずれも血縁者が葬られるが、初葬、第一世代は成人男性に限られる。第二世代は（次の家長を含まない）その子どもたち。各世代とも配偶者は含まれない。造墓は男性家長の死を契機に行われる。父系の親族関係。
基本モデルⅢ：古墳時代後期（六世紀代）から認められる。二世代構成で、第一世代は男女（夫婦）、第二世代は基本モデルⅡのまま（それぞれの配偶者は含まない）。父系の親族関係。

西日本においては広く五世紀後半以降、父系の埋葬原理（基本タイプⅡ）に転換していく中で、吉村和昭氏（「地下式横穴における埋葬原理と女性への武器副葬」『南九州とヤマト政権――日向・大隅の古墳』近つ飛鳥博物館　二〇一二年）によれば、宮崎県内陸部に位置する地下式横穴墓群では、双系の親族関係（基本タイプⅠ）が六世紀代に入っても続いていたと考えられる。また、宮崎平野部においても、首長層でない地下式横穴墓の被葬者層が、七世紀初めの段階においても双系の親族関係にとどまる可能性が指摘されている。

第二節　本庄古墳群と猪塚

本庄古墳群

猪塚が含まれる本庄古墳群について、『宮崎県史　資料編　考古2』（宮崎県　一九九三年　長津宗重氏執筆分）、『史跡　本庄古墳群保存管理計画書』（国富町　二〇一六年）によりながら見ておこう。

本庄古墳群は、大淀川の支流である本庄川と深年川に挟まれた標高約四五メートルの本庄台地（比高差約三〇メートル）を中心に立地し、西北西約三キロメートルの須志田地区（標高約六七メートル）にも一支群がある。すでに見ておいたように、明治時代初めには宮永真琴によってM『日向国諸県郡本荘村古陵墓見聞図説』が作られ、地元の熱心な動きが結実して、昭和九年（一九三四）には、前方後円墳一七基・円墳三七基・地下式横穴墓一基・横穴二基の計五七基が国指定の史跡「本庄古墳群」となった。

本庄古墳群のうち本庄台地上には、前方後円墳一六基、円墳二九基、横穴二基、地下式横穴三一基が分布している。観音山塚古墳（一三号墳）、二四号墳、四二号墳、一〇号墳、一八号墳、三四号墳、四四号墳、一二号墳、二九号墳、六号墳等で発掘調査が行われており、また、地下式横

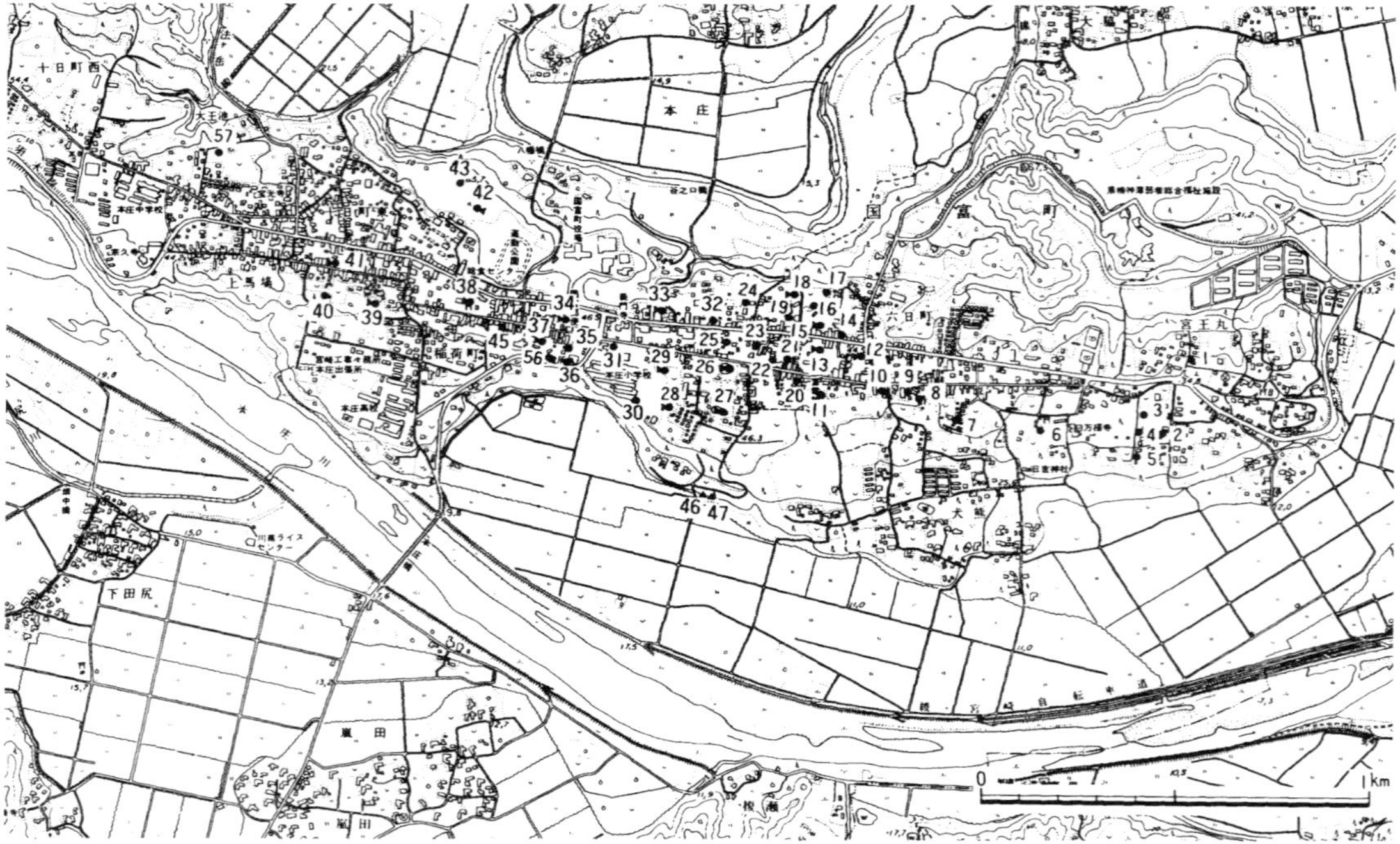

図 41　本庄古墳群（『史跡　本庄古墳群保存管理計画書』より）

穴墓は三〇基以上が調査されている。

こうした調査成果をもとに、二〇一六年国富町によってまとめられた『史跡　本庄古墳群保存管理計画書』は、首長墓の系譜を次のように紹介している。

古墳時代前期（四世紀）に、まず一二号墳（上山塚）が造られ、その後一三号墳（観音山塚、七三メートル）・一五号墳（東銚子塚、七三メートル）・一八号墳（西銚子塚、八〇メートル）の柄鏡形前方後円墳が続く。中期（五世紀）に入ると、二九号墳（下長塚、六〇メートル）→四二号墳（藤岡山東陵、七〇メートル）→三七号墳（上長塚、七三メートル）→二七号墳（猪塚、四七メートル）の順で築造され、後期（六世紀）には三九号墳（丸山塚）・二六号墳（てんの塚、六〇メートル）が造られたという。

一九九〇年ころの『宮崎県史　資料編　考古2』の段階では、猪塚は本庄古墳群の中で最後に築造された前方後円墳とされていたが、現時点では、猪塚以降もいくつかの前方後円墳が築造されたと考えられている。

また、本庄古墳群では、地下式横穴墓も多数検出されている。国富町教育委員会の平野絢子氏の研究（「本庄古墳群の概要と既往の調査事例」二〇一五年度宮崎考古学会例会報告）によれば、本庄古墳群では、五五基の地下式横穴墓が確認されている。

本庄古墳群の立地

国富町は、現在宮崎県の東諸県郡に位置するが、諸県郡はかつて、北は児湯郡、東は宮崎郡、南西は大隅国に接する広大な郡であった。明治十六年（一八八三）に宮崎県が鹿児島県から再置されるに際して、宮崎県管下を北諸県郡、鹿児島県管下を南諸県郡とし、翌年には北諸県郡の一部を、東諸県郡・西諸県郡として分置した。平安時代に作られた辞書『和名類聚抄』によれば、諸県郡には財部・県田・瓜生・山鹿・穆佐・八代・大田・春野の八郷があった。

『日本書紀』景行紀に、景行天皇が、高屋宮から京に帰る途中、夷守に至ったとき、岩瀬川のほとりに多くの人が集まっており、天皇が理由を尋ねると、「諸県君泉媛《いずみひめ》が天皇に食事を奉ろうとして、一族が集まっているのだ」と答えたとの説話がある。

また、応神・仁徳紀に、応神天皇が、日向諸県君牛（牛諸井《うしもろい》）の女髪長媛《かみながひめ》の美しさを噂に聞き、呼び寄せて、皇子の大鷦鷯尊《おおさざきのみこと》（仁徳天皇）に与え、髪長媛は皇子と皇女を一人ずつ生んだという説話がある。

さらに、『続日本紀』天平三年（七三一）年七月乙亥条に諸県舞の楽生の人数を八人とする記事があり、また養老令の注釈集で九世紀中頃に成立した『令集解』にも諸県舞が見える。古代の舞には、隼人の風俗歌舞や、諸国の土風歌舞などのように服属を確認するためのものが多いのであるが、諸県舞も、その名から見て、諸県の地あるいは諸県君の服属を発端として、宮廷の歌舞の中に位置づけられたのではないかと考えられる。

以上から、諸県地方の勢力がヤマト王権と密接な関係を築いていたことがうかがわれる。

一方、国富町域が、諸県郡の何郷であったか、明確に伝える史料はない。しかし、諸県郡の管下にある郷名の中で、「県田」は、ヤマト王権が設定した「県」に由来する可能性もあり、注目すべき郷名である。

本庄古墳群の大きな特徴として、前期から後期まで前方後円墳が築造され続けるという点を挙げることができ、本庄古墳群を営んだ勢力が、古墳時代を通じて、ヤマト王権と安定した関係を維持していたこと、すなわち諸県地方の中心であったと考えることができる。また、生目勢力が衰退し、西都原が最大の勢力となった頃、本庄古墳群では最大規模の四二号墳（藤岡山東陵）が築造されていることは、本庄勢力が西都原勢力と密接な関係を構築し、一時的にも大淀川下流域を代表する首長として威勢を振るった可能性を示しているという（「史跡の価値」『史跡　本庄古墳群保存管理計画書』）。これは、先に見た「県」の設定とも整合的に理解できるのであり、邨岡《むらおか》良介『日本地理志料』（一九〇二年）や喜田貞吉『日向国史』（一九二九年）、『宮崎県の地名』（平凡社、一九九七年）などは、県田郷の比定地として本庄をあげている。

八世紀に入ると律令国郡制のもとで、郡の行政拠点として郡家が設置されるようになり、諸県郡の郡家は、本庄古墳群の近くに設置された可能性が高いが、現時点で考古学的な調査は行われておらず、詳細は不明である。

『宇佐神領大鏡』によれば、天喜五年（一〇五七）に日向国司菅野政義が、封民の代として宇佐宮へ寄進した荒野が、神領として立券され、諸県庄になった。その中心が、「本庄」である。宇佐宮（宇佐八幡宮）領では立庄とともに八幡神が勧請され鎮守とされることが一般的であるが、国富町本庄地区に八幡宮が鎮座することは、ここが諸県庄の中心であったことを示している（柴田博子「歴史的環境　古代～中世」『史跡　本庄古墳群保存管理計画書』国富町　二〇一六年）。

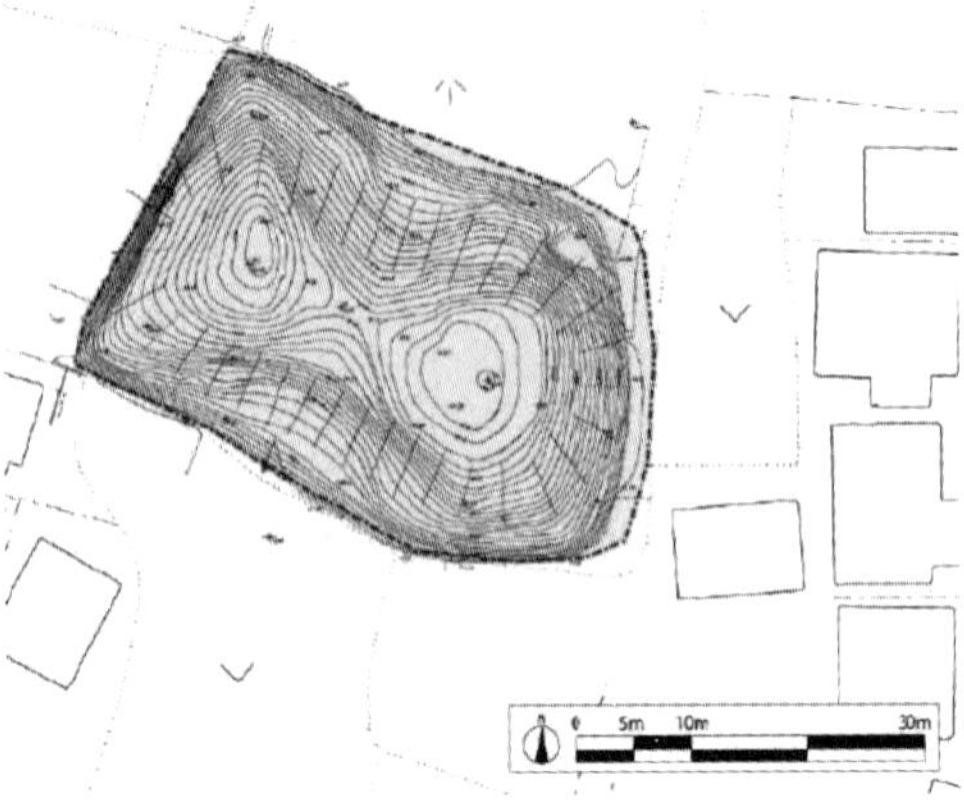

図42　猪塚の平面測量図（『史跡　本庄古墳群保存管理計画書』より）

猪塚とその主体部

猪塚は、墳丘長五〇メートル、後円部径三〇メートル、高さ五メートル、前方部幅三〇メートル、長さ二七メートル、高さ五・二メートルの前方後円墳である。

Ⓜ『日向国諸県郡本荘村古陵墓見聞図説』が作成された明治七年（一八七四）段階で、墳丘上には楠・

椎が生えていたようであるが（図3、23ページ）、昭和九年（一九三四）に国史跡に指定された当時はカシ・椎・杉等の雑木林で覆われ、密集した杉林となっていた。現在、樹木は伐採され、図2（巻頭グラビア参照）のように墳形を確認することができる。

地中レーダー調査によれば、墳丘中に埋葬施設は存在しない可能性が高いといい、寛政元年（一七八九）に発掘された地下式横穴墓が猪塚の主たる埋葬施設であったと考えられる（東憲章「前方後円墳と地下式横穴墓」『季刊考古学』九〇号　二〇〇五年）。その位置については、クビレ部に造られているとの説があるが、これは、文政六年（一八二三）に発見者弥右衛門の子孫の川越氏によって建てられた石碑が、現在クビレ部に建っていることによって導き出された見解であろうと思われる。しかし、先述したように、石碑は原位置ではなく、本来の位置はⓂ『日向国諸県郡本荘村古陵墓見聞図説』に見えるように後円部の南側裾であるから、猪塚で発掘された地下式横穴墓は、後円部につくられたものとしてよい。

猪塚の埋葬施設について、吉村和昭氏の研究（「寛政元年発見「猪塚」地下式横穴墓とその評価」『宮崎県立西都原考古博物館研究紀要』第四号　二〇〇八年）によりながら見ていこう。

Ⓒ『日向国諸県郡本庄村古墳発掘品図解』によれば、玄室は深さ三尺（〇・九メートル）ほどにあり、羨門（玄室の入り口）側が南、玄室奥壁側は北とされている。玄室は家型をしていて、切妻形の天井を持ち、幅一寸（三センチ）の軒があった。羨道は切妻型屋根の妻の方に付いていている（妻入り型）。壁

面はすべて朱塗りであるが、床面の状況に関する記述はなく、礫《れき》を敷きつめていたか、屍床があったかはわからない。玄室の北四分の一程度が、丸岡にかかっているとされており、この地下式横穴が猪塚の埋葬施設であったことがわかる。

玄室の寸法は、長さ二間三尺、幅五尺五、六寸、高さ五尺二、三寸、羨道の寸法は、長さ三尺、幅二尺、高さ二尺とあり、メートルに換算すると、玄室長四・五メートル、幅一・七メートル、高さ一・六メートル、羨道長〇・九メートル、幅〇・六メートル、高さ〇・六メートルとなる。

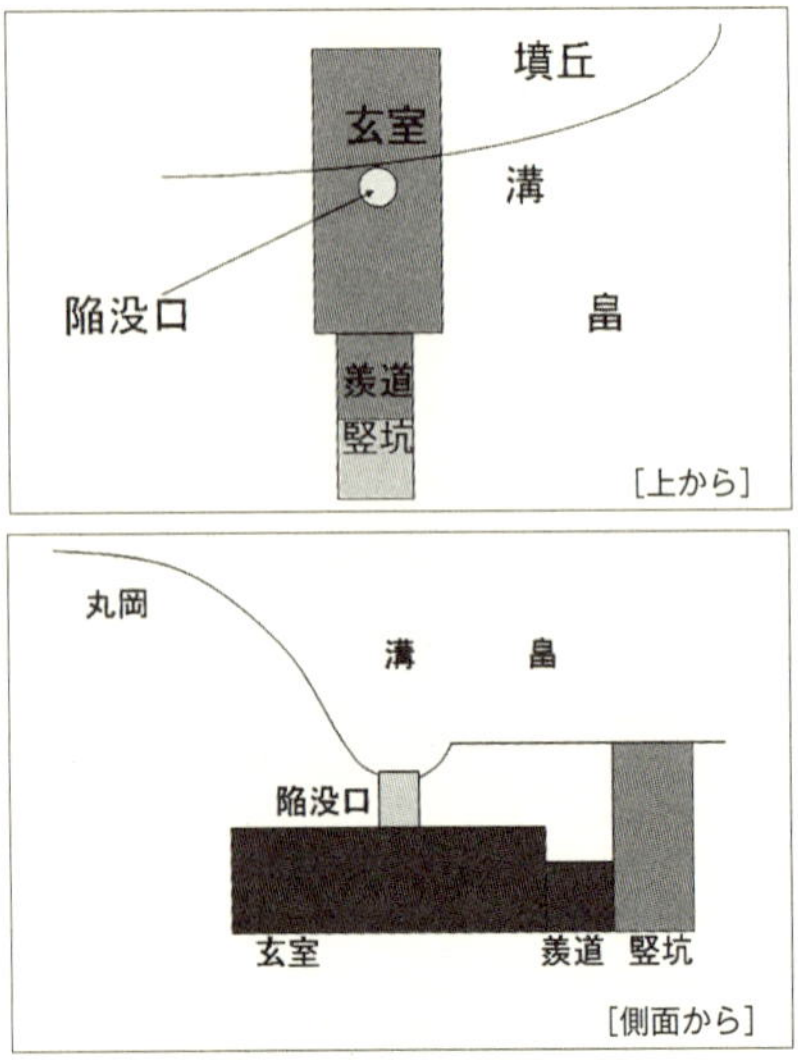

図43　猪塚玄室の模式図

地下式横穴墓の玄室への羨道の取り付き方については、玄室の長辺に付くタイプ（平入り）と、短辺に付くタイプ（妻入り）がある。また、遺体を置く屍床の有無や、玄室の規模をみると、北郷泰道氏の分類によれば、妻入りで屍床が有り、五メートル級を示すI－A－1類の地下式横穴墓とすることができる。現在、玄室の長さが四メートルを超す地下式横穴墓は、猪塚以外に七基知られており、猪塚は、宮崎平野部の地下式横穴墓としては最大規模のものの一つとすることができる。

第三節　猪塚の副葬品

猪塚から出土した遺物に関して、Ⓑ『日向国掘出品々図』では、

剣二本（一本は長さ一尺ほど、一本は長さ二尺五寸ほど）、刀五本（五本ともにそりが少しも無く、すべて平物作とみえる。一本は長さ三尺余り目釘穴は二つ有る。三本は長さ二尺四、五寸で、鍛脇より朽ち折れており中心は無い。一本は長さ二尺余り。掘り出した時、鍛冶屋に持って行き鉄かどうかを調べたので、刀は溶けて無い）、鉾二本（袋槍のように見える）、石突と見えるものが二つ、鎧の破片、冑の破片、矢のように見えるもの、鏡の大中小三面、玉一つ

と書かれている。ここでは、Ⓒ『日向国諸県郡本庄村古墳発掘品図解』に載せられている図面に関して、これも主に吉村和昭氏の研究（「寛政元年発見「猪塚」地下式横穴墓とその評価」『宮崎県立西都原考古博物館研究紀要』第四号　二〇〇八年）などによってみていく。

図44　『日向国諸県郡本庄村古墳発掘品図解』の玉

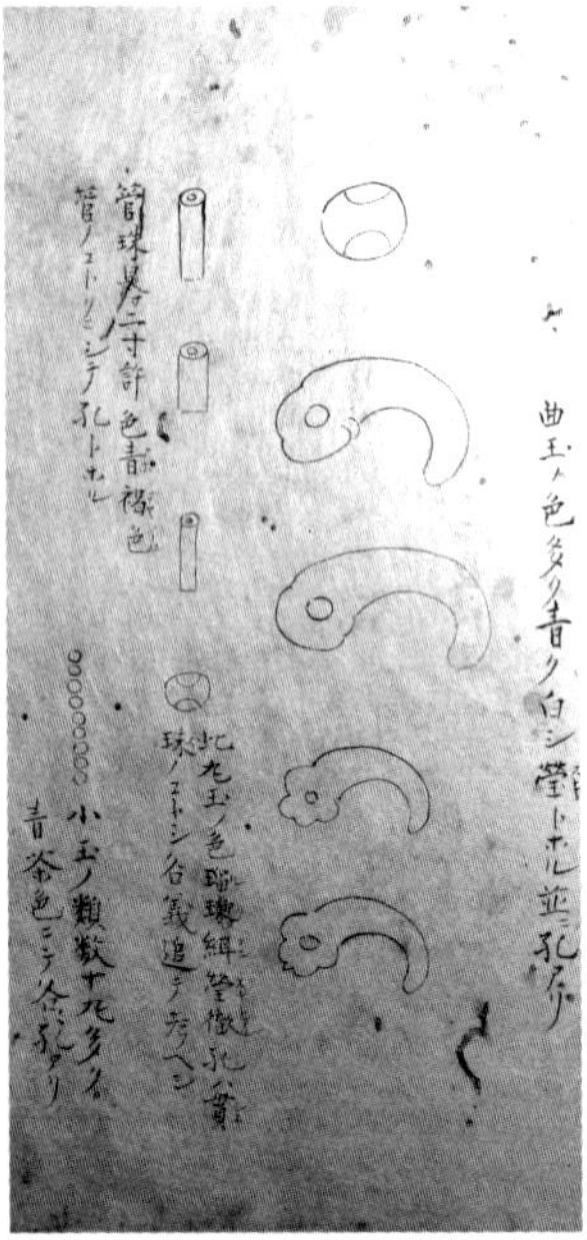

図45　『麑藩名勝考』巻九
（都城島津家本　都城島津邸蔵）

1　玉類

一繋ぎにされた六点の管玉、一繋ぎにされた一〇個の瑠璃《るり》玉、二五個の瑪瑙《めのう》玉、三点の勾玉、さらに「白光アリ雲母ノ如シ」と記された品が描かれている。管玉には、右上に「瑪瑙玉鼠《ねずみ》色」と記されているが、吉村氏は、瑪瑙玉は通常火入れをすると赤く発色するので、瑪瑙製には疑問を示し、鼠色から滑石製の可能性もあるとしている。

Ⓖ『麑藩《げいはん》名勝考』巻九には、勾玉が四点図示されており、うち三点の頭部は花形のような形状に描かれている。吉村氏は、刻線を表現した可能性もあるとしている。なお、白尾国柱は、勾玉に関連して、南島の玉ハビルという神事に用いる玉の関係に言及しているが、『神代山陵考』の

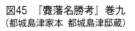

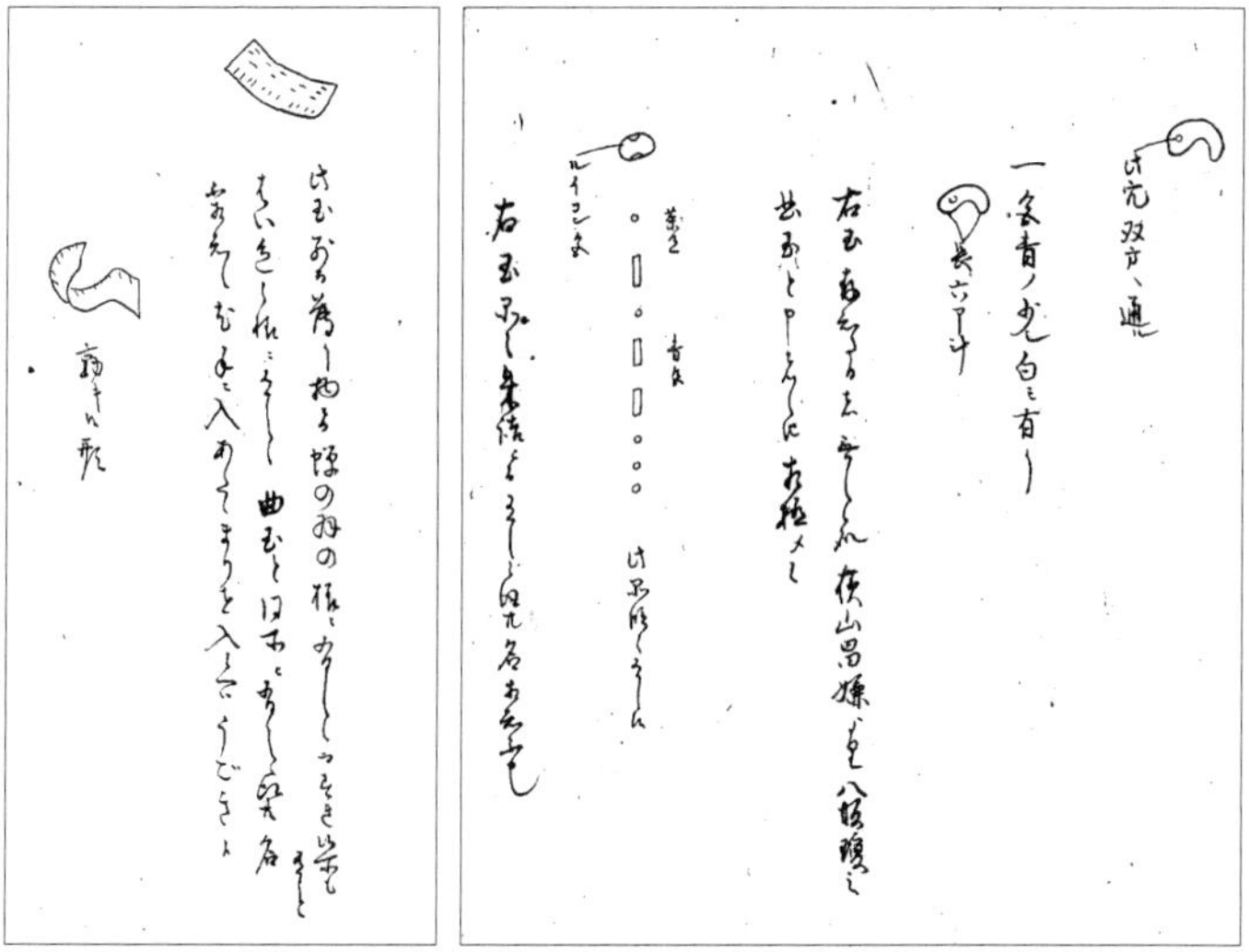

図46　『日向国諸県掘出剣鉾冑及鏡図』（宮内庁書陵部所蔵）

後半と『麑藩名勝考』巻一〇では、南島を扱っており、こうした知識を用いて考察を加えているといえる。

B『日向国掘出品々図』では、玉類に関する次のような記述がある。

　一、曲玉と同じ所に、朱と一緒に詰められたいろいろな玉類があった。中でも、小さくて丸い玉類には大小あった。そのなかに、長さ一寸三、四分（三・九〜四・二センチメートル）、幅五分（一・五センチメートル）くらいの蟬の羽のように薄く透き通った物があった。手の平に入れて温めると動く物であるが、名前は分からない。右の朱詰めの朱は水銀からできているので、水銀が出たということだ。

Ⓒ『日向国諸県郡本庄村古墳発掘品図解』では、勾玉の右に「白光アリ雲母ノ如シ」と書かれたものがあるが、これがⒷ『日向国掘出品々図』に見える「蟬の羽のように薄く透き通った物」に該当すると思われる。表2を見ると、蟬羽状の物に関する記述は、Ⓑ『日向国掘出品々図』・Ⓓ『日向古墳備考』・Ⓖ『麑藩名勝考』巻九に存在する。Ⓖ『麑藩名勝考』巻九はⒹ『日向古墳備考』の増補版とも言えるものであるので、白尾は、Ⓓ『日向古墳備考』を著すにあたって、Ⓑ『日向国掘出品々図』あるいはこの系統に属する資料を参照していると考えられる。

なお、白尾国柱は、Ⓓ『日向古墳備考』・Ⓖ『麑藩名勝考』巻九の中で、この蟬《せみ》の羽のような物について、中国の房中で用いられる陰具（夜の営みの中で用いる道具）とする俗説を、こうした道具は日本には存在しないし、そのような汚らわしい物を陵の中に入れることはないとして否定し、邪悪な物や毒を祓うための道具としての比礼《ひれ》であるとしている。

2 鏡

Ⓒ『日向国諸県郡本庄村古墳発掘品図解』では、大・小・中の順に描かれている。一番大きな鏡には「博古図（『宣和博古図』）にいう漢の三神鏡で、径は五寸（一五センチメートル）、重さは十両半（三九四グラム）ほど、銘は五十六字」との注記がある。非常に精密な図であるけれども、五六文字あったという銘は判読できない。また、図では直径一八センチメートルに描かれており、Ⓑ『日向国掘出品々図』で

は、直径六寸（一八センチメートル）、厚さ三分（九ミリメートル）ほどとされている。吉村氏によれば、画文帯神獣鏡（画文帯盤龍座乳同向式神獣鏡）であるという。

次の一番小さな鏡には、「博古図にいう漢の虎龍鏡で、径は四寸一分（一二・三センチメートル）、重さは九両（三三八グラム）で銘はない」とある。図では、径は約一一センチメートルに描かれている。吉村氏によれば、

図47　『日向国諸県郡本庄村古墳発掘品図解』鏡
（『西都原考古博物館研究紀要』第４号より転載）

これは二神二獣鏡である。

次の鏡は、「四獣鏡」と注記されている。

白尾は、三面の鏡に一つは中国の四神鏡に似ているけれども別物だとし、Ⓖ『麑藩名勝考』巻九では、皇国では鏡剣と玉矛を珍重しており、この古墳（猪塚）もこれらを蔵めているので、尋常の人の墓ではないとし、寛政元年（一七八九）に尾張国中島郡神戸村の農民甚八が、鏡三面と剣矛の類一二本を掘り出した件に関する、尾張藩に宛てて提出された書き付けを引いている。

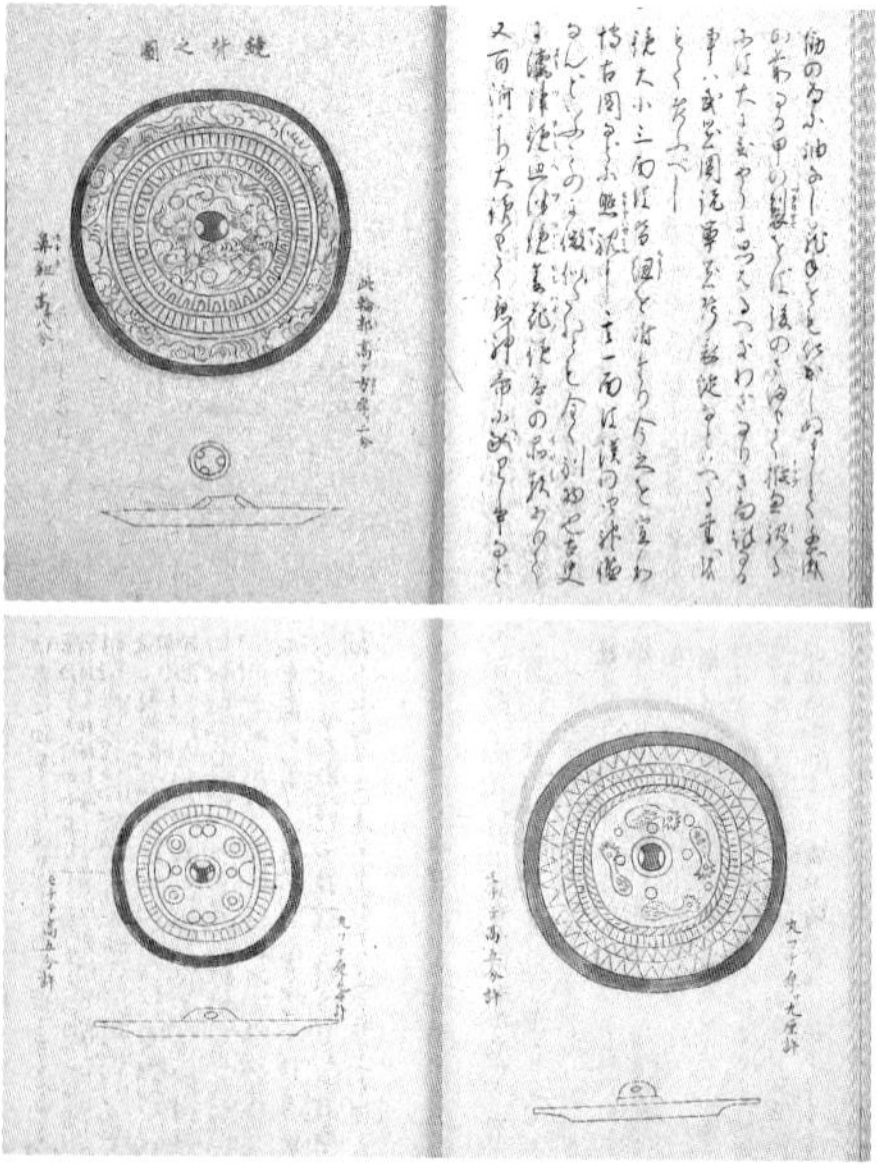

図48　『麑藩名勝考』巻九
（鹿児島大学玉里文庫本　鹿児島大学附属図書館所蔵）

吉村氏によれば、これまでに地下式横穴墓で出土している鏡はいずれも珠文鏡や獣形鏡といった小形の仿《ぼう》製鏡《せいきょう》のみであり、また三面以上の鏡が副葬される例はみられないという。

3　甲冑

Ⓒ『日向国諸県郡本庄村古墳発掘品図解』には、短甲とその部品の図が、一〇点描かれている。①三角板

鋲《びょうどめ》留短甲後胴左脇寄りの押付板～長側第二段に至る破片、②③横矧《よこはぎ》板鋲留短甲後胴と同・右前胴、④同・左前胴が、⑤⑥三角板鋲留短甲前胴の破片二、⑦右脇を含む後胴竪上第三段～長側第三段の破片が上下逆に描かれ、⑧⑨⑩裾板ほかの破片三点が図示されている。用紙の貼り継ぎを見ると、①②③④⑦は用紙を縦長に使って描き、その後短辺を貼り次いだため、①②③④は横向きに描かれていることになる。

なお、Ⓖ『麑藩名勝考』巻九には「この鎧は、全体的に朽損していて、はっきりしない。全体は鋲・釘で締めてある。桶皮胴であって、屈伸はない。最も重くて腹は大きく張り出しているように見える。このほか草摺・脛当・手袖《そで》・籠手《こて》などの金具と見えるものもあるが、縄・糸も朽ちていて切々になっているので、分からない。」という記述があるが、吉村氏によれば、わざわざ「桶皮胴」と書いているので鉄製である可能性は低いと考えられ、この胴のことが最も早い記録であるⒶ『日向国諸県掘出剣鉾冑及鏡図』・Ⓑ『日向国掘出品々図』・Ⓒ『日向国諸県郡本庄村古墳発掘品図解』には見えず、また他の資料にも見えないことは、不審であるという。

横矧細板鋲留眉庇《まびさし》付冑は出現期の眉庇付冑とみてよく、五世紀第２四半期頃のものとされる。また三角板鋲留短甲は、多鋲式であり、五世紀中葉のなかで考えられるという。さらに、横矧板鋲留短甲は、少鋲式で五世紀後葉のものとされる。

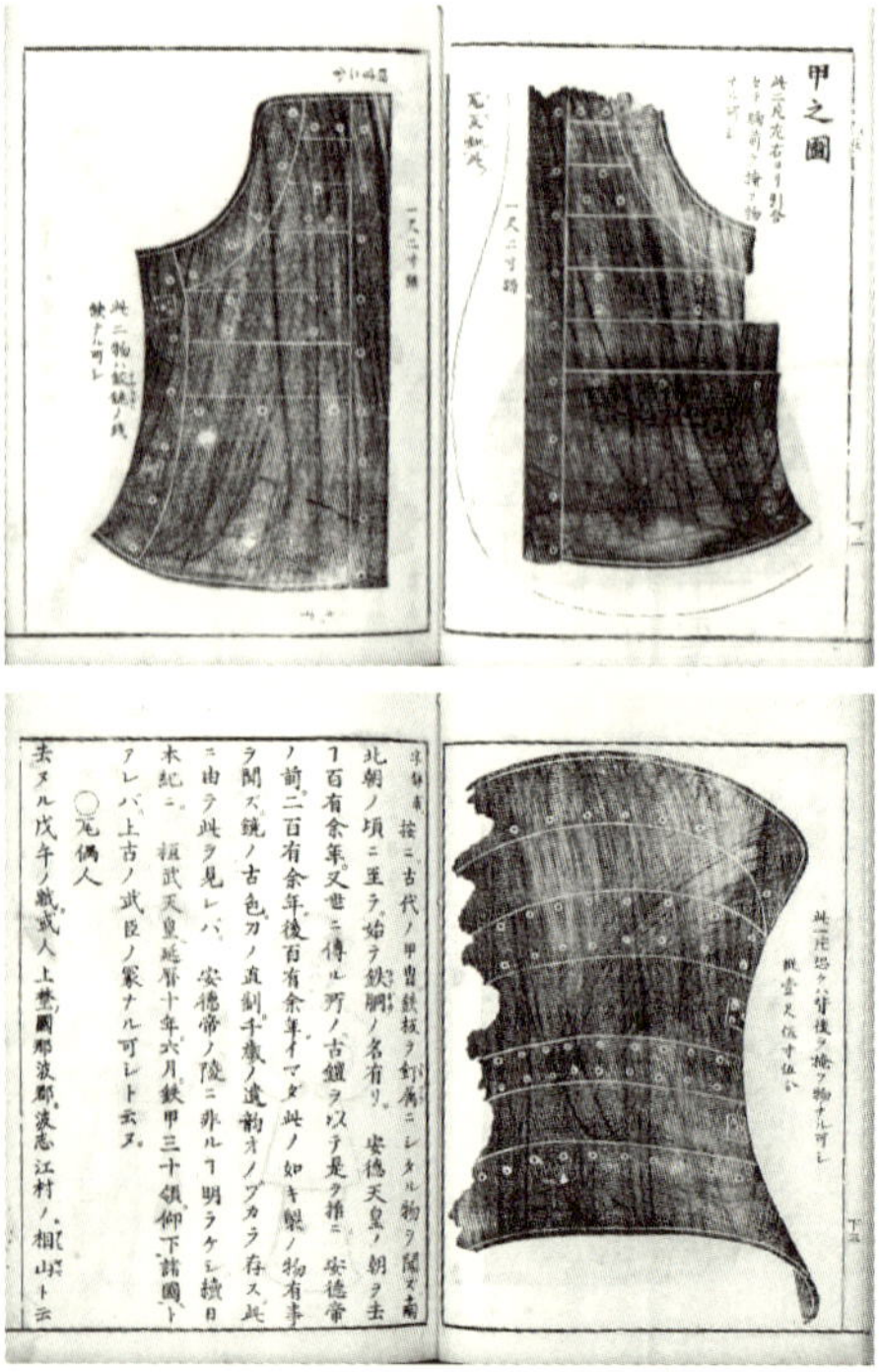

甲之圖

按ニ古代ノ甲冑鉄板ヲ釘属ニシタル物ヲ聞ズ南北朝ノ頃ニ至テ始テ鉄胴ノ名有リ。安徳天皇ノ朝ヲ去ヿ百有余年又世ニ傳ル所ノ古鎧ヲ以テ是ヲ推ニ安徳帝ノ前二百有余年後百有余年イマダ此ノ如キ製ノ物有事ヲ聞ズ鏡ノ古色刀ノ直剣千載ノ遺韵オノヅカラ存ス此ニ由テ此ヲ見レバ安徳帝ノ陵ニ非ルヿ明ラケシ續日本紀ニ 桓武天皇延暦十年六月鉄甲三十領仰下諸國トアレバ上古ノ武臣ノ冢ナル可レト云ヌ。

○冠偶人

去ヌル戊午ノ歳武人上埜國那波郡波志江村ノ相山ト云

図50 『桂林漫録』甲図

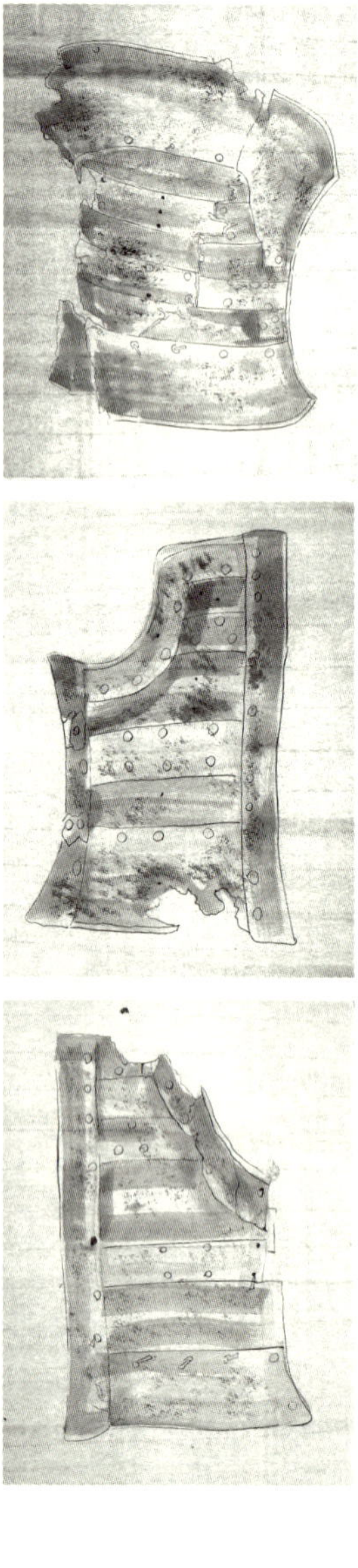

図49『日向国諸県郡本庄村
古墳発掘品図解』甲

4 馬具

吉村氏によれば、眉庇付冑《まびさしつきかぶと》の破片が描かれた一群に混じって、轡《くつわ》が眉庇付冑の鉢の左上に描か

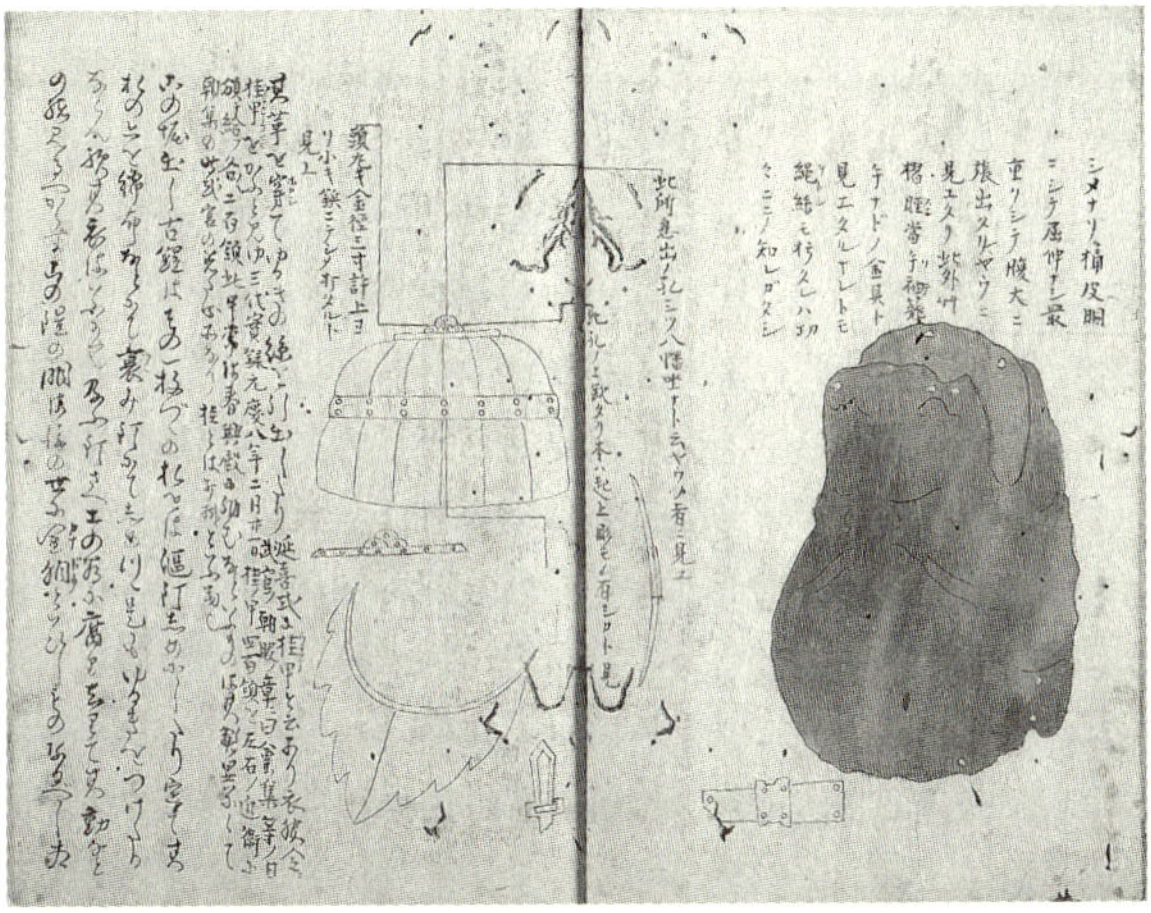

図51　『麑藩名勝考』巻九（都城島津家本）

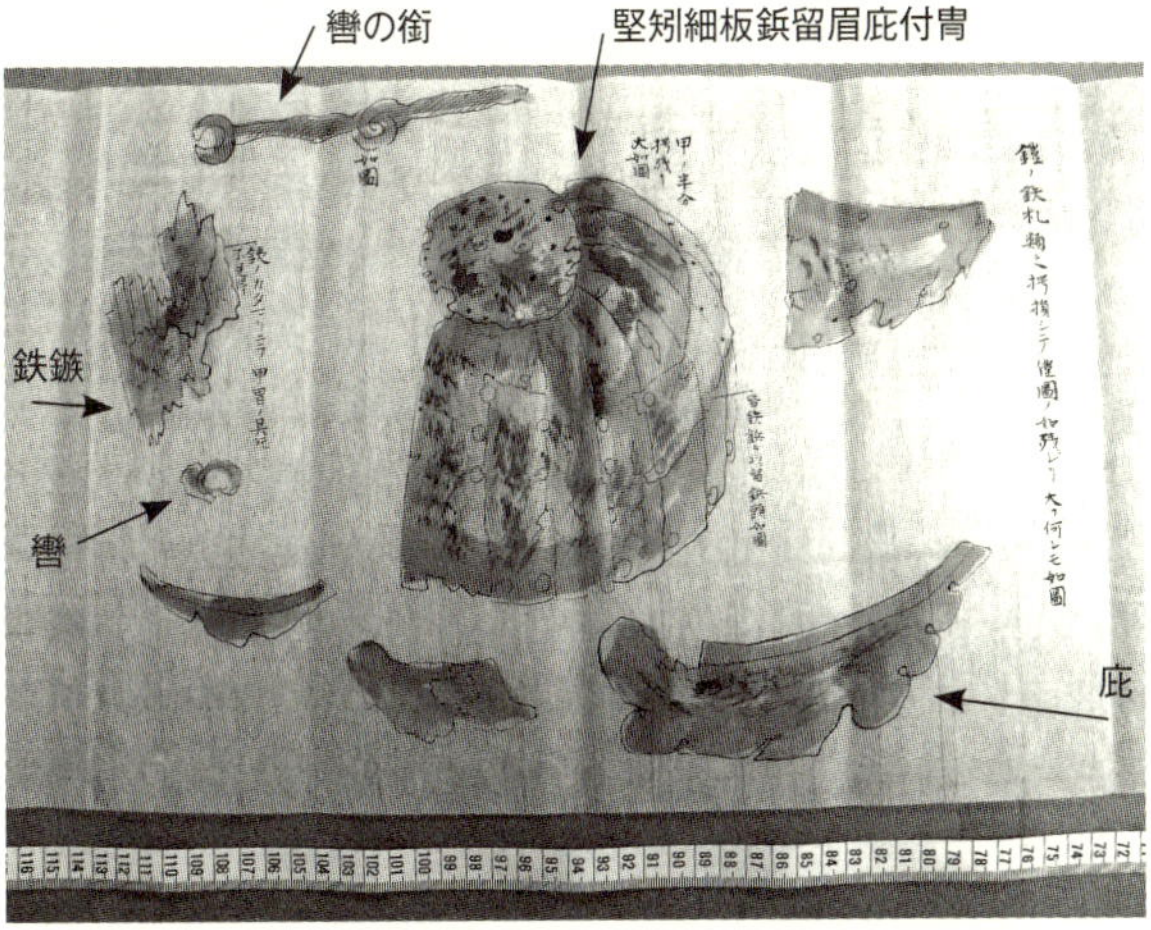

図52　『日向国諸県郡本庄村古墳発掘品図解』
冑・馬具・鏃

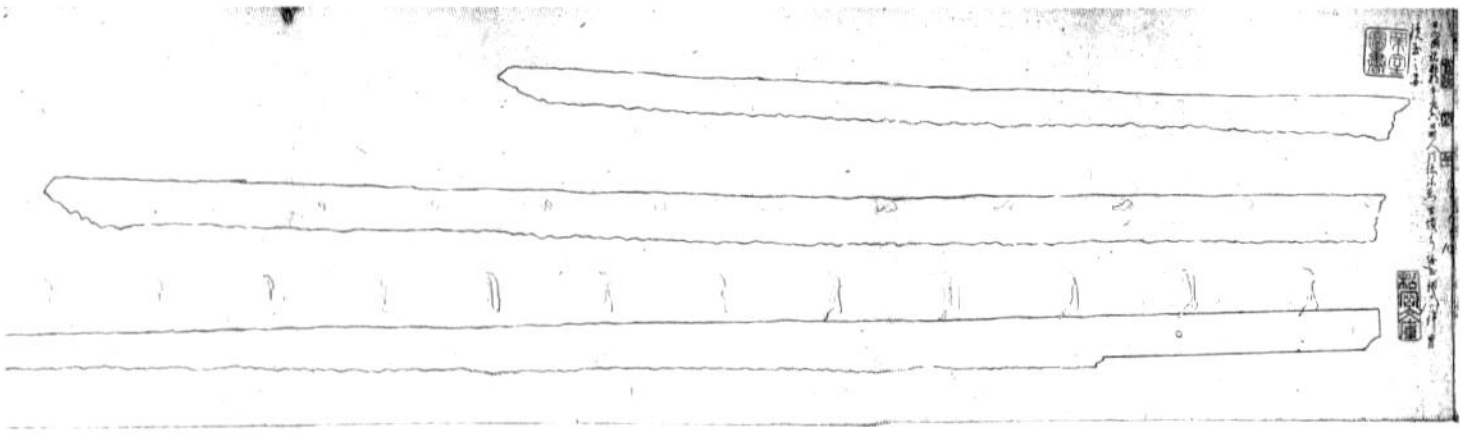

図53-1 『日向国諸県掘出剣鉾冑及鏡図』

れており、馬具については、Ⓒ『日向国諸県郡本庄村古墳発掘品図解』以外の資料には記述、図ともに見られないという。

轡は銜《かん》のみであり、引手などは欠失している。また片方の銜先環が失われているが、鉄鏃塊の下部に描かれた環状の鉄器破片は、その形状と大きさから、欠損しているもう片方の銜先環とみてよいという。銜身部分には数条の斜めの線が描かれており、これは捩《よ》りを表現したものという。これは、鏡板付轡あるいは環板轡の一部と考えられるという。

5 武器

武器としては、鉄鏃・刀・剣・鉾が見られる。吉村氏によれば、「鉄のかたまりであって甲冑の部品とも見えない」と添書されている鉄器は棒状の塊から成っていることから推して、鉄鏃の可能性が高い。棒状に描かれていることから長頸鏃《ちょうけいぞく》の頸部とみることもできるという。

刀剣について、Ⓒ『日向国諸県郡本庄村古墳発掘品図解』では、本文で剣三本、刀七本が出土したと書かれており、そのうち剣一本と刀四

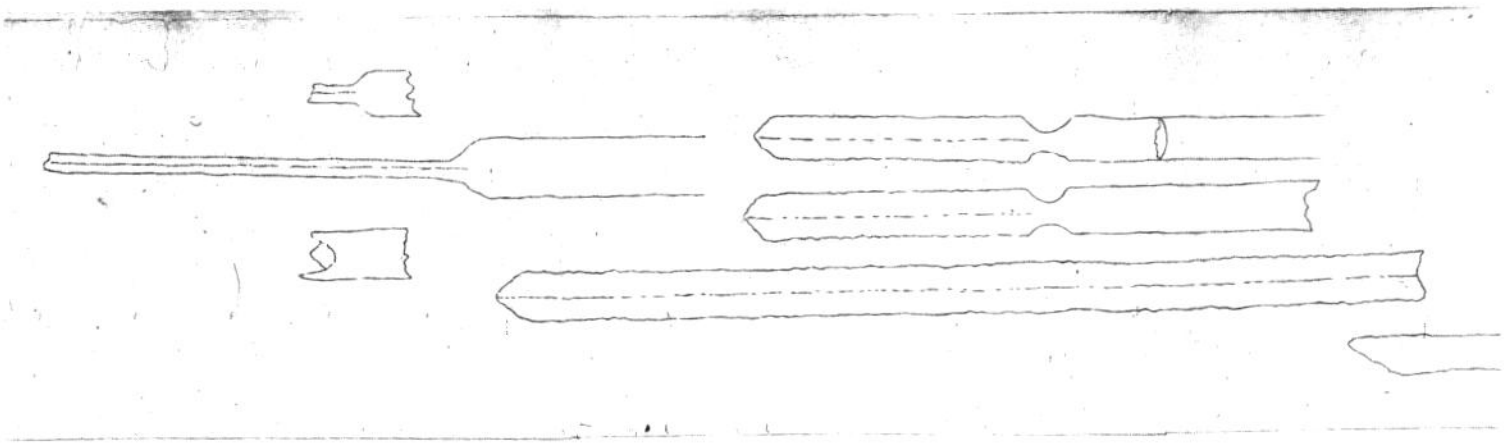

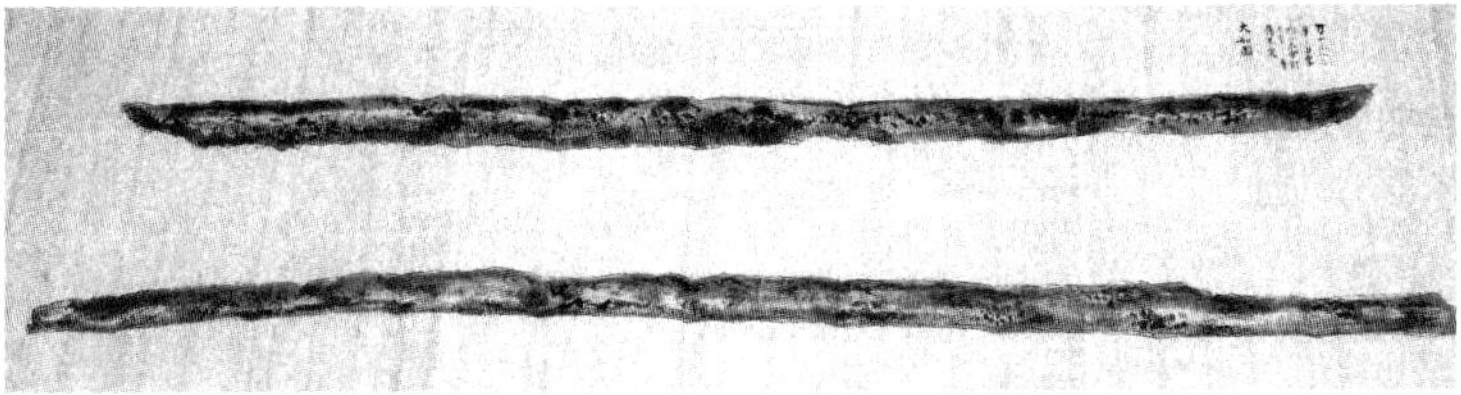

図53-2　『日向国諸県郡本庄村古墳発掘品図解』

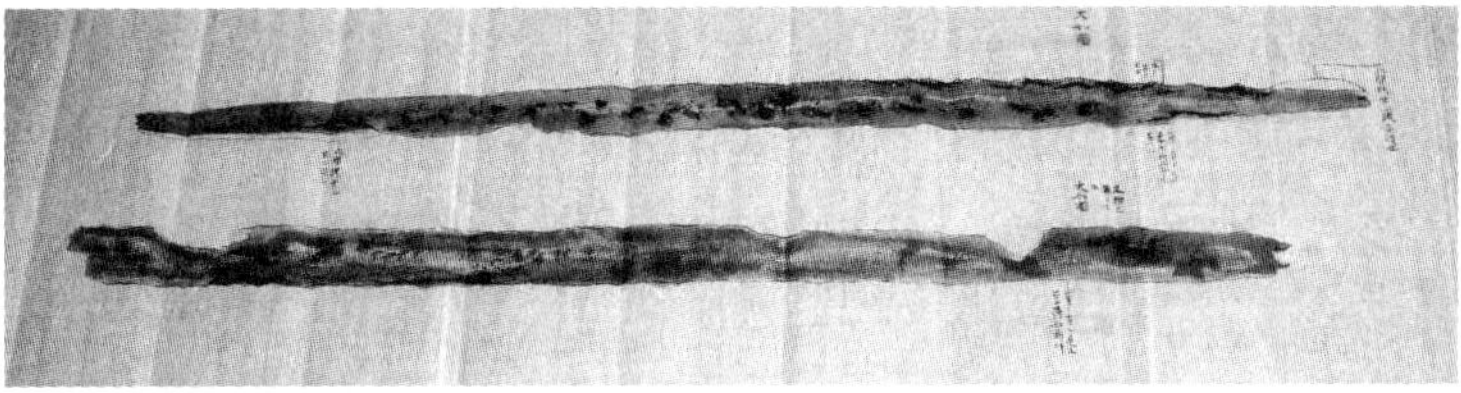

図53-3　『日向国諸県郡本庄村古墳発掘品図解』

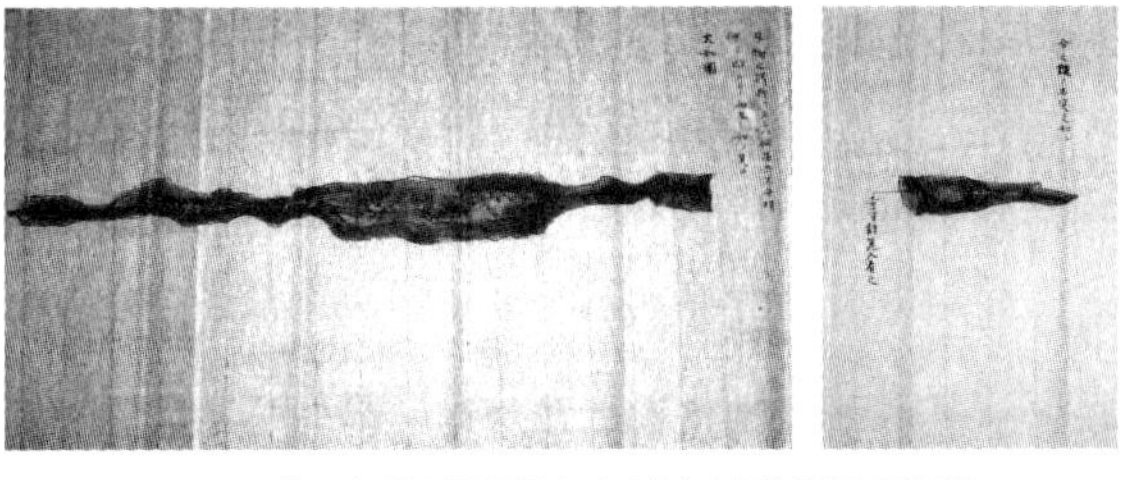

図54　『日向国諸県郡本庄村古墳発掘品図解』

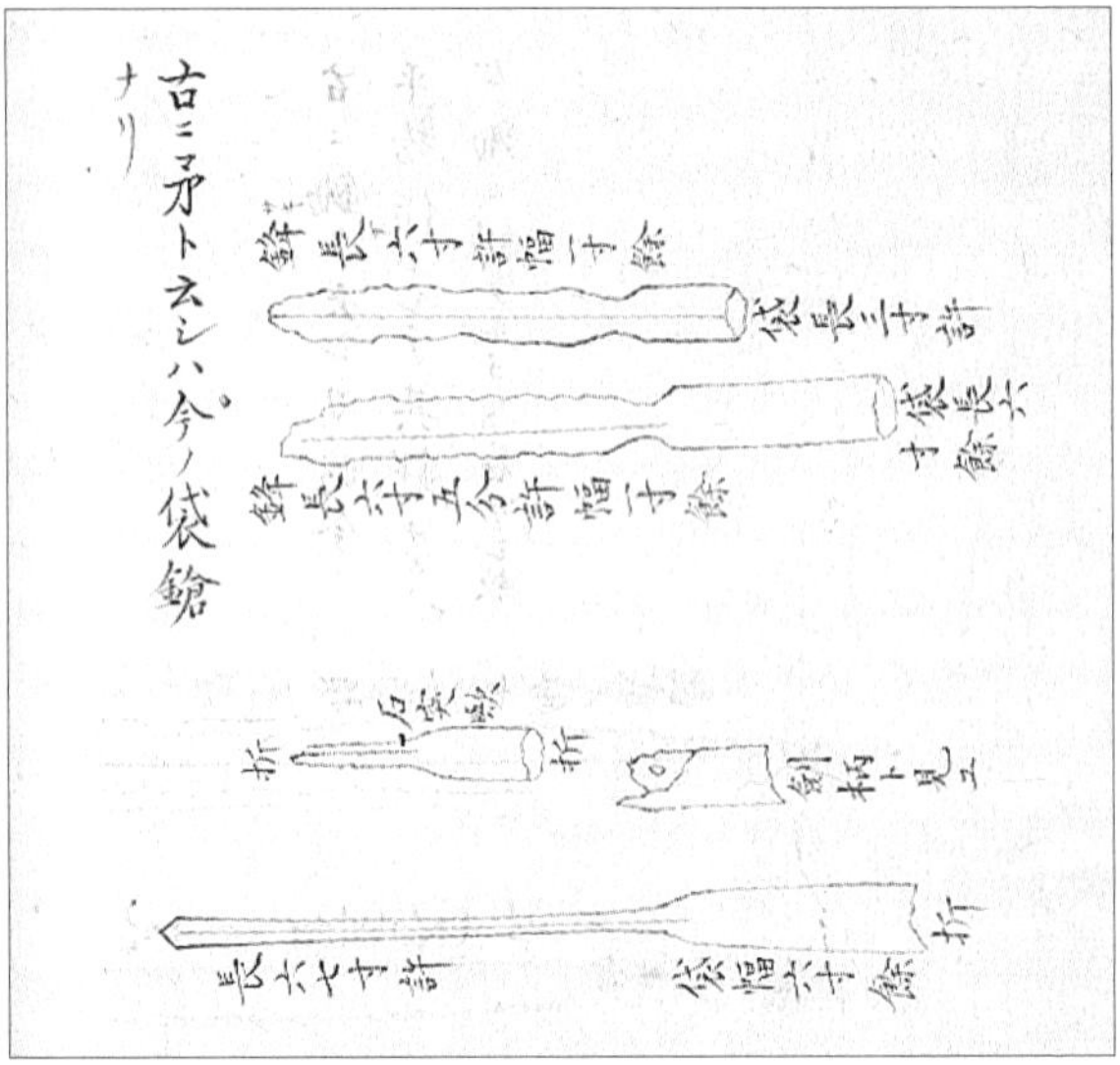

図55　『麑藩名勝考』巻九（鹿児島大学玉里文庫本）

本が図示されている。鉾《ほこ》については、Ⓒ『日向国諸県郡本庄村古墳発掘品図解』の本文中に「袋鑓《やり》のような鉾二つ」とあるが、鉾身本体の絵は載せられておらず、「今の鑓の石突のようである」と添書された一点が図示されるのみである。

また、Ⓐ『日向国諸県掘出剣鉾冑及鏡図』と『麑藩名勝考』巻九の絵は同じではないものの、両者ともほぼ完形の鉾先三本と、袋部あるいは石突の破片二点が描かれている。なお、石突のような物については、鉄《てっ》鐸《たく》とする説も示されている。

以上のような出土品から、猪塚の築造年代を考えてみると、甲冑の年代を決め手として、五世紀後葉・末とすることができるという。

第四節　猪塚の発掘が明らかにしたこと

高塚古墳と地下式横穴墓

かつて前方後円墳をはじめとする高塚古墳は畿内との密接な関係のもとに築かれたものであり、一方地下式横穴墓は南九州にいた有力者の独特な墓であるとされていた。一九七〇年代の段階では、地下式横穴墓に目印となるマウンド（塚）が存在するか否かが問題とされていたくらいであった。その後、しだいに地下式横穴墓を伴う高塚古墳が知られるようになった。円墳と一体のものとして築造された地下式横穴墓としては、西都原一一一号墳（宮崎県西都市）の主体部である四号地下式横穴墓、下北方七号墳（宮崎県宮崎市）の主体部である五号地下式横穴墓、中期中葉の円墳岡崎一八号墳（鹿児島県鹿屋市串良町）に三基の地下式横穴墓が見られる。後期末の円墳に地下式横穴墓がともなうものとしては、堂ヶ島第二遺跡（宮崎県西都市）、下耳切牛牧一号墳（宮崎県高鍋町）が知られている。また塚崎二二・二八・二九・三〇・三一・三二号墳（鹿児島県肝付町）でも地下式横穴墓が知られている。

なかでも、西都原四号地下式横穴墓は、玄室長が五・五メートル、管玉、勾玉、ガラス製丸玉・小玉、珠文鏡、直刀、鉄鏃、短甲が副葬されており、下北方五号地下式横穴墓は、玄室長五・四メートル、垂飾付耳飾、玉類、鏡、直刀、剣、鉾、鉄鏃、甲冑、馬具、鉄斧、鉄鎌、須恵器器台、坏身が副葬されていた。この二つの地下式横穴墓は、副葬品の質と量から言って、全国の中期古墳の中でもかなりのレベルにあるものとすることができる。そして、猪塚の地下式横穴墓の副葬品も、これに遜色ないものである。

前方後円墳と地下式横穴墓

高塚古墳の中でも前方後円墳はヤマト王権との関係が強いとされているが、前方後円墳に地下式横穴墓が伴う例としては、次のようなものが知られている。

鹿児島県鹿屋市串良町の岡崎一五号墳（全長二六メートル、帆立貝形前方後円墳）では、両クビレ部に竪坑が確認されている。鹿児島県大崎町の神領一〇号墳（全長五四メートル）では、周溝に三基の地下式横穴墓が確認されている。宮崎県宮崎市の生目古墳群の五号墳（全長五七メートル）では、周溝外で一九号地下式横穴墓が確認された。同七号墳（全長四七メートル）では、周溝部から後円部中心に向かって構築された一八号地下式横穴墓、周溝内から八基、周溝外から四基の地下式横穴墓が確認され、同一四号墳（全長六三メートル）では、周溝内より二〇号地下式横穴墓、同二一号墳（全長不明）では、周溝内に一三基の地下式横穴墓、同二二号墳（全長一〇一メートル）では周溝内より、張り出し部にかけて二三号地下式横穴墓が確認されている（宮崎市教育委員会『生目古墳群Ⅰ』二〇一〇年）。また、宮崎県宮崎市の下北方古墳群の一号墳（墳長七八メートル前後）には、前方部前面主軸上に玄室長三メートルの妻入り型の一六号地下式横穴が確認されている。下北方一六号地下式横穴墓は発掘調査され、土師器一〇点、鉄剣一点、滑石製臼玉八二点が検出されているが、古代の時点で、天井が崩れ周溝の土で充填されているらしい（『下北方一号墳周辺遺跡』宮崎市教育委員会　二〇〇八年）。残念ながらこれ以外の前方後円墳にともなう地下式横穴墓の内部の発掘調査は行われておらず、副葬品については不明である。

図56　（上）生目７号墳
（下）７号墳に伴う18号地下式横穴墓

　宮崎市下北方町に所在する下北方古墳群・地下式横穴墓群に関する研究によれば、五号地下式横穴墓に代表される「大型で妻入りの玄室を持ち他に比して豊富な副葬品を持つ一群」と、一九号・二〇号地下式横穴墓のような「小型で平入りの玄室を持ち、副葬品が少ない一群」とが、ここに地下式横穴墓群が築造され始める五世紀後半から並存しているという。また、高塚墳の周溝内に構築され、墳丘側に向かって構築されるのが大型妻入りの一群に限られる点は、この二群の違いが、被葬者の階層差を表しているといい、内陸部において集団墓として成立した地下式横穴墓が、墳丘規模、埋葬施設などの内容によって相対的な階層性を表出した前方後円墳築造地域である古墳時代社会に接触したことによって、明確な階層性を持った状態で受容され、その際に首長の地下式横穴墓として、大型妻入りの地下式横穴墓が生み出されたとされる（西嶋剛広「下北方地下式横穴墓群における地下式横穴墓受容形態」宮崎市文化財調査報告書第七八集『下北方塚原第1遺跡』二〇一〇年）。

築造時期	出土遺物
5C後	管玉、勾玉、ガラス製丸玉・小玉、珠文鏡、直刀、鉄鏃、短甲
5C後	垂飾付耳飾、玉類、鏡、直刀、剣、鉾、鉄鏃、甲冑、馬具、鉄斧、鉄鎌、須恵器器台、坏身
5C後	甲冑2、剣3、刀7、鏃、鏡3、勾玉、管玉、丸玉、小玉
—	刀、剣
—	鉄剣、鉄鏃、刀子、馬具、鉄製品
5C後葉・末	珠文鏡、勾玉、三角板革綴短甲、小札鋲留眉庇付冑、刀5、剣4、刀子、片刃長頸鏃3、両刃長頸鏃3、片刃鏃、平根無茎鏃、長頸鏃、鉄斧、U字形鋤先、砥石
5C後半	獣形鏡、管玉、横矧板鋲留短甲（多鋲式）、小札鋲留眉庇付冑、刀11、鹿角装剣、剣3、圭頭鏃3、鉄鏃2、両刃長頸鏃、U字形鋤先、馬具4、轡4、土師器坩、土師器坏
5C末	剣、刀、貝輪、鉄斧、鋤先、倣製獣形鏡

※Cは世紀（century）を示す

表９　玄室長が４ｍを超す地下式横穴 ***

名称	所在	全長（m）	玄室				装飾	人骨	墳丘	閉塞
			奥行（m）	幅（m）	高（m）	面積（㎡）				
西都原４号	西都市		5.5	2.2	1.6	12.1	○	1	円	羨・石****
下北方５号	宮崎市	9.8	5.4	2.2	1.7	11.8	○	—	円	板
猪塚 *	国富町	5.5	4.5	1.7	1.6				前方後円	
本庄５号	国富町	—	4.1	1.4	—	5.7	—	—	—	—
本庄 14 号	〃	—	4.0	1.7	1.4	7.0	○	○	—	羨・石
六野原８号	〃	—	5.4	1.9	1.1	10.3	○	1	—	—
〃 10 号 **	〃	9.2	5.6	2.3	—	12.7	—	—	—	—
大坪１号	〃	—	4.0	1.4	1.2	5.7	○	2	—	羨・石

（第４回九州前方後円墳研究会『九州の横穴墓と地下式横穴墓』2001 に一部加筆）

* 平野絢子 2015 によれば、『宮崎県史　資料編　考古２』では六日町１号・宗仙寺２号、出典では本庄４号・本庄 15 号として、重複しているという。

** 出典では 34 号墳とされていたが、吉村和昭「宮崎県平野部における地下式横穴墓の群形成と埋葬原理 ── 六野原古墳群・地下式横穴墓群を対象として ── 」『九州考古学』90 号 2015 年）により改めた。

*** 生目７号墳に伴う 18 号地下式横穴墓は未調査であるが、玄室の陥没坑は長さ 6.7 m、幅 3.4 mを測るもので、巨大な地下式横穴墓であったと考えられる（宮崎市教育委員会『史跡生目古墳群』2006 年）。

**** 羨・石は羨道を石で閉鎖したもの。板は板閉塞。

先に述べたように、寛政元年（一七八九）に発掘された地下式横穴墓が猪塚の主たる埋葬施設であったと考えられる。

猪塚は二〇〇年以上前の記録しか存在しないものの、現時点で前方後円墳の主体部たる地下式横穴墓の玄室や副葬品の状況がわかる貴重な例であると言ってよい。

猪塚の被葬者は、橋本達也氏が指摘するように、西都原四号地下式横穴墓や下北方五号地下式横穴墓の被葬者と同じく、副葬された武器や装身具などから見て古墳時代中期後葉（五世紀後半）における九州でも最高首長層に属する人物であったと考えられる（前掲「地下式横穴墓とはなにか」）。

こうした首長は、近畿政権と政治的な関係を結び、墳形や副葬品では近畿地方との密接な関係を反映させていくものの、埋葬施設の面では主体的に地下式横穴墓を採用した。中期段階では、近畿地方の政権も、このような多様性を許容していたと考えられるようである（橋本達也「古墳築造周縁域における境界性——南限社会と国家形成——」『考古学研究』第五八巻第四号　二〇一二年）。

エピローグ

猪塚をめぐるこの物語もいよいよ終わりを迎えようとしている。この物語で、狂言回しの役割を果たしたのは、高山彦九郎と言ってよいだろう。高山彦九郎は、猪塚発見直後に大きな役割を果たした横山尚謙や、『日向古墳備考』および『麑藩名勝考』巻九で猪塚に関する考証を加えた白尾国柱と直接会っている。また、白尾国柱が本居宣長の『古事記伝』の中に名を残すにあたって、熊本藩の長瀬真幸とともに、決定的な役割を果たした。

彦九郎は、猪塚出土の甲冑を修理した可能性の高い増田直治の兄幸兵衛の家に約二カ月にわたって逗留し、最終的には感情的な対立が生じるものの直治とも密な交流をおこなった。高山彦九郎の『筑紫日記』は、寛政四年（一七九二）段階に於ける鹿児島の文化状況のかなりの部分を人間関係の面から映しだしたものと言える。

さらに、江戸に運ばれた猪塚出土の甲冑の実見会場を提供した堀素山は、堀門十郎の可能性が高いと考えるのであるが、その堀門十郎に直接に会ってはいないものの、堀門十郎の名は高山彦九郎の日記に確認できる。

その高山彦九郎は、鹿児島を訪れたほぼ一年後の寛政五年（一七九三）六月、久留米で自刃した。鹿児島で生まれ、長崎で教育を受けた増田直治は、同五、六年ごろ、兄幸兵衛から長崎での事業を引き継ぎ、文化三年（一八〇六）三月、長崎で亡くなった。鹿児島と加治木で彦九郎に会い、直治の墓誌を著した親友、長崎生まれの伊藤瓊山は、致仕し鹿児島に居を移したが、再び椛城（加治木）に戻り、文政六年（一八二三）三月そこで亡くなっている。

白尾国柱は、寛政七年ころまでに、『日向古墳備考』を増補して『麑藩名勝考』巻九をまとめ、その後も改訂を続けていった。同十一年『成形図説』撰修のため江戸へ赴き、多くの国学者たちと交流し、文政二年に記録奉行、翌年には物頭に就任し、同四年二月に亡くなった。

京都での医学修業の成果をもとに猪塚の遺物を同定し、おそらく遺物の薩摩藩献上に大きな役割を果たした日向国高岡の横山尚謙は、同郷の二人とともに寛政十年本居宣長の鈴屋に入門し、『古事記頌題歌集』に和歌を残し、文化六年（一八〇九）に亡くなった。

猪塚の遺物発見の当事者、川越弥右衛門のその後については、全くわからないが、しばしばその祟りのようなものがあり、文政六年（一八二三）七月、碑を建てて祭ったことが知られているので、弥右衛門の死去は、同年からそれほどさかのぼらない時期であったと考えておきたい。

猪塚および出土遺物に直接関わった人々が姿を消していく中で、猪塚に関して記された諸々の資料は、広がりを見せていった。プロローグで示した多くの資料も、その広がりのごく一部を示したものにすぎないと考えられる。

この本の登場人物の中で、増田《ますだ》直治・伊藤瓊山《けいざん》・松村安之丞《やすのじよう》は、長崎で教育を受け、ほぼ同じ頃、薩摩藩内で活躍していた。この三人はおそらくは幼なじみであって、長崎人脈ということが可能であろう。当時の薩摩藩の学問状況の全体像がわからないので、この三人を薩摩藩の学問状況の中でどのように位置づけたら良いのか明確ではないが、この点について少し考えてみたい。

『瓊山文稿』の「南陵先生に呈するの書」によれば、伊藤瓊山が薩摩に遊学しようとすると、長崎の師高松南陵は旅の用途を与え、橘文龍・吉村迂斎・松村安之丞らは力添えしたという。島津久徴《ひさなる》の『名山楼詩集』は、その序文を清国人が書いていることで有名であるが、重野安繹《やすつぐ》「伊藤瓊山先生墓表」には「先生（伊藤瓊山）はこれを校訂し、これについて清人に質問すると、清人は大いに称賛し、批評・序文・跋文を書いて、送り返してきた。」とあって、伊藤瓊山の長崎とのパイプが重要な役割を果たしていたことがわかる。

また、吉村迂斎の『迂斎文集』の「画巻題辞稿二種　其二」によれば、寛政二年（一八九〇）、狩野探幽が模写した中国の古画を見た薩州知覧の賢大夫（知覧領主島津久邦）は、探定斎守行に命じて模写させ、その画を長崎に送って、清国人に題を求めてきた。探定斎守行は、はじめ木村探元に学び、狩野探林の門に入った薩摩藩の絵師で、寛政五年（一七九三）に亡くなっている（井上良吉編『薩藩画人伝備考』一九一五年）。島津久邦（一七五三〜九一）は、知覧領主島津久峰の次男であり、加治木島津家を継いだ久徴の弟であった。吉村迂斎が、この題を代作したのであるが、知覧領主島津久邦と吉村迂斎との間を結びつけたのは、島津久徴であり、実際に動いたのは伊藤瓊山や長崎に経営拠点を持っていた増田直治ではなかったかと思われる。また『迂斎文集』に見える「服部貞興墓表」は、薩摩藩の長崎での御用商人であった服部氏の跡継ぎの墓表であり、この服部家の関与も可能性としては考えられる。ちなみに、長崎の蘭通詞今村源右衛門の妻は、この服部家の出であり、源右衛門の息子は薩摩藩士となり、源右衛門の曽孫は、同じく薩摩藩士となっていた唐通事の林家を継ぐことになる。

さらに、『迂斎詩集』七言律には、「郷（長崎）の者である隆（吉村迂斎）が麑府《げいふ》（鹿児島）に遊びに出かけ、柁城公子（島津久徴）にしばしば会い、非常によくしてもらった。」とあり、また藤敬天（伊藤瓊山）が長崎に来て、公子（久徴）の命として吉村迂斎たちの仲間に詩を求めてきたとある。薩摩藩における長崎人脈については、さらに検討を必要とする問題であると言ってよい。

また、鹿児島と熊本の関係についても、さらに検討する必要がある。白尾国柱と長瀬真幸とが学問的にも密接な関係を築いていたことについてはすでに述べておいたが、造士館教授となる赤崎海門は、熊本の藪孤山のもとで三年にわたって学んでおり、熊本に留まり東都に再遊することのなかった弧山と大坂の知友たちとの連絡は、東役・帰藩を繰り返す赤崎海門が重要な役割を果たしたとされている（頼惟勤「藪弧山と亀井昭陽父子」日本思想体系三七『徂徠学派』岩波書店　一九七二年）。赤崎海門との交友については、時習館教授の高本紫溟（一七三八〜一八一四）の『紫溟先生詩集』・時習館教授辛島塩井（一七五五〜一八三九）の『塩井先生遺稿』、時習館助教大城壺梁（一七四一〜一八一二）の『壺梁先生遺稿』などにも見えている。

『名山楼詩集』には島津久徴が、肥藩藪教授（藪孤山）・伊詞伯（伊形霊雨）を迎えて詠んだ詩が載せられており、時習館関係者の漢詩文を集めた『采茆集』第一帖冒頭には藪孤山の「名山楼記」、次いで「萬松楼記」が配されている。名山楼は加治木島津氏、萬松楼は知覧島津氏が営んだ庭園であり、この時同行した伊形霊雨の『霊雨山人詩集』巻之一にも、枕城公子と薩藩公族大夫智覧君の席上でよんだ詩が載せられている。

また、先に見た伊形霊雨墓表や、『紫溟先生詩集』・『塩井先生遺稿』・『壺梁先生遺稿』には、島津久徴との詩のやりとりが見られ、このほか『紫溟先生詩集』には「薩州の巌氏の園亭で詠んだ詩八首」「麑藩の児玉翁の七十歳を寿ぐ詞」、『壺梁先生遺稿』には「明霞館記」・造士館教授山本正誼の詩に答える「酔翁歌并序」などが見えている。児玉翁とは、記録奉行になって重豪・斉宣の侍読となった児玉実門（字喬松、号南堂、一七一一〜一七八四）のことであろうか。

藪孤山と島津久徴との関係が生まれるひとつのきっかけは、『瓊山文稿』「南肥藪先生に与ふる書」によれば、藪孤山が霧島を訪れるという情報を加治木の商人森山氏から得て、孤山を加治木に招待したことにあるが、この点から考えると、加治木の商人森山氏の商圏が熊本にも及んでいた可能性が高い。学問や経済の面での鹿児島と熊本のつながりもかなり広汎なものがあったと考えられるが、これらについても、今後の課題としておきたい。

各地に登場していた学問的な集まり＝小さなネットワークが、しだいに繋がりあって、さらに大きなネットワークに発展していく。それには、ネットワークを繋ぐ役割を果たした人物がいたのであり、本書の登場人物のなかでは高山彦九郎はそのキーパーソンと言ってよい。一方で、大きなネットワークから、各地に小さなネットワークが派生していくこともある。京都で学んだ横山尚謙が、帰郷後地元高岡でつくった国学の集まりは、この例とすることができる。あるいは、すでに存在していた集まりを、国学の集まりに改めたものかもしれない。

こうしたネットワークを、単純に儒学・国学・蘭学という枠で括《くく》ることは難しい。猪塚からの出土品に関わった人々は、それぞれに自らの社会的・政治的・経済的・学問的背景を持ちながら、いろいろな人的繋がりの中で活発に活動していった。その結果残された資料の中のいくつかをもとにして、ようやく本書を著すことができたといってよい。

さて、日向国諸県郡本庄の猪塚で出土した甲冑や鏡などの遺物はその後どうなったのだろうか。剣や鉾・甲冑といった鉄製品は、出土時点ですでにかなり錆《さ》びており、当時は保存技術が無いことから、現存している可能性はほぼ無いと考えられる。一方、鏡などの青銅製品や玉類については、現存している可能性はあるようだ。現時点で、島津家は所蔵していない。吉村和昭氏は、もし近代まで島津家蔵品にとどまっていたのなら、昭和初期の恐慌時に蔵品が売り立てられた際に出品された可能性があると考え、売立入札目録の存在を調べ、分家の分を含めて島津家関係の三つの売立目録を見いだした。しかし、これらは江戸から明治期の実用品を売ったもので、古墳時代関係の資料は含まれていなかったという（「寛政元年発見「猪塚」地下式横穴墓とその評価」『宮崎県立西都原考古博物館研究紀要』第四号　二〇〇八年）。

『集古十種』は、猪塚出土の鏡図に「蔵未詳」と記し、所蔵者は分からないとするのであるが、これはおそらくこの鏡の所蔵者を島津氏と明記することを憚《はばか》ったからと考えられる。現時点では、猪塚から出土した遺物は確認されていないことになる。

それだけに、これまで取り上げてきた猪塚に関する数多くの資料は、いっそう重要になる。宮内庁書陵部に所蔵されている二点の史料が一〇年ほど前に猪塚関係資料と分かったように、厖大《ぼうだい》に残されている近世の著作物のなかから、猪塚に関する新資料が発見される可能性も充分にあり得ることと思われる。

また、猪塚自体は本庄二七号墳として国の史跡となっており、墳丘本体を発掘調査できる可能性は少ないのであるが、近年長足の進歩を遂げている探査方法により、猪塚が何らかのかたちで調査され、より正確な情報が得られる可能性も高い。遠くない将来に猪塚そのものに関するより多くの情報が得られる日が来ることを期待したい。

〔附　記〕

エピローグで、「厖大に残されている近世の著作物のなかから、猪塚に関する新資料が発見される可能性も充分にあり得ることと思われる。」と述べておいたが、早くも本書の校正の最終段階において、新資料の存在を知った。

杉本欽久氏の「江戸時代における古美術コレクションの一様相――古鏡の収集と出土情報の伝達――」（『古文化研究』第一五号　黒川古文化研究所　二〇一六年三月）という論文の中で紹介された「古図纂」（東京国立博物館蔵）が、それである。

杉本氏は、「古図纂」について、以下のように述べている。

この『古図纂』という一書は京都の町人学者であった村井古巌（一七四一～八六）の編纂といい、各地の遺跡や出土遺物を図して考察や説明を付した上下二巻の図譜である。四十以上に及ぶ項目はそれぞれ個別に独立した内容を有し、遺跡の地域や発掘年代、それを最初に書き留めた人物もまちまちである。清野氏紹介の『古図類纂』と内容がほとんど一致し、『古図纂』の下巻と上巻を逆にすれば掲載順も近いかたちとなる。このことから『古図類纂』と『古図纂』はその書名だけでなく、写本としても非常に近しい関係にあると判断できる。

発掘年代の下限は下巻にみる「摂州川辺郡清水村松山塚」の寛政十年（一七九八）であるが、上巻の奥付には、

右古廟陵並埴物之記乞需之以植田維章所蔵本摸写尤古代之遺風厳然也可感称者歟嗚呼

維時天明五稔乙巳初秋下澣 多賀常政誌之 行年七十九歳

とある。もともとは『古廟陵並埴物之記』という一書があり、それを植田維章から借りた多賀常政が天明五年（一七八五）に写したという。国立国会図書館には『古廟陵并埴物図』との外題を持つ一書があり、内題の「古廟陵考」に加え、目次には村井古巌の編纂になる旨が記される。『古図類纂』および『古図纂』と同様の項目を収めており、写本としての近さを思わせるが、やはり末尾に「天明六年二月廿八日　多賀常政誌之」とある。このことから『古図纂』上巻と『古廟陵并埴物図』は、故実家の多賀常政（一七〇七〜?）が天明五年（一七八五）から六年にかけてまとめた体裁をほぼそのまま伝えたものと認められる。これ以降に知られた情報が『古図纂』の下巻に収められたとみられ、『日向国諸県郡本庄村古墳発掘品図解』と同内容を有

する寛政元年発掘の「猪塚古墳」に関する「日州諸縣郡本庄村石室中所得古鑑三面」も含まれる。

川添弥右衛門居宅より三町余南方しやうせん原畠の脇に高さ一間三四尺、廻り五六十間斗の丸岡有之、其木竹の根先、畠へ指入障候に付、切除のため且用水旁小溝掘通し置候、然處正月十九朝、溝浚として弥右衛門指越三尺斗も掘候へて一つの穴に掘当り、則其内入候処、長三間横一間深五六尺斗の穴にて図のごとく有之、初は板にて拵候ものにても候哉。今は都て丈斗にて右形儘空所に相成有之候、且元来塗にても候哉。今以四方は朱相残居候、其空所の内に鎧二領、鑑大中小三品、剣三本、刀七本、袋鑓のごとき鉾二つ、矢の根ごときの品并曲玉小玉類餘多有之、弥右衛門持帰候へ共、其身百姓の事故、何の思慮もなく、折柄公私用の砌にて右の品々、鍛冶屋に持参、此鉄を以て釘を作度旨、申にまかせ槌に当候処、今の鍛冶の手には及がたき堅鉄の由にて其沙汰も相止候。

以下、C『日向国諸県郡本庄村古墳発掘品図解』やE『桂林漫録』等に関する考察が続く。「古図纂」の文章は、K「古図類纂」と若干の文字の異同があるが、重要情報の一つである出土地点をともに「しやうせん原」としており、C『日向国諸県郡本庄村古墳発掘品図解』等の「しやうせんし原」を誤写している。この点からも、「古図纂」とK「古図類纂」は近しい関係にあると考えられる。

以上のことから、猪塚に関する史料は、現時点でプロローグで述べた一七点にこの「古図纂」を加えて、一八点とすることができる。

「古図纂」に猪塚の記事が載せられるに至った事情やⓀ「古図類纂」との前後関係など、考えなければならない問題も多いが、現時点では、実見もかなっておらず、ひとまずは新資料の存在を記すにとどめ、あとは今後の課題としたい。

（二〇一七年一〇月三日記す）

や　行

ら　行

わ　行

は　行

ま　行

た　行

な　行

さ　行

人名索引

あ　行

か　行

あとがき

私は、『宮崎県史』専門調査員になり、文献の面から八世紀までの歴史と日向神話そして官道を担当することになった。考古学関係者とも情報交換をする中で、この本庄猪塚の存在を知ったのは、今から二十数年前のことである。

以来、地元の国富や高岡、鹿児島をはじめとしてたくさんの人々にご教示を得ながら、少しずつ調査を続けてきた。その中では、なにやら運命的なものを感じさせることも何度かあった。増田直治の墓碑に関してひとつだけ記しておこう。

佐藤成裕『中陵漫録』に登場する猪塚出土の鎧を修理した「町田直温」に関して、早い段階で、鹿児島の商人で長崎に経営拠点を持つ増田直治ではないかと考え、かつて南林寺に存在したはずの増田直治墓碑の行方を捜した。南林寺にあった墓石は、草牟田・興国寺・郡元墓地などに移されたとされていたから、鹿児島市の担当部局などにも問い合わせたのであるが、皆目見当がつかない状態が続いた。二〇〇二年に鹿児島大学の高津孝・丹羽謙治両氏によって翻刻された、増田直治の友人伊藤瓊山が著した「増田迂直墓誌」の存在を知り、墓碑の内容についてはおおよそ知ることができたのであるが、墓碑そのものについては、その後も分からないままであった。

二〇一三年二月某日、午前中で仕事を終え、たまたま鹿児島市の西郷南洲顕彰館で開催されていた「高山彦九郎薩摩下りの謎」展を見に行った。その展示で、高山彦九郎が鹿児島城下で滞在した増田家のことに触れられていたので、受付の方に、この展示はどなたが担当されたのかと尋ねたところ、館長の高柳毅氏をご紹介いただいた。そこで、以前から増田家について調べていることをお伝えしたところ、高柳氏は、増田家の子孫に当たる方が氏の幼なじみであり、鹿児島市の草牟田墓地の増田家の墓所にある石碑の解読を依頼されているものの、読めない部分があり苦慮しているとおっしゃった。高柳氏が撮影されていた石碑の写真を見せていただいたところ、増田迂直（直治）の墓碑に間違いないことが分かった。そこで、その場で写真のデータと私のパソコンの中に入れていた『瓊山文稿』中の「増田迂直墓誌」のデータを交換し、さらに増田家の墓所の位置を教えていただいた。早速、その足で草牟田墓地に向かった。草牟田墓地は初めてで、到着したときは、あまりの広さに途方に暮れたのであったが、教えていただいた道順をたどると、全く迷うこともなく引き寄せられるように墓碑を見つけることができた。探し始めて約二〇年目にしてようやく墓碑を目の当たりにすることができた。石碑の表面には荒れている部分があったが、翻刻されていた墓誌銘と合わせてみることで、ほぼ全体を知ることができたのである。

その後、増田直治の子孫に当たる増田雍代氏からも、石碑についていくつかご教示をいただくことができた。


大学入学を機に宮崎を離れて四〇年以上経ち、鹿児島に住んで三十数年が過ぎた。二つのふるさとといっても良い宮崎と鹿児島を舞台とする本書をまとめることができ、いままでお世話になった方々にいくらかでも学恩をお返しすることができたのではないかと思っている。

本書を成すに当たっては、鉱脈社の川口敦己氏に、章立て・構成等多くのアドバイスをいただいた。記して感謝の意を表したい。

調査の歩みは遅々としたものであったけれども、日向本庄猪塚の出土品に関わった人々をたどっていくと、教科書に出てくるような人々にも出くわし、改めて、江戸時代の人々の知的ネットワークの広さと深さを思い知った。そうした中で、薩摩藩の学問状況に関する研究については、まだ多くの課題が存在することも分かった。こうした課題については、今後も取り組んでいきたいと考えている。

[著者略歴]

永山　修一（ながやま　しゅういち）

1957年　宮崎市生まれ。1980年、東京大学文学部国史学科卒業。
2010年　博士（文学、九州大学）
現　在　ラ・サール学園教諭、鹿児島大学・鹿児島県立短期大学
　　　　非常勤講師

[現住所]　鹿児島市坂之上４丁目26-32

[著　書]　『隼人と古代日本』（同成社、2009年）

[共　著]　『宮崎県史　通史編　古代2』（宮崎県、1998年）
　　　　　『鹿児島県の歴史』（山川出版社、1999年）
　　　　　『先史古代の鹿児島　通史編』（鹿児島県、2006年）
　　　　　『沖縄県史　各論編　古琉球』（沖縄県、2010年）
　　　　　その他、都城市・日向市・国富町・伊集院町・屋久町・
　　　　　山川町・串良町などの自治体史に関わる。

みやざき文庫 127

本庄古墳群猪塚《いのづか》とその出土品の行方

天明·寛政期薩摩藩の知のネットワーク

2018年1月15日 初版印刷
2018年1月28日 初版発行

著　者　永山 修一

発行者　川口 敦己

発行所　鉱脈社
宮崎市田代町263番地　郵便番号880-8551
電話0985-25-1758

印　刷
製　本　有限会社 鉱脈社
